新时代中华文明礼仪

主　编／李荣建

中共中央党校出版社

编 委 会

主 编

李荣建

副主编

黄文静　潘　璇　王金莉

策 划

周德建　崔　兰

编 委

毕晓东　张东晖　张望喜

尹先莉　朱小敏　侯晓敏

郑玉刚　刘国栋　黄　亮

魏再琼　何　兵　王　晨

朱　平　张　斌

前言

建设新时代文明实践中心是党中央着眼于深入学习贯彻习近平新时代中国特色社会主义思想、适应新时代人民群众对精神文化生活新期待作出的重大部署，是人民的期盼、时代的呼唤，更是实践的要求、创新的产物。

习近平总书记反复强调文化自信，从中国特色社会主义事业全局的高度作出许多深刻阐述。文化自信，是更基础、更广泛、更深厚的自信，是更基本、更深沉、更持久的力量。

在五千多年文明发展中孕育的中华优秀传统文化，在党和人民伟大斗争中孕育的革命文化和社会主义先进文化，积淀着中华民族最深层的精神追求，代表着中华民族独特的精神标识。

文化是一个国家、一个民族的灵魂。历史和现实都表明，一个抛弃了或者背叛了自己历史文化的民族，不仅不可能发展起来，而且很可能上演一幕幕历史悲剧。文化自信，是更基础、更广泛、更深厚的自信，是更基本、更深沉、更持久的力量。坚定文化自信，是事关国运兴衰、事关文化安全、事关民族精神独立性的大问题。

坚定中国特色社会主义道路自信、理论自信、制度自信，说到底是要坚定文化自信。

站立在960多万平方公里的广袤土地上，吸吮着中华民族漫长奋斗积累的文化养分，拥有14亿多中国人民聚合的磅礴之力，我们走自己的路，具有无比广阔的舞台，具有无比深厚的历史底蕴，具有无比强大的前进定力，中国人民应该有这个信心，每一个中国人都应该有这个信心。我们说要坚定中国特色社会主义道路自信、理论自信、制度自信，说到底是要坚定文化自信。

文化兴，国运兴，文化强，民族强。没有高度的文化自信，没有文化的繁荣兴盛，就没有中华民族伟大复兴。要坚持中国特色社会主义文化发展道路，激发全民族文化创新创造活力，建设社会主义文化强国。

中华优秀传统文化是中华民族的精神命脉。要努力从中华民族世世代代形成和积累的优秀传统文化中汲取营养和智慧，延续文化基因，萃取思想精华，展现精神魅力。要以时代精神激活中华优秀传统文化的生命力，推进中华优秀传统文化创造性转化和创新性发展，把传承和弘扬中华优秀传统文化同培育和践行社会主义核心价值观统一起来，引导人民树立和坚持正确的历史观、民族观、国家观、文化观，不断增强中华民族的归属感、认同感、尊严感、荣誉感。

这些铿锵有力的声音谱写了盛世中国的底气，讴歌了文化自信的力量，传承着华夏文明的生机。

礼文化作为文化自信不可分割、不可忽视、不可遗忘的部分，要让每一个中国人浸润文化自信的滋养。这本书凝聚了作者数十年的外交工作经验，数十年大学讲坛的精耕深耘，数十年礼仪传播的心得体会。阐述礼的精神，展现中国礼文化的价值。一个文明的价值不在于它已经建成或能够建成多么宏伟的城市、多么华美的房屋、多么平坦的道路；也不在于它已经打造或能够打造多么精致舒适的家具、多么巧妙实用的仪器、工具和设备。实际上，衡量一个文明的价值，我们最终要问的是它能塑造怎样的人。

礼者理也，礼者敬人者也。礼是一种法则、一种规范、一种准则，核心思想就是尊重。从“一带一路”的对外交往中我们能看到“己欲立而立人，己欲达而达人”礼的思想；从“良好政治文化涵养风清气正的政治生态”的治党方略中我们能看到“为政以德譬如北辰”礼的思想；从新冠病毒肆虐全球时，中国的大国担当，我们看到了“四海之内皆兄弟”礼的思想；从睦邻友好交往中，我们看到“礼之用，和为贵”礼的思想……

希望这本书能够给读者带来更多的思考，更多的感悟，更多的躬行。

contents

目 录

Chapter one

第一章
礼仪概论

第一节　礼仪的起源与发展

中国是著名的礼仪之邦，中华民族具有重德贵义的优良传统。我们有责任继承和发扬中华民族优秀的思想文化传统，吸收全人类的一切优秀成果，创造新文明，使中华民族永远雄踞世界先进民族之林。

礼仪起源于人类社会形成之初，经历了漫长的发展过程。

一、中国礼仪的起源与发展

中国自古就以“礼仪之邦”闻名于世，其漫长的礼仪发展史大致可以分为礼仪的萌芽时期、礼仪的草创时期、礼仪的形成时期、礼仪的发展和变革时期、礼仪的强化时期、礼仪的衰落时期、现代礼仪时期和当代礼仪时期八个阶段。礼仪的形成和发展经历了一个从无到有、从低级到高级、从零散到完备的渐进过程。

（一）礼仪的萌芽时期（公元前 5 万年—公元前 1 万年）

礼仪起源于原始社会时期，在长达 100 多万年的原始社会历史中，人类逐渐开化。在原始社会中、晚期（约旧石器时期）出现了早期礼仪的萌芽。例如，生活在距今约 1.8 万年前的北京周口店的山顶洞人，就已经知道打扮自己。他们用穿孔的兽齿和石珠作为装饰品，挂在脖子上。而他们在去世的族人身旁撒放赤铁矿粉，举行原始宗教仪式，则是迄今为止在中国发现的最早的葬仪。

（二）礼仪的草创时期（公元前 1 万年—公元前 22 世纪）

公元前 1 万年左右，人类进入新石器时期，不仅能制作精细的磨光石器，而且开始从事农耕和畜牧。在其后的数千年里，原始礼仪渐具雏形。

例如，在今西安附近的半坡遗址中发现了生活在距今约五千年前的半坡村人的公共墓地，墓地中坑位排列有序，死者的身份有所区别，有带殉葬品的仰身葬，也有无殉葬品的俯身葬等。此外，仰韶文化时期的其他遗址及有关资料表明，当时人们已经注意尊卑有序、男女有别；而且长辈坐上席、晚辈坐下席，男子坐左边、女子坐右边等礼仪日趋明确。

（三）礼仪的形成时期（公元前 21 世纪—公元前 771 年）

公元前 21 世纪至公元前 771 年，中国由金石并用时代进入青铜器时代。金属器皿的使用使农业、畜牧业、手工业生产跃上了一个新台阶。随着生活水平的提高，社会财富除消费外有了剩余，并逐渐集中在少数人手里，因而出现了阶级及阶级对立，原始社会由此解体。

公元前 21 世纪至公元前 15 世纪的夏代，中国开始从原始社会末期向早期的奴隶社会过渡。在此期间，尊神活动日渐升温。在原始社会里，由于缺乏科学知识，人们对一些自然现象无法理解。他们猜想照耀大地的太阳是神，风有风神，河有河神……因此，他们敬畏“天神”，祭祀“天神”。从某种意义上说，早期礼仪是指原始社会人类生活的若干准则，同时，它又是原始社会宗教信仰的产物。礼的繁体字“禮”，左边代表神，右边是向神进贡的祭物。因此，汉代学者许慎说：“礼，履也，所以事神致福也。”（《说文解字》）

以殷墟为中心展开活动的殷人，在公元前 14 世纪至公元前 11 世纪活跃在中华大地。他们建造了中国第一个古都——殷都（今河南安阳），而他们在婚礼习俗上的建树，被其尊神、信鬼的狂热所掩盖。

推翻殷王朝并取而代之的周朝，对礼仪建树颇多。特别是周武王的兄弟、辅佐周成王的周公，对周代礼制的确立起了重要作用。他制作礼乐，将人们的行为举止、心理情操等统统纳入一个尊卑有序的模式之中。全面介绍周朝制度的《周礼》，是中国流传至今的第一部礼仪专著。《周礼》又名《周官》，本为一官职表，后经整理，成为讲述周朝典章制度的著作。《周礼》原有六篇，详细介绍了六类官名及其职权，现存五篇，第六篇用《考工记》弥补。六官分别称为天官、地官、春官、夏官、秋官和冬官。其中，天官主管宫事、财货等；地官主管教育、市政等；春官主管五礼、乐舞等；夏官主管军旅、边防等；秋官主管刑法、外交等；冬官主管土木、建筑等。

春官主管的五礼即吉礼、凶礼、宾礼、军礼和嘉礼，这些是周朝礼仪制度的重要方面。吉礼指祭祀的典礼；凶礼主要指丧葬礼仪；宾礼指诸侯对天子的朝觐及诸侯之间的会盟等礼节；军礼主要包括阅兵、出师等仪式；嘉礼包括冠礼、婚礼、乡饮酒礼等。由此可见，许多基本礼仪在商末周初已基本形成。此外，成书于商周之际的《易经》和在周代大体定型的《诗经》，也有一些涉及礼仪的内容。

在西周，青铜礼器是个人身份的表征。礼器的多寡代表了身份地位的高低，形制的大小显示着权力的等级。当时，贵族佩带成组饰玉成为风气。相见礼和婚礼（包括纳采、问名、纳吉、纳征、请期、亲迎“六礼”）则成为定式，流行于民间。此外，尊老爱幼等礼仪，也已明显确立。

（四）礼仪的发展、变革时期（公元前770年—公元前221年，东周时期）

西周末期，王室衰微，诸侯纷起争霸。公元前770年，周平王东迁洛邑，史称东周。承继西周的东周王朝已无力全面恪守传统礼制，出现了所谓“礼崩乐坏”的局面。

春秋战国时期是我国奴隶社会向封建社会转型的时期。在此期间，相继涌现出孔子、孟子、荀子等思想巨人，他们发展和革新了礼仪理论。

孔子（公元前551年—公元前479年）是中国古代的大思想家、大教育家，他首开私人讲学之风，打破贵族垄断教育的局面。他删《诗》《书》，定《礼》《乐》，赞《周易》，修《春秋》，为历史文化的整理和保存作出了重要贡献。他编订的《仪礼》，详细记录了战国以前贵族生活的各种礼节仪式。《仪礼》与前述《周礼》和孔门后学编的《礼记》，合称“三礼”，是中国古代最早、最重要的礼仪著作。

孔子认为：“不学礼，无以立。”（《论语·季氏篇》）“质胜文则野，文胜质则史。文质彬彬，然后君子”。（《论语·雍也》）他要求人们用道德规范约束自己的行为，要做到“非礼勿视，非礼勿听，非礼勿言，非礼勿动”（《论语·颜渊》）。他倡导“仁者爱人”，强调人与人之间要有同情心，要互相关心，彼此尊重。总之，孔子较系统地阐述了礼及礼仪的本质与功能，把礼仪理论提高到了一个新的高度。

孟子（约公元前372年—公元前289年）是战国时期儒家的主要代表人物。在政治思想上，孟子把孔子的“仁学”思想加以发展，提出了“王道”“仁政”学说和“民贵君轻”学说，主张“以德服人”。在道德修养方面，他主张“舍生而取义”（《孟子·告子上》），讲究“修身”和培养“浩然之气”等。

荀子（约公元前298年—公元前238年）是战国末期的大思想家。他主张“隆礼”“重法”，提倡礼法并重。他说：“礼者，贵贱有等，长幼有差，贫富轻重皆有称者也。”（《荀子·富国》）。荀子指出：“礼之于正国家也，如权衡之于轻重也，如绳墨之于曲直也。故人无礼不生，事无礼不成，国家无礼不宁。”（《荀子·大略》）。荀子还提出，不仅要有礼治，还要有法治，只有尊崇礼，且法制完备，国家才能安宁。荀子重视客观环境对人性的影响，倡导学而至善。

（五）礼仪的强化时期（公元前221年—公元1796年）

公元前221年，秦王嬴政最终吞并六国，统一中国，建立起中国历史上第一个中央集权的封建王朝。秦始皇在全国推行“书同文”“车同轨”“行同伦”。秦朝制定的集权制度，成为后来延续两千余年封建体制的基础。

西汉初期，叔孙通协助汉高祖刘邦制定了朝礼之仪，突出发展了礼的仪式和礼节。而西汉思想家董仲舒（公元前179年—公元前104年），则把封建专制制度的理论系统化，提出“唯天子受命于天，天下受命于天子”的“天人感应”之说（《汉书·董仲舒传》）。他把儒家礼仪具体概括为“三纲五常”。“三纲”即“君为臣纲，父为子纲，夫为妻纲”。“五常”即“仁、义、礼、智、信”。汉武帝刘彻采纳董仲舒“罢黜百家，独尊儒术”的建议，使儒家礼教成为定制。

汉代时，孔门后学编撰的《礼记》问世。《礼记》共计49篇，包罗万象。其中，有讲述古代风俗的《曲礼》（第1篇）；有谈论古代饮食、居住进化概况的《礼运》（第9篇）；有记录家庭礼仪的《内则》（第12篇）；有记载服饰制度的《玉藻》（第13篇）；有论述师生关系的《学记》（第18篇）；还有教导人们道德修养的途径和方法，即“修身、齐家、治国、平天下”的《大学》（第42篇）等。总之，《礼记》堪称集上古礼仪之大成，上承奴隶社会、下启封建社会的礼仪汇集，是封建时代礼仪的主要源泉。

盛唐时期,《礼记》由“记”上升为“经”,成为“礼经”三书之一(另外两本为《周礼》和《仪礼》)。

宋代时,出现了以儒家思想为基础,兼容道学、佛学思想的理学,程颢、程颐兄弟和朱熹为其主要代表。“二程”认为:“父子君臣,天下之定理,无所逃于天地间。”(《二程遗书》卷五)。“礼即是理也。”(《二程遗书》卷二十五)。朱熹进一步指出:“仁莫大于父子,义莫大于君臣,是谓三纲之要,五常之本。人伦天理之至,无所逃于天地间。”(《朱子文集·癸未垂拱奏礼·二》)。朱熹的论述使“二程”的“天理”说更加严密、精致。

家庭礼仪研究硕果累累,是宋代礼仪发展的另一个特点。在大量家庭礼仪著作中,以主撰《资治通鉴》而名垂青史的北宋史学家司马光(1019—1086 年)的《涑水家仪》和以《四书集注》名扬天下的南宋理学家朱熹(1130—1200 年)的《朱子家礼》最著名。

明代时,交友之礼更加完善,而忠、孝、节、义等礼仪则日趋繁多。

(六)礼仪的衰落时期(1796—1911 年)

满族入关后,逐渐接受了汉族的礼制,并且使其复杂化,导致一些礼仪显得虚浮、烦琐。例如,清代的品官相见礼,当品级低者向品级高者行拜礼时,动辄一跪三叩,重则三跪九叩(《大清会典》)。清代后期,清王朝政治腐败,民不聊生,古代礼仪盛极而衰。而伴随着西学东渐,一些西方礼仪传入中国,北洋新军时期的陆军便采用西方军队的举手礼等,以代替不合时宜的打千礼等。

(七)现代礼仪时期(1912—1949 年,民国时期)

1911 年末,清王朝土崩瓦解,当时远在美国的孙中山先生(1866—1925 年)火速回国,于 1912 年 1 月 1 日在南京就任中华民国临时大总统。孙中山先生和战友破旧立新,用民权代替君权,用自由、平等取代宗法等级制度;普及教育,废除祭孔读经;改易陋俗,剪辫子、禁缠足等,从而正式拉开了现代礼仪的帷幕。

民国期间,由西方传入中国的握手礼开始流行于上层社会,后逐渐普及于民间。

20 世纪三四十年代,中国共产党领导的苏区、解放区,重视文化教育事业,移风易俗,谱写了现代礼仪的新篇章。

（八）当代礼仪时期（1949 年至今）

1949 年 10 月 1 日，中华人民共和国宣告成立，中国的礼仪建设从此进入了一个崭新的历史时期。

1949 年至 1966 年是中国当代礼仪发展史上的革新阶段。此间，摒弃了昔日束缚人们的“神权天命”“愚忠愚孝”以及严重束缚妇女的“三从四德”等封建礼教，确立了“同志式”的合作互助关系和男女平等的新型社会关系，而尊老爱幼、讲究信义、以诚待人、先人后己、礼尚往来等中国传统礼仪中的精华则得到了继承和发扬。

1978 年党的十一届三中全会以来，改革开放的春风吹遍了祖国大地，中国的礼仪建设进入了新的全面复兴时期。1981 年 2 月 25 日，全国总工会、团中央、全国妇联、中国文联、中国爱卫会、全国伦理学会、中华全国美学学会等 9 个单位联合发出《关于开展文明礼貌活动的倡议》，号召全国人民特别是青少年开展“五讲四美”活动。“五讲”即讲文明、讲礼貌、讲卫生、讲秩序、讲道德。“四美”即语言美、心灵美、行为美、环境美。随后，“五讲四美”活动和“三热爱”（即热爱祖国、热爱社会主义、热爱党）活动相结合，在中华大地轰轰烈烈地开展起来。

1983 年 3 月 11 日，中共中央成立了以万里同志为主任的“五讲四美三热爱”委员会。之后，各省、市、自治区也都分别成立了“五讲四美三热爱”委员会。通过在全国范围内开展此项活动，许多中国人开始重新树立正确的礼仪文化观念。

1996 年 10 月 10 日，党的十四届六中全会通过了《中共中央关于加强社会主义精神文明建设若干重要问题的决议》，提出“在把物质文明建设搞得更好的同时，切实把精神文明建设提到更加突出的地位……使物质文明建设和精神文明建设相互促进、协调发展……吸收外国优秀文明成果，弘扬祖国传统文化精华……”以期“精神文明建设有一个大发展”。中央及省、市、自治区各级文明办相继成立，全社会积极行动起来，开办市民学校，学习礼仪知识。从推行文明礼貌用语到积极树立行业新风，从开展“18 岁成人仪式教育活动”到制定市民文明公约，努力创建全国文明城市（区）、文明村镇、文明单位，中国礼仪文化进入一个新的发展时期。

2001 年 9 月 20 日，中共中央印发《公民道德建设实施纲要》，号召全国人民“继承中华民族几千年来形成的传统美德……促进整个民族素质的不断提高”。《公民道德建设实施纲要》是新时期对中华民族几千年来形成的优良传统道德的继承和弘扬，是中国礼仪文化的新发展、新标杆。它“大力倡导‘爱国守法、明礼诚信、团结友善、勤俭自强、敬业奉献’的基本道德规范，努力提高公民道德素质；大力倡导以尊老爱幼、男女平等、夫妻和睦、勤俭持家、邻里团结为主要内容的家庭美德，鼓励人们在家庭里做一个好成员”。认为“开展必要的礼仪、礼节、礼貌活动，对规范人们的言行举止有着重要的作用。要提倡在重要场所和重大活动中升国旗、唱国歌，开展入队、入团、入党宣誓，成人仪式以及各种形式的重礼节、讲礼貌、告别不文明言行等活动，引导公民增强礼仪、礼节、礼貌意识，不断提高自身道德修养”。

随着《公民道德建设实施纲要》的贯彻和落实，“爱国守法、明礼诚信、团结友善、勤俭自强、敬业奉献”的20字基本道德规范日益深入人心，人们的思想感情得到熏陶，精神生活得到充实，道德境界得到升华，社会风气明显好转。

2005年10月8日至11日在北京举行的中国共产党第十六届中央委员会第五次全体会议上，进一步提出了“按照构建民主法治、公平正义、诚信友爱、充满活力、安定有序、人与自然和谐相处的社会主义和谐社会的要求”，吹响了向礼仪文化进军的集结号。全国人民意气风发，齐心协力地构建和谐社会。

2013年12月30日，中共中央政治局就提高国家文化软实力问题进行第十二次集体学习。中共中央总书记习近平在主持学习时强调提高国家文化软实力，关系“两个一百年”奋斗目标和中华民族伟大复兴中国梦的实现。

2014年2月24日，中共中央政治局就培育和弘扬社会主义核心价值观、弘扬中华传统美德进行第十三次集体学习。中共中央总书记习近平在主持学习时强调，把培育和弘扬社会主义核心价值观作为凝魂聚气、强基固本的基础工程，继承和发扬中华优秀传统文化和传统美德，广泛开展社会主义核心价值观宣传教育，积极引导人们讲道德、尊道德、守道德，追求高尚的道德理想，不断夯实中国特色社会主义的思想道德基础。

2014 年 9 月 24 日，中国国家主席习近平在人民大会堂出席纪念孔子诞辰 2565 周年国际学术研讨会暨国际儒学联合会第五届会员大会开幕会并发表重要讲话。他强调，不忘历史才能开辟未来，善于继承才能善于创新。只有坚持从历史走向未来，从延续民族文化血脉中开拓前进，我们才能做好今天的事业。推进人类各种文明交流交融、互学互鉴，是让世界变得更加美丽、各国人民生活得更加美好的必由之路。

中央全面深化改革委员会主任习近平 2018 年 7 月 6 日下午主持召开中央全面深化改革委员会第三次会议。会议审议通过了《关于建设新时代文明实践中心试点工作的指导意见》。

会议强调，建设新时代文明实践中心，是深入宣传习近平新时代中国特色社会主义思想的一个重要载体，要着眼于凝聚群众、引导群众，以文化人、成风化俗，调动各方力量，整合各种资源，创新方式方法，用中国特色社会主义文化、社会主义思想道德牢牢占领农村思想文化阵地，动员和激励广大农村群众积极投身社会主义现代化建设。

2018 年 8 月 21 日，习近平总书记在全国宣传思想工作会议上强调，要加强和改进思想政治工作，推进新时代文明实践中心建设，不断提升人民思想觉悟、道德水准、文明素养和全社会文明程度。

社会文明程度得到新提高，是我国“十四五”时期经济社会发展的主要目标之一。习近平总书记指出：“礼仪是宣示价值观、教化人民的有效方式。”礼仪作为一种制度规范和价值载体，具有成风化人的教化功能。努力实现社会文明程度得到新提高的目标，需要积极推进礼仪教育，不断提升人民群众文明素养，推动全社会形成适应新时代要求的思想观念、精神面貌、文明风尚、行为规范。

习近平总书记的多次重要讲话，深刻论述了包括中国优秀礼仪文化在内的中国优秀传统文化的价值、作用、影响等，为传承、弘扬、发展中国优秀传统文化指明了方向。

二、西方礼仪研究成果举要

爱琴海地区和希腊是亚欧大陆西方古典文明的发源地。约公元前 6000 年起，爱琴海诸岛居民开始从事农业生产。此后，相继产生了克里特文化和迈锡尼文化。公元前 11 世纪，古希腊进入因《荷马史诗》而得名的“荷马时代”。

《荷马史诗》包括《伊利亚特》和《奥德赛》两部分。这部著名的叙事诗主要描写了特洛亚战役和希腊英雄奥德赛的故事，其中也有关于礼仪的论述，如讲礼貌、守信用的人才受人尊重。

古希腊哲学家对礼仪有许多精彩的论述。例如，毕达哥拉斯（约公元前 580 年—约公元前 500 年）率先提出了“美德即是一种和谐与秩序”的观点。苏格拉底（公元前 469 年—公元前 399 年）认为，哲学的任务不在于谈天说地，而在于认识人的内心世界，培植人的道德观念。他不仅教导人们要待人以礼，而且在生活中要身体力行，为人师表。柏拉图（公元前 427 年—公元前 347 年）则强调教育的重要性，他指出理想的四大道德目标为：智慧、勇敢、节制、公正。亚里士多德（公元前 384 年—公元前 322 年）指出，德行就是公正。他说：“人类由于志趣善良而有所成就，成为最优良的动物，如果不讲礼法、违背正义，就会堕落为最恶劣的动物。”（亚里士多德《政治学》）

公元 1 世纪末至公元 5 世纪，是罗马帝国统治西欧时期。此间，教育理论家昆体良（约公元35年—约公元95年）撰写了《雄辩术原理》一书。书中论及罗马帝国的教育情况，认为一个人的道德、礼仪教育应从幼儿期开始。而诗人奥维德（公元前 43 年—公元 18 年）通过诗作《爱的艺术》，告诫青年朋友不要贪杯，用餐不可狼吞虎咽。

公元 476 年，西罗马帝国灭亡，欧洲开始进入封建化过程，12—17 世纪是欧洲封建社会的鼎盛时期。中世纪欧洲形成的封建等级制，以土地关系为纽带，将封建主与附庸联系在一起。此间，制定了严格而烦琐的贵族礼仪、宫廷礼仪等。例如，于 12 世纪完成的冰岛诗集《埃达》，就详尽地叙述了当时用餐的规矩，嘉宾贵客居上座，举杯祝酒有讲究……

14—16 世纪，欧洲进入文艺复兴时期。该时期出版的涉及礼仪的名著有：意大利作家加斯梯良编著的《朝臣》，论述了从政的成功之道和礼仪规范及其重要性；尼德兰人文主义者伊拉斯谟（1466—1536 年）撰写的《礼貌》，着重论述了个人礼仪和进餐礼仪等，提醒人们讲究道德、清洁卫生和外表美。英国哲学家弗兰西斯·培根（1561—1626 年）指出：

"一个人若有好的仪容，那对他的名声大有裨益，并且正如女王伊莎伯拉所说，那就'好像一封永久的推荐书一样'。"（《培根论说文集·论礼节与仪容》）

17—18世纪是欧洲资产阶级革命浪潮兴起的时代，尼德兰革命、英国革命和法国大革命相继爆发。随着资本主义制度在欧洲的确立和发展，资本主义社会的礼仪逐渐取代封建社会的礼仪。资本主义社会奉行"一切人生而自由、平等"的原则，但由于社会各阶层在经济、政治、法律上的不平等，因此未能做到真正的自由、平等。不过，资本主义时代也编撰了大量礼仪著作。例如，捷克资产阶级教育家夸美纽斯（1592—1670年）编撰了《青年行为手册》等；英国资产阶级教育思想家约翰·洛克（1632—1704年）于1693年撰写了《教育漫话》。《教育漫话》系统、深入地论述了礼仪的地位、作用以及礼仪教育的意义和方法。德国学者缅南杰斯的礼仪专著《论接待权贵和女士的礼仪，兼论女士如何对男士保持雍容态度》，于1716年在汉堡问世。英国政治家切斯特菲尔德勋爵（1694—1773年）在其名著《教子书》中指出："世界最低微、最贫穷的人都期待从一个绅士身上看到良好的教养，他们有此权利，因为他们在本性上是和你相等的，并不因为教育和财富的缘故而比你低劣。同他们说话时，要非常谦虚、温和，否则，他们会以为你骄傲而憎恨你。"

西方现代学者编撰、出版了不少礼仪书籍，其中比较著名的有法国学者让·赛尔编著的《西方礼节与习俗》、英国学者埃尔西·伯奇·唐纳德编著的《现代西方礼仪》、德国作家卡尔·斯莫卡尔编著的《请注意您的风度》、美国礼仪专家伊丽莎白·波斯特编著的《西方礼仪集萃》以及美国教育家卡耐基编撰的《成功之路丛书》等。

三、中西礼仪的差异

礼仪是人类文明的产物，是人们进行社会交往的行为规范与准则。不论在东方还是在西方，人们都以讲文明、懂礼貌为荣。但是，由于东西方自然环境、历史背景和文化传统观念有所不同，因此，中西礼仪在一些方面存在着明显的差异。

（一）大相径庭的问候语

中国人相遇时，大多习惯用这种方式和对方打招呼：“你好，吃了吗？”或“你好，去哪儿？”对于相遇双方来说都清楚问候的内容，这只是熟人在路上相遇时说的一句客套话，没有其他意思。但西方人却很少这样寒暄，清晨相见习惯互道“早安”，或者简单地招呼一声“Hi（嗨）”。倘若你用自己的习惯问候语“你好，吃了吗？”或“你好，去哪儿？”问候不太了解中国国情、风俗习惯的西方人，对方可能会纳闷：“难道我没有足够的钱吃饭吗？”或误以为“你要请我吃饭？”至于“去哪儿？”本来是一句礼节性的问候语，可有的“老外”说不定会把你的好心善意误解为干涉其私事的不礼貌行为，“我去哪儿与你有何相干？你的鼻子怎么伸得这么长呢？”由此看来，中外人士互相了解彼此的风俗习惯很有必要。

（二）毁誉不一的“老”

在我国，虽然有“夕阳无限好，只是近黄昏”的感叹，但是人们依然尊敬地称呼上了岁数的长者为“老先生”“老师傅”“老大爷”“老奶奶”等，“老”象征着经验丰富。不过，假如我们满怀敬意地用“老”字称呼一些西方人，效果可能会适得其反。在美国，就曾发生过这样一件事：美国一所大学的中国留学生在欢迎校长的母亲光临时，尊称她为“老夫人”，结果“老夫人”欲拂袖而去。对她来说，“老”意味着“魅力丧失”“风韵不存”。

无独有偶，一群欧洲游客在北京附近登长城时，热情的导游想搀扶一位外国老人时，却遭到老人的“白眼”。“我不是‘老先生’，我自己能行。”在西方，“老”意味着“精力不济，走下坡路”。“老”有时就是“不中用”的代名词。谁愿意被人瞧不起呢？而独立意识强、不愿意麻烦别人、不想拖累子女的西方老人，更是不言老、不服老，自然也不乐意被别人尊称为“老人”。故此，当我们与西方老年人打交道时，要充分理解和尊重他们的意愿。

（三）截然不同的宴请语

宴请是一种联络感情、增进友谊的方式，东西方人士都乐于此道。但是，同样是请客，中国和西方主人致辞的风格却截然不同。中国人请宾客动筷子时，往往会客气地说：“没什么菜，请随便用。”一些西方宾客听了此话好生奇怪，明明是满满一桌子菜，主人怎么说没什么菜呢？西方宾客之所以疑惑不解，皆因不熟悉中国人的习惯。中国人一向认为，“满招损，谦受益”，因此，视谦虚为美德的中国人说话时十分谨慎，甚至过分谦虚。相比之下，西方人请客时很少上许多菜，但却振振有词：“这是我的拿手好菜！”或者热情洋溢地说：“这道菜，是我夫人特意为你做的。”在中国人看来，这些西方人似乎有点狂妄，不知天高地厚。但这恰恰表现出西方人的热情与直爽。这里顺便指出，不少中国人请客时，桌子上的食物若被宾客一扫而光，主人的面子会很不好看，担心会被误认为是饭菜准备得不够丰盛；而西方女主人见此情景，定会感到欢欣鼓舞。她若瞧见盘子里还剩下不少菜，反而会垂头丧气，因为剩菜说明其烹调水平有待提高。

（四）泾渭分明的送礼礼仪

送礼是人际交往的一种重要形式，中外人士都讲究送礼。然而，中国人和西方人在礼品的选择及馈赠礼仪上却各有千秋。

在中国，虽然大家常说“千里送鹅毛，礼轻情义重”，但是在现实生活中，不少人苦于爱面子或迫不得已的原因，专拣价格高的东西买。有的人为买一件名贵的礼品，不惜破费，甚至举债。中国人比较注重实惠，多数人重视的是礼品的价格，而对礼品的包装却不太在意。

西方人送礼比较讲究礼品的文化格调与艺术品位和包装。例如，送同事一本装帧精美的好书；或献给女主人一束美丽的鲜花；或带给朋友一瓶名酒或一件做工别致的工艺品等。在一般情况下，他们既不送过于贵重的礼品，也不送廉价的东西，但却普遍重视礼品的包装。即便是极其普通的礼品，也会用彩纸包装，并用丝带包扎。

在接受礼品时，东方人和西方人的习惯做法更是泾渭分明。中国人收礼时，通常会客气地推辞一番。接过礼品后，一般不当面拆看送礼者的礼物。

西方人受礼时一般不推辞，而是先对送礼者表示谢意，接过礼品后总是当面拆看礼物，并对礼物赞扬一番。他们认为，赞扬礼物宛如赞扬送礼者。

第二节 礼仪的概念、特征和原则

一、礼仪的概念

礼仪是人类文明的产物，是人们进行社会交往的行为规范与准则，具体表现为礼貌、礼节、仪表、仪式等。

礼貌是指人们在交往过程中表示敬重、友好的行为规范，如尊老爱幼、热情待客等。

礼节是指人们在交际活动中待人接物的形式，如拜会、回访、挥手致意等。

仪表是指人的外表，如容貌、服饰、表情、姿态等。

仪式是指在一定场合举行的具有专门程序的活动，如开业典礼、迎送仪式等。

二、礼仪的特征

礼仪具有以下三个主要特征。

（一）共同性

礼仪的产生往往与民族的生活环境、文化背景和历史传统有着密切的关系。因此，世界上不同民族的礼仪有所不同。尽管如此，尊老爱幼、礼貌待客、礼尚往来、遵时守约等符合大多数人价值取向的基本礼仪，却是全人类、各民族所共同遵循的准则，这就是礼仪的共同性。

（二）继承性

礼仪是一种文化现象，在人类的社会交往中逐渐确立或约定俗成。礼仪一旦形成，通常会长期沿袭，经久不衰。特别是诸如尊老敬贤、父慈子孝、礼尚往来等一些反映民族传统美德的礼仪，一代接一代流传至今，并将被子孙后代所继承，不断发扬光大。

（三）发展性

礼仪是逐渐形成的，并随着时代的发展而变化。任何时代的礼仪，都体现着时代的要求。如从封建时代的“三从四德”到社会主义时代的男女平等，礼仪随着社会的进步而更新，以符合时代的要求。

三、礼仪的原则

礼仪的核心是“尊重”。礼仪主要起规范作用，规范则有标准和尺度；而礼仪水平的高低，则反映出个体或群体的修养和境界。礼仪原则可大致概括为以下四条。

（一）尊重原则

《礼记·典礼》开宗明义第一句就是“毋不敬”，点出了礼仪的核心。尊敬包含自尊和尊敬他人，以尊敬他人为主。自尊就是要保持自己的人格和尊严，要自强不息，注意修养，只有这样才能赢得他人的尊重；而尊敬他人就是要以礼待人，尊重他人的人格。一般来说，尊重上级是一种礼貌，尊重同事是一种本分，尊重下级是一种美德，尊重客户是一种常识，尊重所有人是一种教养。在与人交往时，要使用礼貌语言，遵循行为规范。在社会交往中，只有人与人之间彼此尊重，才能保持和谐、愉快的关系。

（二）遵守原则

礼仪作为社会生活的准则，反映了人们的共同利益，社会上各民族、各党派、各阶层人士都应当共同维护、自觉遵守礼仪。每个人都应该尊老爱幼、遵时守约、遵守公共秩序……谁违背了礼仪规范，自然就会受到公众的批评和谴责。

（三）适度原则

礼仪是人类智慧的结晶。礼仪作为人际交往的规范，有一定的标准和分寸。犹如楚国文学家宋玉在《登徒子好色赋》中描写的美女，“（其身材）增之一分则太长，减之一分则太短；（其肤色）著粉则太白，施朱则太赤”。应用礼仪也是如此，要把握分寸，适可而止。例如，在与人交往时，要彬彬有礼，但不能低三下四，应做到不卑不亢，落落大方。

（四）自律原则

礼仪宛如一面镜子。对照礼仪这面“镜子”，可以发现自己的形象是英俊、美丽，还是丑陋、俗气的。因此，要知礼、守礼，自我约束，在社会生活中时时处处自觉遵守礼仪规范，努力树立良好形象，做一个受大家欢迎的人。

第三节 礼仪的种类及功能

一、礼仪的种类

现代礼仪大致可分为以下几种：

按性质分，礼仪可细分为个人礼仪、家庭礼仪、社交礼仪、公务礼仪、公关礼仪、商务礼仪、外事礼仪、旅游礼仪、求职礼仪、宗教礼仪等。

按场合分，礼仪可分为家庭礼仪、学校礼仪、办公室礼仪、公共场所礼仪、客房服务礼仪等。

按身份分，礼仪可具体分为教师礼仪、学生礼仪、营业员礼仪、司门员礼仪、主持人礼仪等。

按表现形式分，礼仪可分为交谈礼仪、待客礼仪、书信礼仪、电话礼仪、交换名片礼仪等。

二、礼仪的功能

礼仪是人类文明的结晶，其内容十分丰富，主要具有以下几种功能。

1. 礼仪的教育功能

礼仪是人类文化的结晶，是社会进步的标志。礼仪蕴涵着丰富的文化内涵，体现着社会的要求与时代的精神。礼仪具有很强的教育功能，它潜移默化地熏陶着人们的心灵，使人们成为通情达理的模范公民。

2. 礼仪的美化功能

礼仪是人类生活经验的总结。礼仪的美化功能在于讲究和谐，重视内在美和外在美的一致。礼仪使美好的心灵与美丽的仪表、优雅的举止形成一个有机的整体，使人们注重塑造良好的形象，以充分展现各自的风采。

3. 礼仪的协调功能

礼仪是人们在生活中和社会交往活动中逐渐形成的行为规范与准则。礼仪指导人们如何立身处世、立身社会。礼仪可协调人与人之间的关系以及人与社会的关系，使人们友好相处，社会秩序井然有序。

4. 礼仪的沟通功能

礼仪是人们交际生活中的礼节和仪式。礼仪具有沟通功能，在人际交往中，往往热情的问候、友善的目光、亲切的微笑、文雅的谈吐、得体的举止等，是人们交流与沟通的基础，有利于扩大社会交往，促进事业成功。

5. 礼仪的维护功能

礼仪是营造温馨的灵丹、伸缩有度的准绳、和睦相处的法则、人际交往的规范。人们知礼、守礼，讲文明，讲礼貌，有助于家庭的和睦，有利于社会的稳定。

【礼仪故事】

善有善报

汉武帝喜欢微服私访，体察民情。有一次，汉武帝又去微服私访，晚上在一个叫恒谷的村子投宿。他感到十分疲惫，很想喝两杯酒解乏，于是就问开店的老翁："请问，这里有酒吗？"

老翁不耐烦地回答："没有酒，只有尿！你喝吗？"

老翁觉得汉武帝不像一个好人，而像一个窃贼。到了半夜，他召集村子里的年轻人，准备将汉武帝揍一顿。

而老翁的妻子却觉得汉武帝虽然身着布衣，但却气宇轩昂，仪态举止与一般人不同。于是，劝老翁道："这个宾客不是寻常人，我们应该好好地招待他。以礼待之，视为上宾。"

老翁不听妻子的劝告，仍固执己见。老妇左思右想后，将老翁灌醉，用绳子捆起来，并打发村中的年轻人各自回家去了。

老妇杀鸡烹煮，用好酒招待汉武帝。

汉武帝回去后，专门召见了老妇，并赏赐黄金，封老翁为羽林郎。

（资料来源：陈革 . 最新礼仪规范 . 北京：线装书局，2004：406）

【知识拓展】

“100-1=0”定律

“100-1=0”定律最初来源于一项监狱的职责纪律：不管以前干得多好，如果在众多犯人里逃掉一个，便是永远的失职。在我们看来，这个纪律似乎过于严格了。但从防止罪犯重新危害社会来说，百无一失是极为必要的！后来，这个规定被管理学家们引入到了企业管理和商品营销中（包括服务行业），很快就得到了广泛的应用和流传。它告诉我们：对顾客而言，服务质量只有好坏之分，不存在较好较差的比较等级。好就是全部，不好就是零。

在服务业领域里，顾客对服务项目的任何一项不满意，他们的满意度不会因此按减法递减，而是全面否定，因为他不可能体验所有的服务项目。在他看来，他体验的那个项目就代表了所有项目的服务质量。在市场竞争的环境条件下，他不会当“回头客”，再消费这家服务商提供的服务。对这家服务商来说，他的服务收益等于零。根据系统论的原理，任何一个系统都是由相互作用和相互依赖的若干组成部分结合成的具有特定功能的有机整体。服务就是这样的一个系统，它的每个环节都相互作用、相互依赖，一荣俱荣，一损俱损。顾客对整个服务工作中的任何一项不满意，都会对整体的服务质量带来否定。

服务工作的整体性以及服务质量的等级不可分的性质，使服务质量的评定难以按常规进行。我们不能按歌坛比赛评委打分那样，“扣掉一个最高分，去掉一个最低分”，再取平均值。因为服务质量的最终评判人是顾客，他们的打分要么是满意，要么是不满意。企业只有让所有顾客都满意，才能达到市场的要求。就像100-1=0一样，只要一百个顾客中有一个不满意，我们的服务质量就不能说没有问题。

有一次，一个法国农场主驾驶着一辆奔驰货车从农场出发去德国。一路上凉风习习，路况良好，法国农场主不由哼起了小曲。可是，当车行驶到了一个荒村时，发动机出故障了。农场主又气又恼，大骂一贯以高质量宣传自己的奔驰骗人。这时，他抱着试一试的心情，用车上的小型发报机向奔驰汽车的总部发出了求救信号。没想到几个小时后，天空就传来了飞机声。原来，奔驰汽车修理厂的检修工人在工程师的带领下乘飞机来为他提供维修服务。一下飞机，维修人员的第一句话就说：“对不起，让您久等了。但现在不需要很久了。”他们一边安慰农场主，一边开始了紧张的维修工作。不一会儿，车就修好了。

“多少钱？”看见修好了，法国农场主问道。“我们乐意为您提供免费服务！”工程师回答。农场主本来以为他们会收取一笔不菲的维修金，听到这些简直大吃一惊，“可你们是乘飞机来维修的呀？”“但是是因为我们的产品出了问题才这样的”。工程师一脸歉意，“是我们的质量检验没做好，才使您遇到了这些麻烦，我们理应给您提供免费服务的”。法国农场主很受感动，连连夸赞他们，夸赞奔驰公司。后来，奔驰公司为这位农场主免费换了一辆崭新的同类型货车。

100多年来，奔驰得以永葆自己青春的法宝是什么？是质量，是服务！优质的服务让奔驰跑得更快。正是这种一个都不放过的服务精神，才造就了奔驰今天当之无愧的汽车王国的地位。

顾客的购物标准很简单：谁对我好，谁的服务能让我满意，我就买谁的东西。国外的企业早已抛弃了“我卖你买，我说你听，你不听我就把声音说大点，或者你再不听我就降价求售”的做法。他们在比“谁对顾客更好”。试想当外企让顾客感动，享受心动、温馨、周到的服务时，他会去买谁的东西？可以想象一下，到那时本应是中国人生产的东西，就因为你不“讨好”国人，却让外国人以上乘的服务表现而夺去了生意，作为中国企业家的你会是什么心态？

定律启示：100个顾客中有99个顾客对服务满意，但只要有1个顾客对其持否定态度，那么这一个顾客会将自己的不满扩散出去，企业因此会受到的损失将是无法估算的。同样在人际交往中，如果你有能力、有本事但不懂尊重、不知礼仪，你一样难在某一个领域（或一个团队）中做到出类拔萃。

第二章
个人礼仪

第一节　德才兼备

作为中华民族的成员，要做一个合格的、优秀的成员，就要加强自身的道德修养和文化素养，从自己做起，从现在做起，为中华民族的振兴和腾飞而努力奋斗。几乎每个人都渴望完美，追求完美。只有真正地做到心灵美、外表美和行为美，才能趋于完美。

高尚的道德情操和浓厚的文化素养，是心灵美的基础。通过加强思想品德修养，提高文化艺术素养，可以美化自己的心灵。

一、思想品德修养

（一）思想修养

掌握正确的思想方法，是加强思想修养的有效途径。

1. 学会辩证地看问题

任何事物都存在正反两个方面的对立。在自然界中，存在着大与小、多与少、远与近；在人类社会中，存在着美与丑、善与恶、真与假……事物矛盾着的两个方面，它们是互相对立又互相依存的，是对立的统一，而事物又在矛盾和斗争中有条件地转化。这就要求我们要认识事物的两个方面，分清主次，明辨是非，并学会辩证地看问题。

2. 学会历史地看问题

任何事物都有一个发展的过程。例如，现代礼仪是由原始社会礼仪、奴隶社会礼仪、封建社会礼仪等发展而来的；人类社会由低级阶段向高级阶段发展……只有弄清楚事情的来龙去脉，学会历史地看问题，才能明了事情的发展过程，从而作出正确的判断。

3. 学会全面地看问题

所谓“见仁见智”，是因为看问题的角度不同。“盲人摸象”，自然会受到局限；“不识庐山真面目，只缘身在此山中”。因此，只有站得高，才能看得远。学会全面地看问题，才能够识大体、顾大局，避免“见树不见林”或顾此失彼。

（二）品德修养

遵守道德规范，品行端正，是做人的基本准则。要通过修身养性，陶冶情操，做一个品德高尚的人。

1. 加强社会主义道德修养

加强社会主义道德修养，学会尊重他人，关心他人，热爱集体，热心公益，扶贫帮困，为社会多做好事，反对和抵制拜金主义、享乐主义和个人主义。认识到“国家兴亡，匹夫有责”，努力做到“富贵不能淫，贫贱不能移，威武不能屈”。

2. 讲究社会公德和职业道德

在社会生活中讲文明，讲礼貌，遵纪守法，保护环境，爱护公物，助人为乐；在工作单位爱岗敬业，诚实守信，办事公道，服务群众，奉献社会，做一名有理想、有道德、遵纪守法的模范公民。

3. 陶冶情操，培育美德

伟大的中华民族养育了无数优秀儿女，他们高尚的情操和优良的品德，一直为世人所敬仰。例如，中国古代大诗人屈原的忧国忧民，疾恶如仇；三国谋略大师诸葛亮的鞠躬尽瘁，死而后已；唐代著名谋士魏征的忠心耿耿，刚直不阿；宋代爱国将领岳飞的精忠报国，气壮山河；明朝文天祥的大义凛然，视死如归；北宋范仲淹的“先天下之忧而忧，后天下之乐而乐”；现代著名文学家鲁迅的“横眉冷对千夫指，俯首甘为孺子牛”；周恩来的廉洁奉公，大公无私……他们的高风亮节感动了一代又一代人。时至今日，人们仍然敬仰和怀念他们。

二、语言文学修养

语言是人们交流思想、联络感情、传递信息的重要工具。要想把话说得清楚明白，就得加强语言修养，多学多练；而希望把话说得生动有趣，富于感染力，还必须博览群书，提高文学水平。

（一）语言修养

在现实生活中，人们比较羡慕那些言谈风趣、出口成章的人。说实话，要想做到这一点甚至超过他们，并不是一件轻而易举的事。但是，只要有恒心，肯下功夫，多学习，勤练习，一定会有所提高。肚子里有货，才能口若悬河。

与人交流时，态度要诚恳、谦虚，谈话的内容要简明扼要，语言要准确、精练、通俗易懂。有的青年朋友在与人交流时啰嗦了半天，别人也不清楚他到底想说什么，导致谈话索然无味，甚至不欢而散。因此，平时应注意加强语言修养，留意和收集书本上和生活中的一些佳句妙语，不断提高表达能力。

除了加强汉语语言修养外，若有可能，还应学习或掌握一门外语，这不仅便于对外交流，拓宽自己的视野，而且还可以及时掌握第一手外国原文资料，吸收优秀的外国文化知识。

（二）文学修养

加强文学修养，既有利于提高自己的文化素质，又有利于提高自己的欣赏水平。中国文学作品浩如烟海，阅读时，应选读其中一些有代表性的佳作。

例如，在古代诗歌方面，不妨浏览一下《诗经》和屈原（约公元前340—公元前278年）的《离骚》，而重点阅读选收了诗仙李白（701—762年）、诗圣杜甫（712—770年）、大诗人白居易（772—846年）、李贺（790—816年）、杜牧（803—852年）等名家诗歌代表作的《唐诗三百首》。在现代诗歌方面，可以选读郭沫若、柳亚子、郭小川、贺敬之、艾青、徐志摩、徐迟、臧克家、曾卓、李瑛、余光中、北岛、舒婷、顾诚、海子等优秀诗人的代表作，如郭沫若的《女神》，艾青的《大堰河——我的保姆》等。

在古代散文方面，可以重点选读唐宋八大家韩愈（768—824年）、柳宗元（773—819年）、欧阳修（1007—1072年）、苏洵（1009—1066年）、苏轼（1037—1101年）、苏辙（1039—1112年）、王安石（1021—1086年）、曾巩（1019—1083年）的散文名篇。在当代散文方面，可以选读当代四大名家杨朔、秦牧、魏巍、刘白羽的散文佳作。

在古代小说方面，不妨重点阅读中国四大名著：罗贯中（约1330—1400年）的《三国演义》，施耐庵（约1296—1370年）的《水浒传》，吴承恩（约1500—1583年）的《西游记》，曹雪芹（约1715—1764年）的《红楼梦》。在现代小说方面，可以选读鲁迅、矛盾、沈从文、巴金、老舍、张恨水、孙犁、金庸、柳青、赵树理、王蒙、浩然、张承志、贾平凹、刘心武、路遥、池莉、刘醒龙、陈应松等名家的佳作。

在外国文学方面，可以选读莎士比亚（1564—1616年）、易卜生（1828—1906年）、萧伯纳（1856—1950年）的戏剧佳作；浏览薄伽丘（1313—1375年）、雨果（1802—1885年）、狄更斯（1812—1870年）、巴尔扎克（1799—1850年）、列夫·托尔斯泰（1828—1910年）、莫泊桑（1850—1893年）、高尔基（1868—1936年）、海明威（1899—1961年）、奥斯特洛夫斯基（1904—1936年）、肖洛霍夫（1905—1984年）、纳吉布·马哈福兹（1911—2006年）的小说代表作；着重选读但丁（1265—1321年）、歌德（1749—1832年）、拜伦（1788—1824年）、雪莱（1792—1822年）、普希金（1799—1837年）、惠特曼（1819—1892年）、泰戈尔（1861—1941年）、马雅可夫斯基（1893—1930年）和聂鲁达（1904—1973年）等著名诗人的诗歌精品。

三、音乐艺术修养

作为现代青年，如果条件许可，可以根据自己的爱好，利用业余时间，多学习或了解一些琴棋书画、音乐舞蹈或摄影等方面的知识，这样不仅可以陶冶情操，还可以为生活增添不少情趣。

（一）音乐修养

1. 音乐欣赏

音乐是通过有组织的乐音形成的艺术形象。欣赏音乐是一种审美活动。欣赏音乐时，首先需要了解作者和作品的时代背景，从而深刻领会作品的思想内容。此外，还要知晓旋律、节奏、节拍、音区、音色、和声等音乐语言要素，以便更好地享受音乐的艺术美。

2. 声乐曲欣赏

声乐曲是指人们用嗓子唱的歌曲、戏曲等。大多数青年都会唱歌，也知道声乐有独唱、齐唱、轮唱、合唱等多种形式。

中国是个戏曲大国，有 360 多个剧种。如果有条件和机会，最好能了解一些这方面的知识，学会演唱或者欣赏中国的国粹——京剧。并能大概了解昆曲、评剧、豫剧、黄梅戏等剧种的有关知识，以利于领会各剧种所表现的内容，获得美的艺术享受。

3. 学会一种乐器

如有可能，不妨学会演奏一种乐器，或吹口琴、笛子，或拉二胡、小提琴，或弹钢琴、电子琴等。空闲时，友人们聚在一起吹拉弹唱，既可以陶冶情操，丰富业余生活，还可以加深朋友之间的友谊。

（二）艺术修养

1. 书法欣赏

书法是一种线条艺术，是“无声的音乐、有情的图画”。书法不仅是汉字结构、意义的艺术性再现，而且往往表现出时代特点、情趣和意境，反映出书法家的思想、感情和风格。欣赏书法作品时，要根据书法艺术的审美特点，领会其中的情趣和韵味。

2. 中国画欣赏

中国画简称“国画”。国画分为人物、山水、花卉、鸟禽、走兽、鱼虫等画种，有工笔、写意、勾勒、水墨等技法形式。国画的特点是强调以形写神，形神兼备，追求“写意”“传神”。

欣赏绘画作品时，要品赏绘画作品的气、韵、思、景、笔、墨。气是指心随笔运，韵者隐迹立形，思者凝想形物，景者搜妙创真，笔者随心所欲，墨者浓淡相宜。

3. 西洋画欣赏

中国把欧洲和美国等西方国家的绘画统称为“西洋画”。西洋画包括油画、水彩画、水粉画、素描等多种艺术形式。

古典西洋画追求真实性，采取明暗造型和色彩造型的方法。现代西洋画派林立，各画派的主张和艺术追求不尽相同，但都比较注重形式和创新。

现代青年人的志趣可以更广泛一些，例如，欣赏健美比赛、时装表演，学习雕塑、摄影、插花等。

第二节　仪表端庄

一个人在努力塑造心灵美的同时，也要注重外表美。因为仅有美的心灵，但不注意外表美，经常蓬头垢面，衣冠不整，仍然是不够完美的。由此看来，外表美是完美的一个组成部分。

外表包括身材、相貌、服饰、神情等。身材高大魁梧是美，小巧玲珑也是美；浓眉大眼是美，眉清目秀同样是美；穿笔挺的西装显得庄重，穿轻松的休闲服则显得潇洒随意；衣服虽然已旧，但干净、整洁同样是美；自然的微笑迷人，神色凝重照样动人。

一、表情

表情主要是指面部表达出来的感情。面部表情是眼睛、眉毛、嘴巴、鼻子、面部肌肉以及它们的综合运动所表现出来的心理活动和感情信息。面部的一个微妙表情，一块肌肉的细微变化，眨一下眼睛或皱一皱眉头，都在表达一个人的感情。

人的表情千变万化，多姿多彩。在不同的情况下有不同的表情。或表现出忧伤，或表现出仇恨，或表现出怜悯，或怒发冲冠，或喜形于色……

一般情况下，表情应自然，目光要温和，不要动不动就吹胡子、瞪眼睛，而应经常做到和颜悦色，面带微笑。男士要真诚，让人觉得可信；女士要和蔼，让人感到亲切。一般说来，大家都不喜欢一张冷冰冰的脸，而友好、谦虚的表情，永远富有吸引力，给人亲切之感。

（一）表情三结合

1. 与牙齿相结合

就是我们通常所说笑容到底露出几颗牙齿。微笑时可以嘴角向上扬，有笑意，但不露齿。另外一种是标准笑容露出六颗或八颗牙齿。（见图 2–1、图 2–2）

图 2-1

图 2-2

2. 与眼神相结合

眼睛是心灵的窗户，在微笑时眼睛平视对方，以表达友好。

3. 与嘴巴相结合

“良言一句三冬暖，恶语伤人六月寒。”面带微笑、目视对方时多说正面积极、支持、鼓励的话。

（二）表情的四个境界

表情第一个境界有四句话：见人就笑、不笑不说话、笑着说话、笑着听话。这四句话告诉我们在任何时候遇到任何人时要保持一张和蔼可亲的笑脸。

表情的第二个境界是与对方的表情形成互动。这里是要告诉我们运用表情时要看场合、看情况，例如：在医院病人被病痛折磨时，我们的医护人员如果笑着说“您哪不舒服”就不合适，但病人病好出院，我们可以笑脸相送。

表情的第三个境界是用自己的表情打开对方的心。当别人遇到不如意、不开心时能用表情帮助别人释怀，以达到“破涕为笑”的效果。

表情的第四个境界是面对指责、责骂、挑衅时要做到面无表情。工作、生活中难免会遇到一些蛮不讲理的人，特别是服务行业，作为从业人员我们不与对方争吵，是自我素养的体现，被误解、责骂时面无表情是维护自己的尊严。

二、仪表

俗话说："人要衣装，佛要金装。""三分长相，七分打扮。"我们不仅要用科学文化知识充实自己的头脑，还要用雅致的衣服和精美的首饰打扮自己的外表。穿着，往往可以体现出一个人的文化修养，反映其审美情趣，同时也可以从一个侧面反映出他（她）的经济实力和生活水平。

（一）穿着

穿着是一门艺术，既要讲究衣服的款式、色彩，又要注意出入的场合。穿着应当尽可能做到合体、合适、合意。

1. 合体

所谓合体是指穿着要和自己的身材、体形相协调，服装要不长不短、不肥不瘦。身材较高的人，上衣可适当加长，衣服颜色以深色为佳；身材较矮的人，上衣宜稍短一些，不易穿大花图案或宽格条纹的服装；体形较胖的人，可选择小花纹、直条纹的衣料，最好是冷色，如蓝色、绿色、白色等相协调的颜色；体形偏瘦的人，不要穿过于柔软、过于薄的衣服，男士穿稍微宽松的裤子，女士穿百褶裙，会显得丰满一些。

2. 合适

所谓合适，即衣着要与时间、地点、目的相协调，也即西方人穿衣的"T、P、O"原则。T、P、O 分别是英文 Time、Place、Object 三个词的缩写，意思是时间、地点、目的。一般说来，首先，衣着应与自己的年龄相协调。年轻人可以穿得活泼一些。中老年人着装则应高雅一些。其次，衣着要和季节相协调，夏季穿纱，冬季穿棉。此外，衣着要和场所相协调，上学、上班、参加庆典等，应衣着庄重；而平常居家，在宿舍里或外出旅游，则不妨穿得随意一些，以宽松、舒适为宜。

3. 合意

所谓合意，即穿着要合自己的心意。穿着要因人、因时、因地而异，既不要过度赶时髦，也不要当落伍者。穿着不要一味地赶潮流，更不要盲目模仿别人，"东施效颦"，而应选穿款式适宜显示自己个性、气质的服装，穿出自己的风格，或端庄，或飘逸，或简洁，或高雅。

这里还应当指出："穿衣戴帽，各有所好。"服装的款式不要求千篇一律，料子也不一定非要十分讲究，但一定要干净、平整。若不讲究衣着的整洁，穿一身带有异味、皱皱巴巴的衣服，会给人以邋遢、懒散的印象。因此，一定要讲究穿着艺术。

（二）首饰

首饰是服装的陪衬，通常起点缀作用。人们通常佩戴的首饰有项链、耳环和戒指等。

1. 项链

一般说来，女士佩戴白金项链和钻石项链，可显示出高雅的气质。

2. 耳环

选择和佩戴耳环应考虑自己的身材和脸形。例如，身材高大的女士适合戴大耳环，身材小巧的女士宜戴小耳环（或耳钉）；圆形脸庞的女士可选戴叶形、方角形耳环，方形脸庞的女士宜佩戴圆形耳环。

3. 戒指

戒指是男女老少皆宜的装饰品。但是，由于戒指戴在不同的手指上有着不同的含义，因此戒指不可乱戴，以免发生误会。一般说来，戒指戴在食指上，表示未婚或求婚；戴在中指上，表示正在热恋中；戴在无名指上，表示已订婚或结婚；带在小指上，则表示自己是独身。大拇指通常不戴戒指。

4. 饰品佩戴的原则

以少为佳，一般不超过三件，要求颜色、色质、款式统一。

三、化妆

化妆是一门既有趣又精细的艺术。通过恰到好处的妆容，可以更加充分地展示自己容貌上的优点。

1. 化妆与场合

化妆要考虑时间和场所等因素。上班、郊游、去户外进行体育锻炼等，可化淡妆；而参加喜庆活动、文艺晚会、舞会等，则可酌情化浓妆。

化妆通常在家里或宿舍里进行，注意不要在公共场合、众目睽睽之下化妆或补妆。若确有必要化妆和补妆，可在洗手间进行。

2. 简易化妆方法

简易化妆的方法如下：

（1）首先用湿毛巾将脸擦干净。

（2）选择适宜自己皮肤与肤色的粉底，先涂在额部、鼻、两颊、下巴等处，然后由上而下，抹匀脸部。

（3）涂眼影，修饰眼睑。

（4）画眼线。

（5）用眉笔描眉。

（6）双颊上略施胭脂，轻轻向四周抹匀。

（7）涂口红，拢上下唇，让唇膏均匀。

化妆应因人而异，以自身的客观条件为基础，适当进行美化。例如，嘴唇稍薄的女士，若想让双唇丰厚一些，可在唇线之外勾画唇线，然后涂上浅色或中等色调的口红；若嘴唇太厚的女士想减弱嘴唇的厚度感，则可在唇线之内勾画新的唇线，然后涂上中等色调的口红。

四、女性职业装的着装规范和要求

女性的职业服装比男人更具个性，但是有些规则是所有女性都必须遵守的，每个女性都要树立一种最能体现自己个性和品位的风格。特别值得一提的是在正式场合，女士着装一定忌短、忌露、忌透。

1. 质地

职业女装有三种基本类型：西服套裙、连衣裙或两件套裙。在这三种类型中，每一种都要考虑其颜色和面料。

2. 颜色

职业套裙的最佳颜色是黑色、藏青色、灰褐色、灰色和暗红色。精致的方格、印花和条纹也可以接受。注意红色、黄色或淡紫色的两件套裙颜色过于抢眼。

3. 衬衫

衬衫的颜色可以是多种多样的，只要与套装相匹配就可以了。白色、黄白色和米色与大多数套装都能搭配。丝绸是最好的衬衫面料，但是干洗起来可能会贵一些。另一种选择就是纯棉，但要保证浆过并熨烫平整。

4. 内衣

确保内衣要合身，又要注意内衣颜色不要外泄。

5. 围巾

选择围巾时要注意颜色中应包含有套裙颜色。围巾选择丝绸质地的为好，其他质地的围巾打结或系起来没有那么好看。

6. 袜子

女士穿裙子应当配长筒丝袜或连裤袜，颜色以肉色、黑色最为常用，肉色长筒丝袜配长裙、旗袍最为得体。

尤其要注意，女士不能在公众场合整理自己的长筒袜，而且袜口不能露在裙摆外边。不要穿带图案的袜子，因为它们会惹人注意你的腿部。应随身携带一双备用的透明丝袜，以防袜子拉丝或跳丝。

7. 鞋

鞋跟高度为 3 ~ 4cm 为主。正式的场合不要穿凉鞋、后跟用带系住的女鞋或露脚趾的鞋。鞋的颜色应与衣服下摆一致或再深一些。衣服从下摆开始到鞋的颜色一致，可以使大多数人显得高一些。如果鞋是另一种颜色，人们的目光就会被吸引到脚上。

推荐中性颜色的鞋，如黑色、藏青色、暗红色、灰色或灰褐色。不要穿红色、粉红色、玫瑰红色和黄色的鞋。

8. 配饰

身上的装饰品最好不超过三件，且颜色、款式、质地统一。

忌在职业场合佩戴有响声的饰品或金光闪亮的大耳环，那样会给人留下轻浮的印象。

文件夹或手袋的颜色、样式要与服饰相匹配。同时要保持干净，并且里面的东西要有条理。

9. 香水

职业女性正确地使用香水可以为你的职业形象加分。可以依据自己的爱好来选择香水的香型。一般来讲，白天用清淡一些的，晚上可以用较浓烈的。

一般香水涂抹在耳部、颈部、手腕、头发及胸部等部位效果比较好。最好使用小瓶香水，因为时间太久用不完，香味会散发，降低使用效果。

五、男士职业着装规范和要求

男人必备的三样东西：最少一套高档西装、一双好皮鞋、一块好手表。一般有品位的男人一定会有一套好西装，职业西装也可以的。下面来介绍西装的着装规范。

1. 西装选择

（1）单排扣：适合较苗条者。

（2）单粒扣：一般不扣，除非在特别庄重的场合。

（3）两粒或以上扣：不扣下面那粒。

（4）双排扣：适合较健硕者，纽扣要全扣上。

2. 西装颜色

西装宜：深蓝色、深灰色。

衬衣宜：浅蓝色、浅灰色、白色。

3. 衬衣选择

衬衫：注意衣领要较西装高 1.5cm、袖子较西装长 1.5cm。

肩宽：较身宽 1.5cm。

胸围：以能穿一件单衣和薄羊毛衫还稍宽为准。

衣长：能盖住 4/5 的臀部。

裤长：能盖住 2/3 的鞋面。

4. 鞋袜

鞋：黑色系带皮鞋。

袜：袜子颜色：（1）黑色。（2）与裤子同色。（3）比裤子深一个颜色。

袜子质地：棉质。

袜口长度：5 ~ 10cm。

5. 领带选择

正规场合穿西装都应戴领带。选择领带时，应使领带的宽度与自己身体的宽度成正比，不要反差过大，领带最好选择真丝面料，优雅，而且四季皆宜。

蓝色、灰色或者深红色的素色领带比较百搭；斜纹领带带着果断权威、稳重理性的感觉；圆点的领带中规中矩但没有压迫感；不规则领带活泼生动、具有随意性，适合宴会、酒会的社交场合。

6. 领带系法

（1）单结。

这是最常用的一种结法。打结和解结都非常容易。对大部分的领带和几乎所有的衬衫领都非常适合。

注意：领带结需要与衬衫领和谐搭配。它应该不太紧，也不太松地系在衬衫领上。领带的最宽部分（即在“最宽点”前）应位于腰带处。（见图2–3）

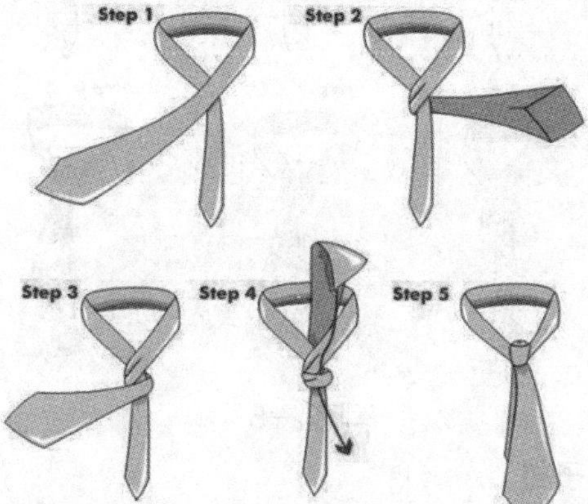

图2–3

（2）双单结类似单结。

它们的不同在于前者有两个结，即两圈。这种结适合个子矮小的男士，它适合意大利领和稍细的领带，且简单易做。（见图2–4）

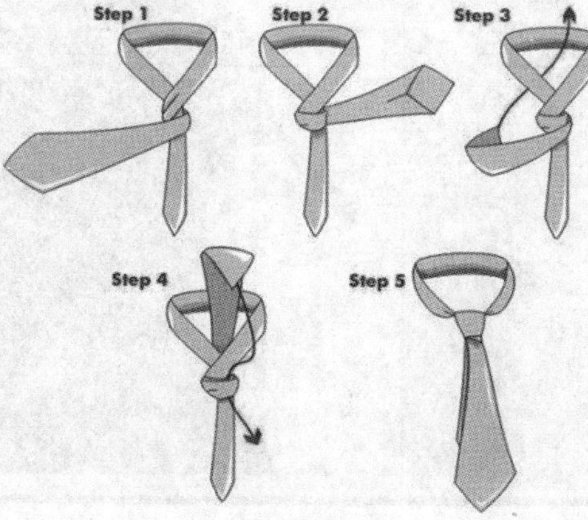

图2–4

（3）温莎结。

引起潮流的温莎结是种非常英国式的漂亮领带结法。它体积大，因此适合系在分得很开的衣领上（例如意大利衣领）和很细的领带上。这种结要非常对称地打才能成功。操作起来有点复杂。（见图 2–5）

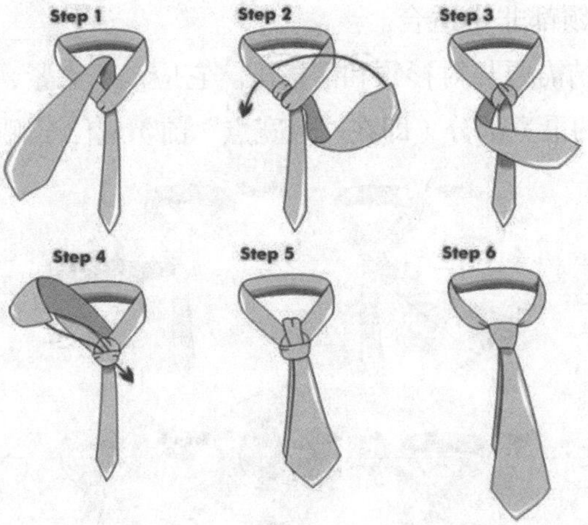

图 2–5

（4）亚伯特王子结。

适用于浪漫扣领及尖领系列衬衫，搭配浪漫质料柔软的细款领带，正确打法是在宽边先预留较长的空间，并在绕第二圈时尽量贴合在一起即可完成此一完美结型。（见图 2–6）

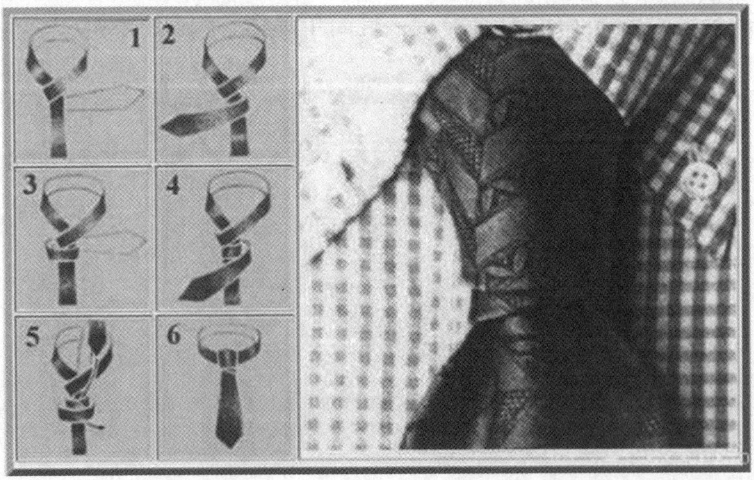

图 2–6

（5）浪漫结。

浪漫结是一种完美的结型，故适合用于各种浪漫系列的领口及衬衫完成后将领结下方之宽边压以绉摺可缩小其结型窄边，亦可将它往左右移动使其小部分出现于宽边领带旁。（见图 2–7）

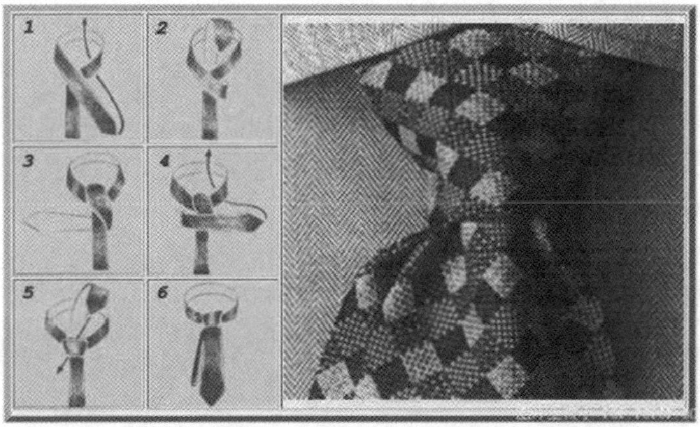

图 2–7

（6）十字结（半温莎结）。

此款结型十分优雅及罕见，其打法亦较复杂使用细款领带较容易上手，最适合搭配在浪漫的尖领及标准式领口系列衬衣。

话说好马配好鞍，好服饰得有个好的搭配，不会搭配还得多学习男装搭配知识。（见图 2–8）

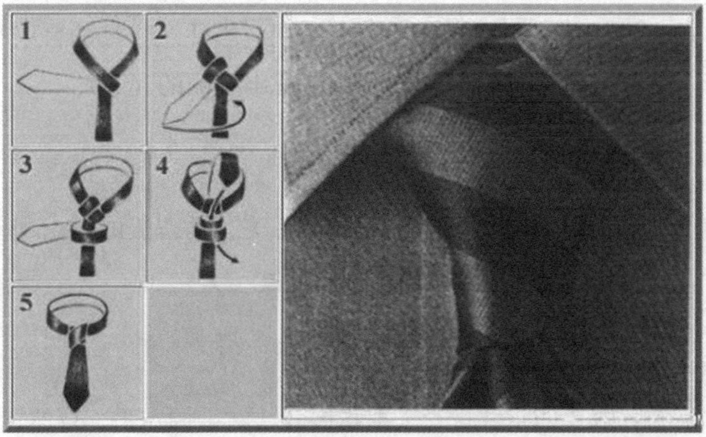

图 2–8

7. 饰品

手表的价值除了实用，还能体现职业男士的身份、地位、品位。因此，手表一定要适合配戴者的身份。

有些男士喜欢戴粗如绳索般的金项链，这是不符合职业着装规范的，有损个人的职业形象。如有特别的宗教信仰之类的配饰应佩戴在衬衣里面。

着西装的七原则：

（1）要拆除衣袖上的商标；

（2）要熨烫平整；

（3）要扣好纽扣；

（4）要不卷不挽 ；

（5）要慎穿毛衫；

（6）要巧配内衣；

（7）要少装东西。

第三节 仪态礼仪

英国哲学家培根说过："在美的方面，相貌的美高于色泽的美，而秀雅合适的动作美又高于相貌美。"我们虽然并不完全赞同培根的观点，但对动作美即行为美的重要性的看法，与这位先哲却是一致的。

"言为心声，行为心表"。的确，美好的行为是美丽心灵的表现。我们追求真善美，希望做一个成功者，那么，就应当注意自己的言谈举止，使一言一行、一举一动都符合行为规范，展现出美丽的光彩。

一、站姿

优美、典雅的站姿是展现人的不同质感美、动态美的起点和基础，能衬托一个人美好的气质和风度。

（一）动作要领

站姿手势、手位

（1）女士：双手四指并拢，大拇指展开，右手握左手，自然置于腹前。

（2）男士：左手握空心拳，右手大拇指展开、四指并拢，右手大拇指握左手腕关节处，其他四指握左手手背。自然置于腹前。

注：右手握左手是遵循国际通用原则，在不接待外宾的情况下也可左手握右手。

（二）常用站姿

1. 标准的站姿六字诀

（1）拉：即头正、双目平视、嘴角上扬、下颌微收、面容平和自然；

（2）平：双肩放松，保持平稳双臂自然下垂于身体两侧两手自然放松；

（3）立：腰要能立住，躯干挺直；

（4）挺：挺胸，让双肩适当展开，达到挺胸效果；

（5）收：收腹，确保呼吸顺畅的同时适当收腹，女士既可达到瘦身效果，亦从视觉上显曲线，男士更显精神；

（6）并：双腿并拢、双脚并拢。（见图 2–9）

图 2–9

2. V 字步站姿

在标准站姿的基础上，右手握左手，双腿自然并拢，脚跟靠紧，脚尖展开呈“V”字形。女士脚尖的度数根据场合不同（场合严谨度数小，场合宽松度数大）分别为：15°、30°、45°。男士脚尖的度数根据场合不同（场合严谨度数小，场合宽松度数大）分别为：30°、45°、60°。（见图 2–10）

图 2-10

3. 丁字步站姿（女士专享）

在标准站姿的基础上，右手握左手（配合脚姿，也可以以左手握右手），自然贴在腹部，右脚略向前靠在左脚上成“丁”字步。（见图 2-11）

图 2-11

4. 站姿（男士专享）

身体立直，右手握左手、两腿展开、两脚平行，可与肩同宽，但不得超过肩宽。（见图 2–12）

图 2–12

正确的站姿会给人以挺拔笔直、舒展俊美、庄重大方、精力充沛、信心十足、积极向上的印象。

（三）训练方法

（1）五点靠墙：背墙站立，脚跟、小腿、臀部、双肩和头部靠着墙壁，以训练整个身体的控制能力。

（2）双腿夹纸：站立者在两大腿间夹上一张纸，保持纸不松、不掉，以训练腿部的控制能力。

（3）头上顶书：站立者按要领站好后，在头上顶一本书，努力保持书在头上的稳定性，以训练头部的控制能力。

（4）效果检测：轻松地摆动身体后，瞬间以标准站姿站立，若姿势不够标准，则应加强练习，直至无误为止。

二、坐姿

文雅的坐姿，不仅给人以沉着、稳重、冷静的感觉，而且也是展现自己气质和风度的重要形式。

（一）动作要领

1. 男士基本坐姿要求

（1）入座时要轻、稳、缓。走到座位前，转身后轻稳地坐下。如果椅子位置不合适，需要挪动椅子的位置，应当先把椅子移至欲就座处，然后入座。

（2）身体重心应该垂直向下，腰部挺直，两腿略分开，与肩膀同宽，看起来不至于太过拘束。

（3）坐在沙发上时，姿势应端正，态度安详，整个身体不要往内靠。

（4）头部要保持平稳，目光平视前方，神态从容自如，脸上保持轻松和缓的笑容。

（5）双肩平正放松，两臂自然弯曲放在腿上，亦可放在椅子或是沙发扶手上，以自然得体为宜，掌心向下。

（6）两脚应尽量平放在地，大腿与小腿成直角，双手以半握拳的方式放在腿上，或是椅子的扶手上。

（7）如果是侧坐，应该上半身与腿同时转向一侧，面部仍是正对正前方，双肩保持平衡。

（8）坐在椅子上，应至少坐满椅子的 2 / 3，宽座沙发则至少坐 1 / 2。

（9）谈话时应根据交谈者方位，将上体双膝侧转向交谈者，上身仍保持挺直，不要出现自卑、恭维、讨好的姿态。

（10）离座时要自然稳当，右脚向后收半步，而后站起。

2. 女士基本坐姿要求

（1）入座时要轻稳，走到座位前，轻稳地坐下。如果是衣着裙装，应用手将裙子稍稍拢一下，不要坐下后再拉拽衣裙，不优雅。

（2）上体自然坐直、立腰、双肩平正放松，右手握左手自然置左腿或右腿上。

（3）两臂自然弯曲放在膝上，也可以放在椅子或沙发的扶手上，掌心向下。

（4）双膝自然并拢，双脚平落在地上。

（5）坐在椅子上，至少应坐满椅子的 1/2 或 2/3。

（6）端坐时间过长时可换一下姿势：将两腿并拢，两脚同时向左或向右放，两手叠放，置于左腿或右腿上形成优美的“S”形。

（7）坐姿的选择还要根据椅子的高低以及有无扶手和靠背，两手、两腿、两脚还可有多种摆法，但两腿叉开或成“四”字形的叠腿方式是很不合适的。

（8）起立时，右脚向后收半步，而后站立。

（二）入座后的常用坐姿

1. 标准式

男女皆有。这种坐姿的要求是：上身挺直，双肩平正，两臂自然弯曲。女士按站姿手势要求将手置于左腿或右腿上（可置于离膝盖 10cm 处或手压住裙边处）两膝并拢，小腿垂直于地面，双脚并拢。男士双脚可与双肩齐宽（不得超过肩宽）双手五指适当弯曲，置于离膝盖 5cm 处。（见图 2–13、图 2–14）

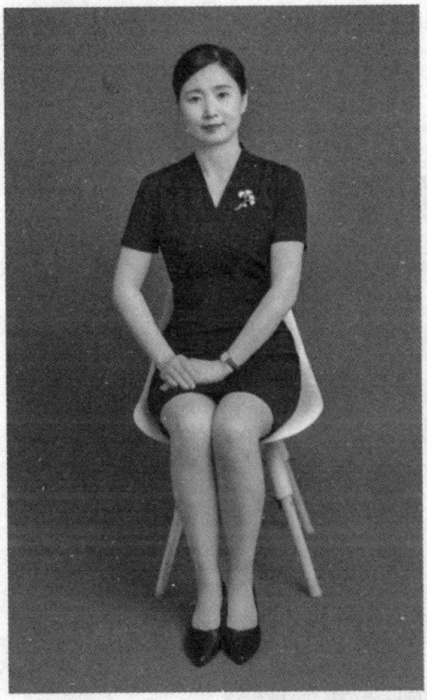

图 2–13

图 2–14

2. “曲直式”（“点字式”）

男女皆有。在标准式的基础上，这种坐姿的要求是：右（左）脚前伸，左（右）小腿屈回，大腿靠紧，后脚着地称为“曲直式”，不着地称为“点字式”。（见图 2–15）

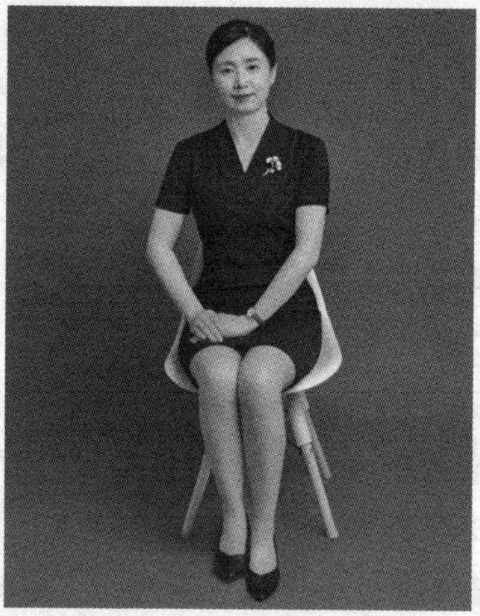

图 2–15

3. 左右侧式

女士专有。这种坐姿的要求是：两小腿向左（右）斜出，两膝并拢，右（左）脚跟靠拢左（右）脚内侧，左（右）脚尖着地，头和身躯向左（右）斜。（见图 2–16）

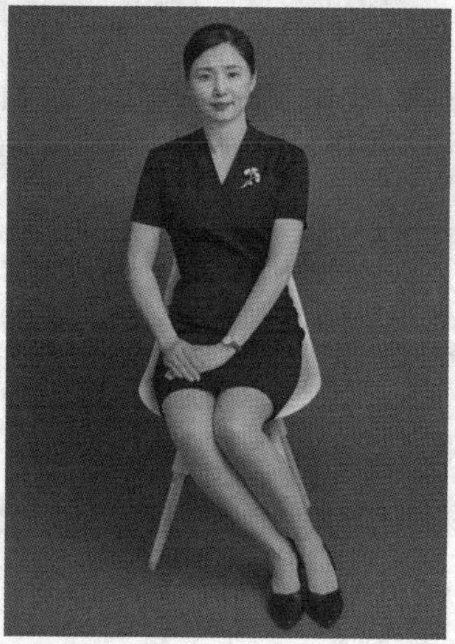

图 2–16

4. 左右侧挂式

女士专有。这种坐姿的要求是：在左右式基础上，左（右）小腿后屈，脚绷直，脚掌内侧着地，右（左）脚提起，用脚面贴住左踝，膝和小

腿并拢，上身右（左）转。（见图 2-17）

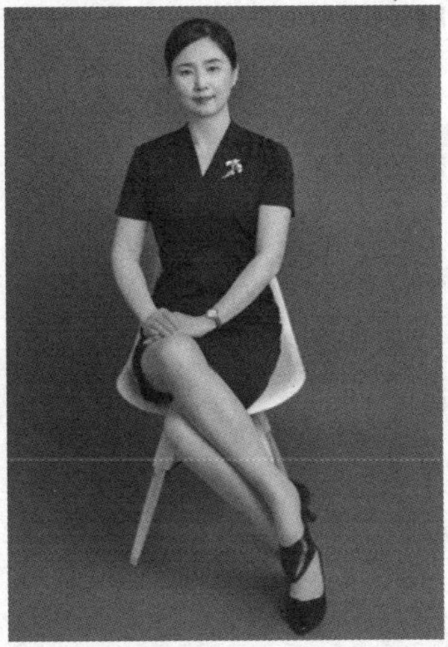

图 2-17

5. 重叠式（正式场合禁用）

男女皆有。这种坐姿的要求是：重叠式也叫“二郎腿”或“标准式架腿”等。在标准式基础上，两腿向前，一条腿提起，腿窝落在另一腿膝上边。要注意上边的腿向里收，贴住另一腿，脚尖向下。

（三）入座后的注意事项

1. 就座时的不良习惯

（1）脊背弯曲、耸肩驼背。

（2）瘫坐在椅子上或前俯后仰，摇腿跷脚，脚跨在椅子或沙发的扶手上，架在茶几上。

（3）上身趴在桌椅上或本人的大腿上。

（4）双脚大分叉或呈“八”字形，女士就座不可跷二郎腿，要把双膝靠紧。

（5）脱鞋或两鞋在地上蹭来蹭去。

（6）坐下时手中不停地摆弄东西，如：头发、戒指、手指等。

2. 坐姿中腿的不当表现

（1）双腿叉开过大。双腿如果叉开过大，不论大腿叉开还是小腿叉开都非常不雅。特别是身穿裙装的女士更不要忽略了这一点。

（2）架腿方式欠妥。坐后将双腿架在一起。正确的方式应当是两条大腿相架，并且一定使两腿并拢。

（3）双腿直伸出去。那样既不雅，也妨碍别人。身前如果有桌子，双腿尽量不要伸到外面来。

（4）将腿放在桌椅上。有人为图舒服，喜欢把腿架在高处，甚至抬到身前的桌子或椅子上，这样的行为是非常粗野的。把腿盘在座椅也不妥。

（5）腿部抖动摇晃。坐在别人面前，反反复复地抖动或摇晃自己的腿部，不仅会让人心烦意乱，而且也给人以极不安稳的印象。

3. 坐姿中脚的不当表现

（1）脚尖指向他人。

（2）脚尖高高翘起。

（3）脚蹬踏他物。

（4）以脚自脱鞋袜。

4. 坐姿中手的不当表现

（1）手触摸脚部。

（2）双手抱在腿上。

（3）将手夹在腿间。

5. 入座后的其他要求

（1）在别人之后入座。出于礼貌，和宾客一起入座或同时入座时，要分清尊卑，先请对方入座，自己不要抢先入座。

（2）从座位左侧入座。如果条件允许，在就座时最好从座椅的左侧接近座位。这样做，是一种礼貌，而且也容易就座。

（3）向周围的人致意。就座时，如果附近坐着熟人，应该主动打招呼。即使不认识，也应该点头示意。在公共场合。要想坐在别人身旁，还必须征得对方的允许。动作要轻，不要碰响座椅。

（4）以背部接近座椅。在别人面前就座，最好背对着自己的座椅，这样就不至于背对着对方。

（5）离开座椅时，身边如果有人在座，应该用语言或动作向对方先示意，随后再站起身来。

（6）要注意先后，与他人同时离座，要注意起身的先后次序，地位低于对方的，应该稍后离座；地位高于或年龄大于对方时，可先离座；双方身份相似时，可以同时起身离座。

（7）要起身缓慢，起身离座时，动作应轻缓，不要"拖泥带水"，弄响座椅，或将椅垫、椅罩弄得掉在地上。

（8）要从左离开，起身后，应该从左侧离座。

三、走姿

行走是人的基本动作之一，最能体现出一个人的精神面貌。行走姿态的好坏可反映人的内心境界和文化素养的高下，能够展现出一个人的风度、风采和韵味。

（一）走姿动作要领

（1）走姿是站姿的延续动作，行走时，必须保持站姿中除手和脚以外的各种要领。

（2）走路使用腰力，身体重心宜稍向前倾。

（3）跨步均匀，步幅约一只脚到一只半脚。

（4）迈步时，两腿间距离要小。女性穿裙子或旗袍时要走成一条直线，使裙子或旗袍的下摆与脚的动作协调，呈现优美的韵律感；穿裤装时，宜走成两条平行的直线。

（5）出脚和落脚时，脚尖、脚跟应与前进方向近乎一条直线，避免"内八字"或"外八字"。

（6）两手前后自然协调摆动，手臂与身体的夹角一般在10°～15°，由大臂带动小臂摆动，肘关节只可微曲。

（7）上下楼梯，应保持上体正直，脚步轻盈平稳，尽量少用眼睛看楼梯，最好不要手扶栏杆。

（二）训练方法

1. 行走辅助训练

（1）摆臂。人直立，保持基本站姿。在距离小腹两拳处确定一个点，两手呈半握拳状，斜前方均向此点摆动，由大臂带动小臂。

（2）展膝。保持基本站姿，左脚跟起踵，脚尖不离地面，左脚跟落下时，右脚跟同时起踵，两脚交替进行，脚跟提起的腿屈膝，另一条腿膝部内侧用力绷直。做此动作时，两膝靠拢，内侧摩擦运动。

（3）平衡。行走时，在头上放个小垫子或本子书本，用左右手轮流扶住，在能够掌握平衡之后，再放下手进行练习，注意保持物品不掉下来。通过训练，使背脊、脖子竖直，上半身不随便摇晃。

2. 迈步分解动作练习

（1）保持基本站姿，双手叉腰，左腿擦地前点地，与右脚相距一个脚长，右腿直腿蹬地，髋关节迅速前移重心，成右后点地，然后换方向练习。

（2）保持基本站姿，两臂体侧自然下垂。左腿前点地时，右臂移至小腹前的指定点位置，左臂向后斜摆，右腿蹬地，重心前移成右后点地时，手臂位置不变，然后换方向练习。

3. 行走连续动作训练

（1）左腿屈膝，向上抬起，提腿向正前方迈出，脚跟先落地，经脚心、前脚掌至全脚落地，同时右脚后跟向上慢慢垫起，身体重心移向左腿。

（2）换右腿屈膝，经过与左腿膝盖内侧摩擦向上抬起，勾脚迈出，脚跟先着地，落在左脚前方，两脚间相隔一脚距离。

（3）迈左腿时，右臂在前；迈右腿时，左臂在前。

（4）将以上动作连贯运用，反复练习。

四、蹲姿

在拿取低处的物品或拾起落在地上的东西时，使用下蹲和屈膝的动作，这样可以避免弯曲上身和撅起臀部，尤其是着裙装的女士下蹲时，稍不注意就会露出内衣，很不雅观。

（一）基本蹲姿要求

（1）下蹲拾物时，应自然、得体、大方，不遮遮掩掩。

（2）下蹲时，两腿合力支撑身体，避免滑倒。

（3）下蹲时，应使头、胸、膝关节在一个角度上，使蹲姿优美。

（4）女士无论采用哪种蹲姿，都要将腿靠紧，臀部向下。

（二）两种蹲姿方式

1. 高低式蹲姿

男性在选用这一方式时往往更为方便，女士也可选用这种蹲姿。

这种蹲姿的要求是：下蹲时，双腿不并排在一起，而是左（右）脚在前，右（左）脚稍后。左（右）脚应完全着地，小腿基本上垂直于地面；右（左）脚则应脚掌着地，脚跟提起。此刻右膝低于左膝，膝内侧可靠于小腿的内侧，形成左膝高右膝低的姿态。臀部向下，基本上用后腿支撑身体。（见图 2-18）

图 2-18

2. 交叉式蹲姿

交叉式蹲姿通常适用于女性，尤其是穿裙装，它的特点是造型优美典雅。基本特征是蹲下后以腿交叉在一起。（见图 2-19）

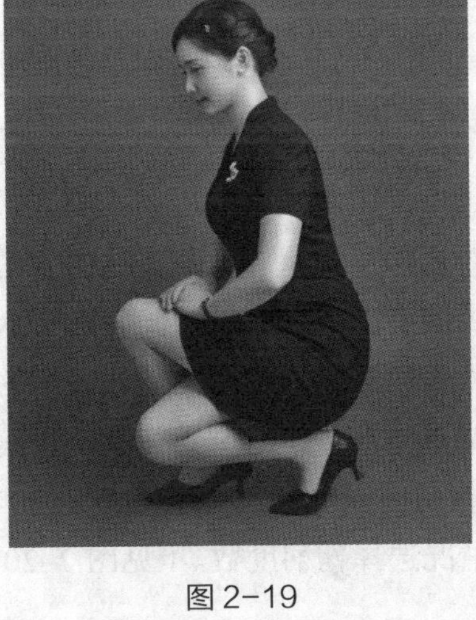

图 2-19

这种蹲姿的要求是：下蹲时，右（左）脚在前，左（右）脚在后，右（左）小腿垂直于地面，全脚着地右（左）腿在上，左（右）腿在下，二者交叉重叠；左（右）膝由后下方伸向右（左）侧，左（右）脚跟抬起，并且脚掌着地；两脚前后靠近，合力支撑身体；上身略向前倾，臀部朝下。

（三）蹲姿注意事项

（1）不要突然下蹲。蹲下来的时候，不要速度过快。当自己在行进中需要下蹲时，要特别注意这一点。

（2）不要离人太近。在下蹲时，应和身边的人保持一定距离。和他人同时下蹲时，更不能忽略双方的距离，以防彼此“迎头相撞”或发生其他误会。

（3）不要方位失当。在他人身边下蹲时，最好是和他人侧身相向。正面他人或者背对他人下蹲，通常都是不礼貌的。

（4）不要毫无遮掩。在大庭广众面前，尤其是身着裙装的女士，一定要有抚裙动作。

（5）不要蹲在凳子或椅子上。有些人有蹲在凳子或椅子上的生活习惯，但是在公共场合这么做的话，是不能被接受的。

总之，当要捡起落在地上的东西或拿取低处物品的时候，不可有只弯上身、翘臀部的动作，而是首先走到要捡或拿的东西旁边，再使用正确的蹲姿，将东西拿起。

五、鞠躬

鞠躬，即弯腰行礼，是表示对他人敬重的一种郑重礼节。它不仅是我国的传统礼仪之一，也是很多国家常用的礼貌方式。在我国，鞠躬常用于下级对上级、学生对老师、晚辈对长辈表达由衷的敬意，也常用于服务人员对宾客致意，或表演者、演讲者、领奖者对听众、观众表示尊敬和感谢，有时还用于向他人表达深深的感激之情或诚恳的道歉之意。施鞠躬礼时，应立正站好，保持身体端正，面对受礼者，距离约 1 米或以上，以腰部为轴，整个腰及肩部向前倾 15°、30°、45°、60°、90°。在使用过程中，根据行礼对象的情况选择鞠躬度数。（见图 2-20）

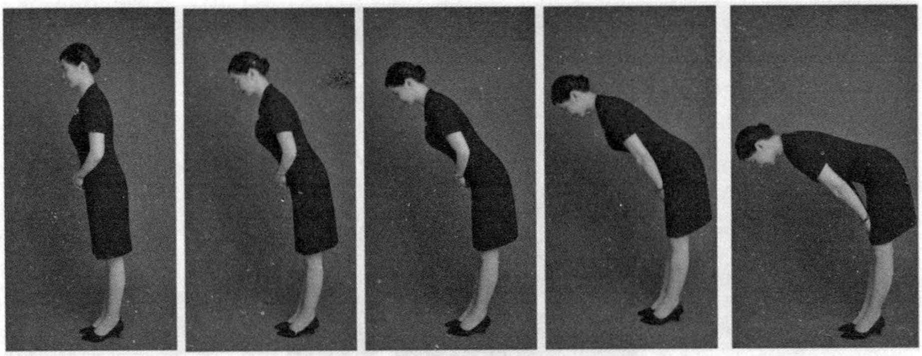

图 2-20

（一）动作要领

1.15° 鞠躬礼

头颈背成一条直线，双手自然置于腹前，前倾 15°，目光约落于体前 1.5 米处，再慢慢抬起，注视对方。（见图 2-21）

图 2-21

2.30°、45° 鞠躬礼

头颈背成一条直线，双手自然置于腹前，前倾 30°、45°，目光约落于体前 1 米处，再慢慢抬起，注视对方。（见图 2-22）

图 2-22

3.60° 、90° 鞠躬礼

颈背成一条直线，双手自然置于腹前，随着度数的增加，双手适当向下移。（见图 2-23）

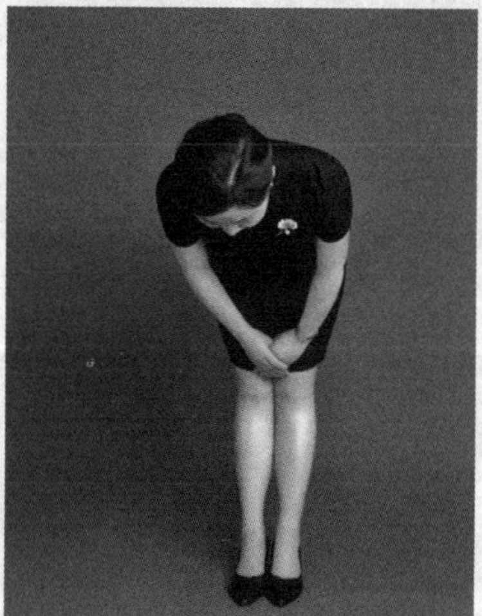

图 2-23

（二）行礼的方式

（1）普通相遇或迎宾一般用 15° ～ 30° 鞠躬礼。

（2）送客时一般用 30° ～ 45° 鞠躬礼。

（3）60°、90° 鞠躬一般用于最大的敬意和歉意。

（4）鞠躬一次即可。不可连续地、重复施礼。

六、手势

手势是人们交往时不可缺少的动作，是最有表现力的一种“体态语言”，俗话说：“心有所思，手有所指。”手的魅力并不亚于眼睛，甚至可以说手就是人的第二双眼睛。手势表现的含义非常丰富，表达的感情也非常微妙复杂。如招手致意，挥手告别，拍手称赞，拱手致谢，举手赞同，摆手拒绝；手抚是爱，手指是怒，手搂是亲，手捧是敬，手遮是羞等等。手势的含义，或是发出信息，或是表达感情，能够恰当地运用手势表情达意，会为形象增辉。

（1）向上式（以右手为例）：标准（“V”字步、“丁”字步）站姿，将五指伸直并拢，手背和小手臂在一条直线上，手心不要凹陷，手心向斜上方，手掌高度不要超过头顶。（见图 2–24）

图 2–24

（2）左右式（以右手为例）：标准（“V”字步、“丁”字步）站姿，五指伸直并拢，与地面成 45°，大手臂与小手臂成 120° ~ 150°，向右指示。（见图 2–25）

图 2–25

（3）斜下式：主要用于请座，标准（“V”字步、“丁”字步）站姿，五指伸直并拢，与地面成 45°，大手臂与小手臂成 180°，向右下方指示。（见图 2–26）

图 2–26

（4）多请式：用于大型场合，请所有嘉宾座下。标准（“V”字步、“丁”字步）站姿，五指伸直并拢，与地面成 45°。身体适当前倾。（见图 2–27）

图 2-27

七、举止

在社会交往中，一举手一投足，一颦一笑，都表示出一种态度。举止是一种无声的语言，能从侧面反映出一个人的修养。在社交中常用的礼貌举止有点头、举手、起立、鼓掌等。

1. 点头

熟人或同事在路上相遇时，不要视而不见，态度冷淡，而要相互间点点头打个招呼，以示礼貌。点头打招呼也适用于较大的迎送场合，当迎送者较多或距离较远时，可以点头致意。

2. 举手

与对方距离较远或没有时间寒暄时，可以举手打招呼。举手虽然很简单，但却向对方表达了一种敬意。

3. 起立

在正式场合，有长者、尊者到来或离去时，在场者应起立表示欢迎和送别，以示敬意。

4. 鼓掌

在一些场合，当重要人物出现，或演出圆满结束，或精彩地演讲结束时，人们应热情鼓掌，以表示欢迎、祝贺或赞赏。

在公共场合，注意不要随地吐痰，不要当着别人的面甩鼻涕、搔头发、掏耳屎、打哈欠、剔牙齿。咳嗽、打喷嚏时应捂住口鼻，面向一旁，尽量不要发出太大的声音。

吸烟有害健康，在公共场合最好不要吸烟，以免影响他人的健康。即使吸烟，也应到吸烟区并将吸剩的烟头放进烟灰缸，而不要乱扔。举止得当，才能受人欢迎和尊敬；反之，则会令人侧目和讨厌。

总之，追求完美的人应做到衣冠整洁，穿着要和年龄、体形、职业、季节、场所等相协调；谈吐文雅，发音准确，语言优美；彬彬有礼，尊老爱幼，不卑不亢，礼貌周到，潇洒自如。男士要自然大方，举止得当，显示出“阳刚之美（壮美）”；女士则应端庄、娴静，动作优雅，表现出“阴柔之美（秀美）”。

【礼仪故事】

畅销书与《神曲》[①]

在学校里，不少学生喜欢阅读正在流行的畅销书，他们对畅销书的热情远胜过世界文学名著。

一天，某大学中文系正在上课，一名女生问上课的教授是否读过一本正在流行的畅销书，教授回答说自己没有读过。这名女生非常惊讶地对教授说：“这本书已经发行了快三个月了，您怎么还没有读过呢？这可是现在最热门、最畅销的书。”

教授听了这名女生的提问后，笑了笑，回答道：“这位同学，你读过但丁的《神曲》吗？”

学生回答道：“没有，没读过这本书。”

教授说：“那你可要抓紧了，这本书已经问世好几百年了。”

教授的这句话，听起来好像简单，其实却委婉地表达了几层含义。首先，一些富有社会价值、文学价值的文学经典作品值得阅读；其次，一些畅销书虽然流行一时，但却经不起时间的考验；最后，大学生应该阅读品

① 资料来源：陈萍．最新礼仪规范．北京：线装书局，2004：414—415.

位较高的文学作品，以提高自己的文学修养水平和鉴赏能力。

在场的学生听了教授的这句话后，都颇有感悟。

【拓展阅读】

希尔顿的微笑[①]

1887 年的圣诞之夜，康拉德 · 希尔顿出生在美国新墨西哥州的圣安东尼奥的一个挪威移民的家庭。希尔顿上中学的时候，每当放暑假便到父亲的小杂货店里帮忙，他对做生意、接待顾客特别感兴趣。他从新墨西哥州矿冶学院毕业后，父亲把小店交给了他。希尔顿把小店做得红红火火。

1919 年 1 月，希尔顿的父亲车祸去世，他安葬父亲，安慰母亲，处理掉小店，决心干点大事。母亲鼓励他离开小镇，到大地方去闯世界：“必须到水深的地方，才能行大船。”

希尔顿怀揣 5000 美元，只身来到了得克萨斯州，他做了一项投资，果断地买下了他的第一家旅馆——梅比莱旅馆。

很快，他的旅馆资产达到了 5100 万美元。他欣喜而自豪地将这个成绩告诉了母亲。

希尔顿的母亲听完后，淡淡地说：“照我看，你跟从前没什么两样，不同的是你的领带脏了一些而已。要想成大事，你必须把握住比 5100 万美元更值钱的东西。”

“那是什么？”

“除了对顾客诚实以外，还要想方设法让每一个住进你的旅馆的人住了还想再来住。你要想出一种简单、容易、不花本钱而行之可以长久的办法去吸引顾客，这样你的旅馆才有前途。”

母亲的话很简单，却让希尔顿苦苦思量。

究竟有什么办法让顾客还想再来住呢?

简单、容易、不花本钱而行之可以长久的法宝应该具备什么样的条件呢?

希尔顿终于想出来了，这就是微笑，只有微笑才能发挥如此大的影响力。

这一天，希尔顿上班后的第一项工作便是把手下的所有雇员找来，向

---

① 资料来源：黄文静. 服务礼仪. 北京：中国财富出版社，2014 年.

他们灌输自己的经营理念：

“微笑——记住喽。我今后检查你们工作的唯一标准是你今天对客人微笑了吗？”

他又对旅馆进行了一番装修改造，增加了旅客的接待能力。依靠“你今天对客人微笑了吗”的座右铭，梅比莱旅馆很快便红火起来。

希尔顿又萌发了新的创业冲动：建造一座拥有“一流设施”的以他自己名字命名的大饭店——希尔顿饭店。

1925 年 8 月 4 日，“达拉斯希尔顿饭店”竣工。

“一流设施，一流微笑”，希尔顿的创业之路越走越宽。

1929 年，艾尔帕索希尔顿饭店完工。就在这时，美国历史上规模较大的一次经济危机爆发了。很快，美国全国的旅馆酒业有 80% 倒闭，希尔顿旅馆集团也深陷困境。

如何战胜危机、渡过难关？

“微笑还管用吗？”有人问。

希尔顿仍然依靠他那“你今天对客人微笑了吗”的座右铭。他信心坚定地奔赴各地，鼓舞员工振作精神，共渡难关，即使是借债度日，也要坚持以“一流微笑”来服务旅客、赢得旅客。他不厌其烦地向他的员工们郑重呼吁：万万不可将心中愁云摆在脸上，无论面对何种困难，“希尔顿”服务员脸上的微笑永远属于旅客！

希尔顿的座右铭变成了每一个希尔顿人的座右铭。希尔顿饭店服务人员始终以其永恒美好的一流微笑，感动着四面八方的宾客。希尔顿顺利地渡过了艾尔帕索的“北山旅馆”和朗浮城的葛莱格旅馆困难时期，并添置了许多一流设施。

希尔顿再一次巡视旅馆并询问员工：“你认为还需要添置什么？”员工们回答不出来，显然是觉得条件已经很好了。他笑了，说：“还要有一流的微笑！如果是我，单有一流设施，没有一流微笑，我宁愿弃之而去住那种虽然地毯陈旧些，却处处可享受到微笑的旅馆。”

“一流设施，一流微笑”支持希尔顿的事业蒸蒸日上。（本文选自网络）

阅读启示：多年来，希尔顿旅馆业之所以成为当今世界的“饭店之王”，微笑服务不能说不是这辉煌大厦的一块奠基砖。希尔顿成功的秘诀说明了一个真理，那就是人际交往，微笑是打开心灵的钥匙。

第三章
日常礼仪

第一节　家庭礼仪

家庭是人类社会生活的基本单位，是社会肌体的细胞。家庭由家庭成员构成，是建立在血缘和婚姻关系基础上的小型群体。

每个人都想拥有一个美满、幸福的家庭，每位家庭成员都希望家庭关系和谐、亲密。但是，怎样才能让家庭充满欢声笑语和温馨气氛呢？家庭生活的行为规范和准则——家庭礼仪，在这方面可以发挥重要的纽带作用和有效的调节作用。

家庭礼仪主要包括家庭成员礼仪和邻居礼仪等。为了处理好家庭关系，首先要通晓家庭成员礼仪，使彼此和睦相处。此外，还应熟悉邻居礼仪，和左邻右舍搞好关系。

一、父母与子女相处的礼仪

（一）言传身教

常言说："近朱者赤，近墨者黑。"父母的言行举止，往往对子女起着潜移默化的作用。孩子身上总是刻有父母影响的痕迹，他们对家长的一言一行、一举一动都看在眼里、记在心上，甚至加以模仿。父母热爱工作、办事公正、待人热情、容易接近、知识丰富、好学上进等，都可以通过工作、学习、家庭生活对孩子产生一定的影响。父母在孩子面前以身作则，为孩子树立一个可以信赖、可以效仿、可以直接感受到的好榜样非常重要。父母作为孩子的第一位老师，不仅要有做好父母的愿望，而且还应深入了解子女，尊重子女的独立人格、志向、兴趣和合理的选择。父母平时在家中要用正确的语言教育子女，以模范的行动影响子女。例如，不说违背社会生活准则和社会公德的话，遵纪守法，不做违背社会准则和社会公德的事。在生活中，夫妻要共同创造良好的家庭环境，互相关心、相互体谅，尤其不要当着孩子的面吵架。对于子女的同学或朋友来家中做客，应表示欢迎。在日常生活中，父母要说话算数，任何时候都不要对孩子撒谎。许诺孩子的事，要尽量兑现。在这个方面，古代教育家曾参为后人树立了很好的榜样。

曾参是中国古代大教育家孔子的学生，他非常重视子女的教育问题。“曾子杀猪”的故事一直流传至今，曾给无数家长以启迪。

一天，曾参的妻子准备出门去集市买东西。

“妈妈，妈妈，我也要去，我也要去！”一个两三岁的小男孩边哭边从屋里扑了过来。

“好孩子，别去了，去集市要走很远的路，而且路也不好走。你乖乖地在家里玩，我回来后，让你爸爸杀猪给你吃，好不好？”曾参的妻子哄儿子说。

“杀猪，杀我们家那头猪，真的吗？那我就有肉吃了，我喜欢吃肉，我不去了。”儿子终于改变了主意。

儿子高兴地把这件事告诉了父亲曾参，曾参立即请人来家捉猪，准备杀猪。

妻子从集市回来见丈夫正准备杀猪，赶忙阻止：“你疯了吗？我只不过跟孩子说着玩儿的，你怎么当真呢？”

“孩子是不能随意跟他说着玩的。”曾参严肃而认真地说：“小孩子还没有做人处事的经验，只能跟我们做父母的学，听从父母的教诲。现在你欺骗他，将来他就会欺骗别人。况且，母亲欺骗了儿子，儿子就不信赖母亲了，今后你再教育他，他能听吗？”

曾参的妻子不好再说什么了，只好听由丈夫让人把猪杀了，兑现了对儿子的许诺。

（二）一视同仁

父母与子女之间应保持一种亲密无间的关系。俗话说：“手心手背都是肉。”父母对子女应一视同仁，“一碗水端平”，对每个孩子都给予同样的爱。不要亲一个，疏一个，厚此薄彼，使孩子的心灵受到创伤。

（三）教育有方

创造良好的家庭环境，需要家长根据不同的情况对子女进行热情的鼓励和及时的批评教育。批评要讲究方式、方法，要循循善诱，启发引导，少训斥和唠叨，尽量不要当着外人的面批评孩子，否则会使孩子觉得在外人面前丢了脸，容易产生没脸见人、破罐子破摔的想法。父母平时应注意观察和表扬子女的优点，多鼓励孩子。对于孩子提出的问题，父母要尽量给予答复，让他们从小就树立自尊心和自信心。教育子女要善于抓住时机，采取正确有效的方法。在现实生活中，在子女不求上进或犯错误时，绝大多数父母都会采取一定的方式给予教育和帮助，听之任之的父母极少。问题在于有些父母企图仅仅以“爱心”来感化孩子，结果“慈爱”过度，变成了溺爱，不但未使子女上进或改正缺点，反而使其更加不在乎；有些父母则对子女过于严厉，动辄训斥、责骂，甚至采用暴力解决的方式，这常使子女产生逆反心理，变本加厉地做坏事。由此看来，“棍棒底下出孝子”的古训已经过时，而循循善诱的教育方法，依然放射出理性的光彩。

在教育子女方面，中国古代著名的“孟母断杼”的故事，至今仍对后人有启发意义。

孟子到了该上学的年龄，因家贫，孟母反复考虑，决定借一台织布机，靠织布供儿子上学。

孟子高高兴兴地上学了。学校的一切是那么新鲜，开始时他学习劲头很高，可日复一日地读书、背书，使他渐渐感到枯燥无味了。有一天，尚未放学，他就偷偷地溜回了家。正在织布的母亲发现了，便问儿子：“你这么早回家，该不是逃学吧？”孟子满不在乎地说：“念书没意思，我不想念了。”孟母听了这番话，心里一阵颤抖，半晌说不出话来，一阵沉默。

突然，她拿起剪刀，把正在织的布“咔嚓”一声剪断了。这突如其来的举动，把孟子惊呆了，他小声问：“妈……妈妈，你，你怎么啦？”孟母长叹一声，缓缓地说：“你看，这布是一根根丝织起来的，人的学问也是一点点积累起来的，你不好好读书，半途而废，就像我剪断了这织成的布一样，成了废品。你年纪这么小就不愿读书，长大了怎么能成才呢？”

孟母语重心长的话语和忧伤的表情，深深地打动了孟子的心，他惭愧地说："妈妈，我错了，请原谅我，我今后一定要好好读书！"

从那以后，孟子就勤奋学习，为后来成为一代伟人打下了基础。

（四）作风民主

进入信息化社会后，行业竞争日趋激烈，人们的生活节奏越来越快。胸怀大志的青年人奋发上进，学文化，学技术，学外语，学管理等，学习相当紧张，工作比较繁忙。细心的家长不仅要关心子女的衣食住行，而且还要格外重视他们的成长和进步。一般说来，朝气蓬勃的青年人更喜欢宽松的生活、学习、工作环境。因此，作风民主、开明的父母要多理解子女，在家庭生活中尽量给孩子创造较宽松的氛围，当子女在生活、学习、工作中遇到困难时，父母可提供一些参考意见，少一点命令，多一些沟通。

二、子女与父母相处的礼仪

年轻人都希望自己有个良好的成长环境，很羡慕和谐的家庭气氛。其实作为年轻人，学习和了解与父母相处的礼仪非常重要。因为自己在家庭中的言行，对于营造温馨的家庭气氛，有着极为重要的作用，只是还有一部分年轻人尚未意识到这一点。那么，我们究竟应该怎么做呢？

大家都清楚这样一个事实：自己的成长、进步都凝结了父母的心血和汗水，自己虽然很爱父母，但在日常生活中，往往不能忍受父母的唠叨、事事过问，不少人为此烦恼，有的人甚至采取相对抗的态度顶撞父母。这样一来，父母和子女之间就免不了发生口角和冷战。如果换另外一种态度来对待父母的这种关心，情况就会不一样。例如，先听父母说，而不急于表明自己的想法，或者以征求他们意见的方式，阐述自己的想法，询问一下这样做是否合理？因为无论与父母有多大的分歧，有一个前提是不该违背的，那就是尊重父母。要虚心学习父母的优点，当父母有错误时，应委婉地批评、耐心地说服，做到了这一点，父母也会变得心平气和起来。

有的年轻人在生活中常与父母发生冷战；有的年轻人在外面比较活跃，回到家里却变得比较沉闷，不愿意主动与父母沟通，问一句才答一句，甚至对父母的关心也表示反感；有的年轻人常与父母发生争吵，这些都给家庭造成了不愉快的气氛。如果每个家庭成员每天都能抽出点时间互相进行一下交流，沟通一下各自的情况，也许要比你偶尔为家人送个小礼物更令他们高兴。因为他们不仅通过你的交谈了解到你的状况，而且还了解到一个重要信息：你依然爱他们，愿意向他们倾诉。

在家中孝敬长辈，可以从许多细微之处做起。例如，晨起之后，向长辈请声“早安”；外出或回到家后，和父母打声招呼；平时吃东西前，先问问父母吃不吃；父母身体不适时，更要多关心、多问候，尽可能地多陪伴他们。生活中多为父母分担家务，主动为父母分忧，也是最好的尽孝方式。远离家乡的子女，可通过电话问候父母等。这些看起来似乎是微不足道而做起来又非常容易的区区小事，却可以给长辈带来莫大的精神安慰。

三、夫妻之间的礼仪

夫妻关系的好坏，是家庭生活幸福与否的关键。有些年轻人认为，两人结婚后就是一家人了，没有什么可见外的。于是，有些夫妻彼此谈话很随便，开玩笑也没有了尺度，有时无意中伤害了对方，自己还毫无觉察，这样，时间长了就会影响夫妻感情。由此看来，夫妻在家庭生活中朝夕相处，若要保持爱情的甜蜜，就应当讲究夫妻相处的礼节。

众所周知，中国有一对夫妻一辈子相敬如宾，堪称夫妻的楷模，这对令人敬佩的夫妇就是周恩来与邓颖超。他们总结出了夫妻相处的宝贵经验——“八互”，即互敬、互爱、互学、互助、互让、互谅、互慰、互勉。这八条宝贵的经验，值得每一对夫妻学习和借鉴。

（一）互敬

互敬即相互尊重，相敬如宾。例如，在一次青年联合会上，女教师小吕准备上台参加歌唱比赛，她的丈夫大张悄悄叮嘱说：“别紧张，你一定能成功。”小吕说：“谢谢你的鼓励。”这段话听起来再平常不过了，但事后，大张的朋友小于提起这件事，竟说了一句：“跟你媳妇还虚虚假假的，太酸了。”其实，夫妻虽是一家，相互间多说几句“谢谢”“请帮帮忙”或鼓励之类的话，并不是多余的。这样做既能体现出尊重对方，又能加深彼此的感情。

（二）互爱

互爱即互相体贴，温情脉脉。俗话说，“知夫莫若妻”“知妻莫若夫”。夫妻在一起生活，相互了解彼此的性格、爱好和生活习惯等，丈夫不要在婚后变得粗暴，妻子也不要在婚后变得俗气。夫妻虽然不再常有恋爱时花前月下的浪漫，但体贴对方的话要常讲，关心对方的话要常说，不要忘了感情的交流，一个眼神、一个手势、一声亲切地呼唤，无不包含着深情厚谊。

（三）互学

互学即互相学习，取长补短。夫妻各有长处，不论在事业上还是在日常生活中，要多看对方的长处，学习对方的优点，弥补自己的缺点，不断进步。

（四）互助

互助即互相支持，互相帮助。夫妻应共同承担家务，而丈夫不妨多干点力气活儿。夫妻在事业上更要互相帮助，互相支持，共同走向人生的辉煌。

印度诗圣泰戈尔（1861—1941 年）年轻时曾听从父命，与一位社会地位低下、长相平平、文化水平低的姑娘结了婚。但这种差别并未给他的生活和创作带来不利影响，相反，她的高尚品德却成了诗人生活和创作的一个不可缺少的组成部分。

婚后，在丈夫的热情关怀和严格要求下，妻子学习并掌握了孟加拉语，同时也学会了英语和梵语。她不仅用孟加拉语改写了梵语的简易读本《罗摩衍那》，还登台演出了泰戈尔的戏剧《国王和王后》。妻子的这些出色表现，在泰戈尔心中很快赢得了位置。

一次，泰戈尔身患重病，贤惠的妻子日夜守护在床头，亲自调理汤药，整整两个月不曾离开丈夫的病榻。她以真诚的爱情抚慰这颗被疾病折磨得支离破碎的心灵，使泰戈尔的身体终于康复。

泰戈尔希望以隆重而热情的方式接待宾客和来访者，每当这个时候，一贯崇尚简朴的妻子便亲自动手操持、烹调，以其精湛的厨艺使宾客满意，让丈夫高兴。她做的烙饼，堪称一绝。他们外出旅行时，她也悄悄带上必要的炊具，为丈夫做美味馅饼。

直到她1902年去世为止，在整整20年的漫长岁月里，她把丈夫的理想和事业视为自己的最高追求，始终精心照料他的生活，为他分忧解难。

泰戈尔夫妇虽然在相貌、社会地位等诸方面存在着显著差别，但他俩互相靠拢，互相帮助，在事业上比翼双飞，因而家庭生活美满和谐。

（五）互让

互让即互相谦让。夫妻之间应提倡平等，遇事多商量，切莫唯我独尊。丈夫不要以“大男子主义者”自居，妻子也不要让丈夫得“妻管严”。你敬我一尺，我敬你一丈，彼此多给对方一些理解和空间，夫妻感情才会更加亲密、牢固。

（六）互谅

互谅即学会宽容，互相谅解。俗话说：“金无足赤，人无完人。”何况“人有失手”。丈夫可能做事比较粗心，妻子要能够容忍；妻子或许比较啰唆，丈夫要予以谅解，彼此求同存异，互相靠拢。

（七）互慰

互慰即互相关照，彼此安慰。人生的道路曲折、漫长，不可能事事称心如意，一帆风顺。当一方在前进的道路上遇到挫折时，另一方不要讽刺、挖苦甚至奚落，而应当多安慰对方，一起分析受挫折的原因，总结经验教训，让失败变为成功之母。

（八）互勉

互勉即互相勉励，互相鼓舞。当一方取得成功时，另一方应表示热烈祝贺，并一起分享成功的欢乐，同时激励对方再接再厉，不断开拓前进。夫妻不论在顺境还是逆境，都要互相理解，互相信任，互相支持，携手并肩，一步步走向胜利的彼岸。

四、家庭应酬礼仪

礼貌待客是中华民族的传统美德。“有朋自远方来，不亦乐乎！”孔子的这句名言，千百年来一直被好客的中国人所传诵。

邀请亲朋好友到家里做客，最好事先做些准备，诸如整理房间，备点水果、饮料等。宾客应邀而至时，主人应起身迎接，或提前到门口等候。

把宾客迎进屋后，应安排宾客就座。给宾客端茶时，应用双手，要一手抓住杯耳，一手托住杯底。夏天天气炎热，主人可为宾客打开电扇或空调，也可递一把扇子，以消暑气。

主人与宾客交谈时，态度要诚恳，要一心一意，不要三心二意，且频繁地进进出出，更不要总是看表或打哈欠，以免对方误解是在下逐客令。

当宾客提出告辞时，主人可诚意挽留；或主随客便，等宾客起身后自己再起身相送。送客时，请宾客走在前面。快到门口时，主人应上前替宾客把门打开，让宾客先出门。如果送宾客乘电梯，主人应当等电梯关门后再离开。对于年长的宾客或长辈，主人若住在楼上则应送到楼下，再握手道别，目送宾客离去。

如果来客不是自己的宾客，而是父母或兄妹的朋友等，也应该热情接待，不要因为不认识而态度冷淡。相反，要帮助家人招待好宾客，先为宾客倒茶水，然后再去继续做自己的事。善待自己和家人的朋友，不仅能使自己有广泛的交往，还会由此加强家人之间的情感交流；反之，则会使亲友疏远。好客并讲究待客礼仪的家庭，朋友会越来越多，亲戚也会越走越亲。

五、邻里礼仪

俗话说："远亲不如近邻。"近年来，城乡居民的住房条件得到了较大改善，但住别墅的市民，毕竟只是极少数，绝大多数城市家庭，还是与楼上楼下、左邻右舍的居民为邻。

住在居民楼里，大家都希望处理好邻里关系，相安无事。可仍有不少家庭事与愿违，或为噪音烦恼，或为楼上的住户乱扔东西而烦恼，或为孩子打架等产生纠纷，甚至反目。而凡是与邻居保持良好关系的家庭，大都比较讲究邻里礼仪。

邻里礼仪有许多讲究，最基本的有以下两点。

（一）彼此尊重

一栋楼或一个院子里，住着各种各样的人。但不论从事什么工作、职位高低，每个人在人格上和法律面前都是平等的。因此，大家应彼此尊重，见面时互相问候，至少应点头致意。邻里之间同居一处，容易了解各家的生活习惯。但千万不要打听别人家的隐私，更不要东家长、西家短，或捕风捉影，搬弄是非，以免邻里之间产生矛盾和纠纷。

（二）互相关照

相邻住户之间为邻居，大家生活在一个共同的空间，应讲究社会公德，注意维护环境卫生，合理使用院内天井和楼道空间。公用电灯坏了，应立刻买新灯泡换上；楼梯脏了，应及时打扫干净。做事情和娱乐时，要为邻居着想。例如，不要在隔壁邻居午休时，往墙上敲敲打打；晚上听歌曲或唱卡拉OK时，不要把音响开得太大，以免影响邻居的生活和休息。

邻里之间要相互关照，有事互相帮忙，而不要以邻为壑，“老死不相往来”。见还没有安装煤气管道的邻居换液化气罐时，不妨搭把手帮忙抬上楼；当邻居家夫妻吵嘴、打架，闹得不可开交时，作为关系不错的邻居，不要袖手旁观，更不能火上浇油，而应当酌情劝架，积极做好调解工作。

俗话说：“邻里好，赛金宝。”讲究邻里礼仪，妥善处理好邻里关系，就能建立真诚的友谊。而友好的邻里关系，则能给生活增添不少乐趣，使小家庭、大家庭生活气氛更祥和、更温馨。

【礼仪故事】

苹果与鲜花[①]

假期里，某同学和大家一起去上海旅行时，恰逢一位上海同学的爷爷生病住院，于是，他打算和同学一起去医院看望该同学的爷爷。他准备去超市买些苹果作为礼物，不料却遭到大家的反对。原来，在上海的方言里，“苹果”的发音和“病故”的发音非常相近，因此，上海人忌讳送苹果给病人。于是，他给同学的爷爷选购了一束发出淡淡香味的鲜花。同学的爷爷收到礼物后很高兴。

---

①资料来源：李荣建，宋和平．社交礼仪．武汉：武汉大学出版社，2005：45.

第二节 校园礼仪

学校是培养和造就高素质人才的摇篮。教师肩负着培养人和教育人的神圣使命。学生在学校里不仅要学知识、学文化，而且还要学会合作和做人，做到德、智、体、美全面发展。

一、教师礼仪

（一）教师形象礼仪

教师形象礼仪包括教师仪容礼仪、教师仪表礼仪和教师教态礼仪。

1. 教师仪容礼仪

仪容，主要是指一个人的容貌。它主要包括面部、头部、颈部、手部等直接裸露在外的部分。修饰得当的仪容，看上去精神焕发、神采飞扬，具有自信与敬人的双重功效。所以，每一位教师都应注意对自己仪容的修饰，给学生留下一个温文尔雅、亲切端庄的印象。

教师要勤洗脸，以去掉脸上的灰尘（粉笔灰）、污垢、汗渍及分泌物，不要忽视了脖颈儿、耳朵的卫生；胡须、鼻毛要及时修剪；口气要清新无异味；牙齿要注意清洁，不能挂着菜叶，或全是茶垢、烟垢；长了疱疹、疖子，要立即去看医生，不要乱挤、乱掐，弄得脸上伤痕累累。女教师上岗时，应化简约、清丽、素雅的淡妆，既不要不化妆，也不要化浓妆；男教师注意保洁即可。

教师的头发要整齐、干净，不能有异味或蓬松凌乱。在发型的选择上，要与自己的脸形、体形、性别、年龄相适应，做到雅致大方、统一协调。女教师的发型不要过于夸张，不要选用不自然的颜色染发，不要佩戴大型花哨的发饰；男教师的发型不要过短或过长。任何怪异新潮的发型都不适合教师这个职业。此外，爱掉头发和头屑的教师，每次出门前还应对自己的头发进行精心的检查和梳理，并将落发和头屑认真地清理干净。

教师的双手堪称是自己的“第二张名片”，教师在办公室伏案工作、在课堂板书，在课余辅导学生时都需要用手。所以，不论饭前便后、板书完毕、外出回来以及接触各种东西后，都应及时洗手。指甲缝里要清洗干净，不要有残留物，不得蓄长指甲，不要使用醒目的指甲油，不得在他人面前修剪指甲。有“暴皮”的，要及时用指甲刀或剪子去除，不要留在手上，也不要用嘴撕咬。腋毛不应展示在他人尤其是异性面前，女教师在夏季穿无袖上衣时，应先去腋毛。

2. 教师仪表礼仪

仪表，主要是指人在不同社会活动中穿着的服饰。它主要包括衣服、裤子、裙子等服装和帽子、鞋袜、皮带、手表、皮包及其他饰物。教师的仪表既起着重要的自身修饰作用，也可以对学生进行潜移默化的美感教育。所以，每位教师都应十分注意对自己仪表的修饰，给学生留下一个端正、严谨并富有亲和力的印象。

教师在服装的选择上，要以身体条件为依据，根据自己的高矮、胖瘦、肤色深浅来选择不同质地、颜色和样式的衣服，以求扬长避短，通过服装来起到一定的修饰作用。老教师着装要注意庄重、雅致、整洁，给学生德高望重、沉稳通达之感；青年教师着装则要鲜艳、活泼、随意一些，给学生朝气蓬勃、充满活力之感。服装的选择，应随课程性质、课程内容的不同而不同。文化课、体育课、艺术课教师的着装不同；语文老师讲低沉的《一月的哀思》和明快的《秋色赋》的着装不同。着装时还要考虑到教育对象的年龄、知识、能力、性格等因素，面对小学生时，服装要色泽鲜艳、明快；而面对较高年龄段的学生时，则要朴素、整洁、端庄。

教师的着装不能露出乳沟、肚脐、脊背、胸毛、腋毛、腿毛，女教师应不穿超短裙、吊带背心、短裤；男教师不穿短裤、背心。夏天天气再热，也不能让内衣、背心、文胸、内裤等若隐若现，甚至一目了然。衣服不要过紧，不能让内衣、内裤的轮廓原形毕露。一方面，教师不是时装模特，不能过分新奇古怪，招摇过市。另一方面，教师又不得不注意形象，卷袖子、敞扣子，颜色过乱、饰物乱配，衣服脏、破、皱，不烫不熨，油垢、牙膏遗迹“昭然若揭”，这种邋里邋遢、衣衫褴褛、不修边幅、杂乱无章的仪表，不仅不利于教师树立良好的个人形象，同时也会给学生带来负面影响。

教师可以适当佩戴饰物，以达到衬托仪表、体现个性、展示内在气质和高雅品位的作用。佩戴饰物时，要少而精，使风格、外形、颜色、质地与服装相配，还应考虑场合和季节，并与个人的体形、发型、脸形、肤色及年龄协调一致。此外，佩戴首饰时，要懂得寓意，遵守民间地域文化习俗，避免尴尬。女教师可根据恋爱及婚否来选择戴戒指的手指；耳环要么不戴，要么戴一对，不要戴单只或三只以上；不要在室内戴墨镜和帽子；有外事活动时，不要戴有十字架或猪、蛇等生肖挂件的项链；课堂上不提倡戴手镯。男教师皮带的颜色应与裤子同色或相近；皮夹中不宜塞满东西；笔应放入公文包内或上衣内侧的口袋中，不要插在西装外侧；公文包不要选用发光发亮、印满广告或图案的款式，也不要将其塞得鼓鼓囊囊，甚至内物外露。

3. 教师教态礼仪

教态是教师在教学过程中通过姿容、情态、风度等方面表现出来的整体仪态。教态表现为教师的站立、走动、就座等体态语，目光、视角、微笑等表情语以及指点、示意、评价等手势语。教师的教态自然、亲切、大方，动作协调、声情并茂，能使课堂教学更加生动、形象。所以，每位教师都应十分注意对自己教态的训练，以给学生更强的感染力和亲和力。

（1）体态语。教师教学时，通常应保持站立姿势。要做到立直、挺胸、收腹，给人以端正、稳重、自然、亲切之感。教师应站在讲台中央，这样既利于自己随时参阅教案、提笔板书，又利于学生视力健康和身体卫生。学生思考或做练习时，应到学生座位行间巡视；擦黑板时要稳，不能全身猛抖；讲课时，要面对学生，不要侧身甚至面对黑板站立；不要靠在讲台、黑板或课桌上；不要双手交叉抱在胸前；不要两脚分得太开，也不要交叉两腿而站。学生回答问题时，教师身体应微微前倾，不要把手插在口袋里，更不要背对学生，自己写板书。

课堂上应适当走动。要做到抬头、挺胸、收腹；两臂自然摆动，前摆约35°，后摆约15°；步幅适度、频率适中、步态轻盈，重心落在前脚掌，两脚内侧落在同一条直线的边沿上，脚尖偏离中心线约10°。不论是一字步走姿，还是便步式走姿，都不要东张西望、面无表情、内外八字、身板不直、蹭着地走。更不要在课堂上走动过频，以免给学生造成视觉疲劳，分散其注意力。走动时，不要吃东西或吸烟。

有时教师可以坐下，入座时，动作要轻、稳。落座后，头要端正，上身应直立，手可放在双腿、桌子或椅子扶手上，双腿自然并拢或微微分开；坐椅子时不要超过其面积的2/3。不要两腿叉开过大，或直伸出去，甚至放在桌椅上。不要抖腿，用脚踩物，用脚尖指学生。不要用手摸脚，或用脚自脱鞋袜。不要双手抱脚，不要倒骑椅子，不要趴在讲台上，不要跷起并晃动“二郎腿”。更不要在坐着时，转身写板书。

（2）表情语。教师和学生沟通时，要善于使用目光。上课时，教师不要瞪视、眯视、盯视或斜视同学，不能长时间凝视某一位同学或某一个点，而应目光和蔼、前后左右扫射到教室里的每一位同学。要控制转动幅度与频率，眼睛注视学生的区域一般是学生眼睛到嘴巴的“三角区”，标准注视时间是交谈时间的30% ~ 60%。如果碰到学生回答问题错误，或课下交谈缄默无语时，不要老是盯着对方，以免引起尴尬。学生离开办公室时，应目送其离开。

教师要学会用微笑来表达关注、关爱、激励和宽容之情，让学生感受到自己在老师心目中的地位，感受到来自老师的关心、爱护和尊重，感受到老师的认同和鼓励，甚至感受到老师对自己不良行为的理解和宽容，从而引发自我反思和觉醒。

（3）手势语。教师授课时，为了澄清和描述事实、强调事实或增加感染力，可以用模拟状物的形象手势、表示抽象意念的象征手势、传递感情的情意手势和指示具体对象的指示手势等辅助语言进行表达。在使用手势时，要自然亲切、适时恰当、简洁准确，动作大小要适度。教师要根据教育的对象，适合教材、教学情境的要求，符合课堂人际关系的特点来选择手势。举手、扬手、翻手、合手等都要运用得当，不要词不达意、乱用手势。

教师授课时不要敲击讲桌、黑板，或做其他过分的动作。不要用手指指点学生，必要时应以手掌示意。动作要有一贯性，不要经常变化，以免使学生产生理解上的歧义。双手不要无规律地乱动，手势动作过多过大，都会起到负面影响。不要玩弄粉笔、衣扣，搓手或抠指甲。不要频繁地看表。女教师习惯性拢发和男教师喜欢将手插在裤兜里，这些也都不是好习惯。

（二）教师言谈礼仪

教师承担着教书育人的重任，所开展的各项工作都离不开语言的表达，因此更应注重言谈礼仪。教师要具备良好的言谈技巧，不仅要善于根据具体的谈话情景，针对具体的谈话对象，说出合乎交际场合的语言，或让交际对象满意的语言，而且还要注意在语言表达时应遵守的礼仪、礼节，这样方能顺利地开展各项教育教学工作。

（1）教师与学生交谈礼仪。教师找学生谈话时，要先确定谈话的目的、内容、思路和方法，应提前通知学生，让对方有思想准备。要注意场合的选择，表扬、商讨或研究工作等方面的谈话可在办公室进行；批评或了解不宜公开的情况，则应选择较清静、不引人注意的地方。学生到来时，要真诚地称呼学生的名字，不要用昵称或绰号。要热情迎候，不能在屋里站着或在门口谈话。座位和距离的安排上，不要高高在上，要让学生有平等的感觉。谈话时，要注意自己的仪表举止，做到服饰整洁、稳重端庄、落落大方。此外，教师说话还要灵活多变、因人而异、因事而异。

（2）教师与家长交谈礼仪。教师和家长交谈要目的明确、事先准备充分。教师可采用家庭访问、召开家长会、电话联系、邀请家长来学校谈心、组织"家长委员会"、开办"家长学校"等形式与家长联系。在交谈中，要树立家庭教育、学校教育、社会教育三者之间相互影响、密切配合的"大教育"观念，激发家长教育子女的积极性；树立素质教育的观念，激发家长教育子女要全面发展的责任心。要帮助家长掌握科学的教育方法，及时纠正那些"物质金钱刺激""打骂体罚"和"拔苗助长"的错误做法。要尊重家长的意见，不能说侮辱家长人格的话，不能做侮辱家长人格的事。要顾及一些家长不能容忍教师当众讽刺、指责甚至贬损自己的子女的情绪，尊重家长的感情。

（3）教师与同事交谈礼仪。教师和同事交谈时要尊重同事、语言得体，不要词不达意。针对不同的对象，该说的则说，不该说的则不要说。交谈中不要自吹自擂，过分夸耀自己，或以己之长对他人之短。要善待同事、语言真诚，不能过于客套、过分地粉饰雕琢，给人以虚伪之感，不能文人相轻、心生嫉妒，对同事讥讽挖苦、尖酸刻薄，甚至进行人身攻击，更不能在背后飞短流长地评论、非议他人。不要当场纠正同事话语中的错误和时常修改、补充对方的意见。要尊重对方的观点，有争议时，言语要委婉，切不可强词夺理，以显示自己一贯正确。

（4）教师与领导交谈礼仪。教师和领导交谈时，要合适得体，一方面要体现尊重，另一方面也不要阿谀奉承、一味逢迎，只说恭维话。说话不仅要适可而止、避免较真，而且也要符合下级的身份，不能讲一些越级的话，要使领导有一种得到尊重的感觉。在接受领导布置的任务时，语言要干脆利索，避免推诿，出现不情愿的口气。如有困难，应说明原因，举荐其他替代人选，委婉拒绝。若领导坚持，教师则应尽力去完成。在汇报工作时，要语气平缓、紧扣中心、多用请示语沟通、一事一报，不要情绪过于激昂、离题万里、语气生硬或同时汇报几件重要的事情。在向领导提建议时，要注意语气，不要提过高或不切实际的要求。

（三）教师教学礼仪

教师礼仪主要是以教学活动为载体来实现的。教师的素质和修养在教学活动中展露无遗，直接影响着教学效果。因此，在教学过程中，教师应时时处处讲究文明礼仪，自觉规范自己的言行举止，恰当地展示出内在美与外在美的统一、动态美与静态美的协调，以树立知书达理的谦谦君子形象。

1. 课前准备礼仪

课堂教学是整个教学工作的中心环节，为优化课堂教学效果，提高教学质量，教师必须在课前认真、充分地做好各项准备工作。

在课前准备阶段，教师要注意以下三个方面的礼仪要求。

1）备课礼仪

备课是教师在一定的教学观念指导下，根据教学要求，为实现教学目标所做的准备工作，是组织好课堂教学的前提和基础。为了优化课堂教学，教师在备课过程中要符合教学礼仪和规范，体现出高尚的职业道德。

（1）钻研教材，态度认真严肃。

深刻地理解教材、准确地把握教材、恰当地处理教材是上好课的前提，也是教师教学水平高低的重要标志。教师在备课时，应端正态度，认真严肃地钻研教材，依据教学大纲的规定和教学内容的要求，逐一列出知识点、重难点，以便在教学中有的放矢，逐一落实；把握各知识点的深度、难度和广度，注意突破重难点，归纳其方式方法，以利于授课时切中要害，化难为易。教师备课时需精心揣摩、反复推敲，这样才能真正理解和把握教材。

教师切忌把备课当任务，敷衍了事，照搬现成教学资料，投机取巧，或满足于已有经验的浅尝辄止。这些都不可能使教学达到应有的深度和广度。

（2）依据教学大纲和教材。

教师备课必须以教学大纲和经批准使用的教材为依据，不能根据个人兴趣和爱好随意取舍，要体现出一门课程的完整性和科学性。

（3）求新求实，与时俱进。

各种大众传播媒介迅速发展，使得学生能通过各种书刊、报纸、电视、电脑等媒体及自身的生活实践，不断地接受知识的刺激，学生的感性知识变得前所未有地丰富，这就要求课堂教学内容也应及时地反映新的知识信息。教师备课要善于利用学科的最新研究成果和教学资料。一要博览群书，拓宽视野。二要取其精华，灵活运用。应紧跟时代要求，与时俱进，通过对教案的编排、设计，选择最佳的教学方法，因势利导，因材施教，给学生解惑、点拨和指导，以达到最佳的学习效果。教师切忌一份备课笔记或教案多年不变，或者以教材和大脑中的知识储备代替备课笔记。

（4）以学生为本。

教师应摆正位置，以学生为中心，尊重学生，把爱心和耐心体现到备课当中。教师备课既要对大纲“心中有数”，也要“胸中有书”，更要“目中有人”。现代教学理论强调学生是学习的主体，教师的“教”要落实到学生的“学”上。教师如何引导学生的思路？如何调动学生学习的积极性、主动性？师生之间选取什么样的交流方式？对于这些问题教师都必须周密思考，并体现在备课当中。教师备课要从重视教师“教”的构思转向对学生“学”的引导，这样才能让学生成为学习的主人，让更多的学生体会到学习的乐趣，融入活跃的学习生活中去。

（5）熟悉学生，关注差异。

教师备课时既要研究教材的知识体系，更要熟悉学生的实际水平，应将学生与课本知识之间的差距作为教学设计的着眼点，以系统、整体、联系的观点把握学生已具备的知识水平和潜在的通过教育能够达到的知识水平。

在备课时不仅要分析班级的整体情况，还要熟悉不同层次水平的学生个体。教师在备课时要针对不同类型的学生和教学内容，选择不同的教学方法，不仅要保证水平高的学生能够“吃得饱”，更要保证水平低的学生“能消化”，使全体学生都能得到最大的发展。

（6）教学设计富有创造性。

在备课时，教师应充分发挥智慧，创造性地设计教学。教师不应过分依赖教科书和教学参考书。教师在备课时要备“活”课，绝不能把教案当作唯一的“向导”，而要活用教材，凭自己的深刻领悟，备出新颖独特、有个性化特点的课。要跳出“教教材”的圈子，引导学生体验和领悟教材的精华，让教材成为学生积极发展的广阔天地，通过激活教材使教学达到一种新的境界。

（7）注重实效，提高课堂效率。

教师备课不能搞形式主义，不能为了应付学校的考核，而只注重书写是否漂亮工整。教师应该把主要精力放在对教学目标和重难点的确定、教具的运用、教学过程的精心设计等方面。教师备课要注重实效，以提高课堂效率为目的。

2）请教礼仪

教师在教学准备工作中如果遇到自己不能解决的问题时，经常会向其他教师或职工请教。在请教过程中，教师需要注意的礼仪规范有以下几个方面。

（1）语言文明、礼貌。

一个人的语言反映了一个人的精神世界，教师在向他人请教时，应尽量使用礼貌用语：“您好，打扰您一会儿”；

“我有一个问题向您请教”；

“请多指教”；

“这方面的问题还请您多指导、多帮助”；

“谢谢您的建议”；“麻烦您了”；

“以后还要向您多学习”。

（2）态度诚恳、谦虚。

在向其他教师请教问题时，态度要诚恳、谦虚，说话要真诚、坦然。

“能者为师”，自己不知道或不清楚的问题就应虚心地向别人请教。要注意所提问题应简洁、明了，语气谦恭、和善，语速均匀适当，语言表达委婉得体、有艺术性。

（3）认真、耐心倾听。

倾听时要保持良好坐姿，面带微笑，态度认真。不要目光游离、漫不经心，而应通过点头、微笑、提问等方式积极响应。不要随便打断对方的话，有疑问或不同意见时，应等对方说完后，再诚恳商讨。必要时，应选用做笔记的方式记录重要内容，同时表示对对方谈话的重视。

3）调课、停课礼仪

教师如有特殊情况，不能按课程表上课，要按照学校调课、停课的规定来办理，遵守相关的程序和规范，体现教师应有的礼仪素质。

（1）时间上提前、程序上按规定。课程需要调整的教师，应在规定的时间之前提出书面申请，并按照校方程序办理具体手续，不能私自到教务部门要求调整课程，更不能私自变更上课时间、地点、任课教师，否则均属教学事故。

（2）尽量不要调课、停课或少调课、停课。课程表是学校教务部门的指令性安排，不能随便调动。教师应根据课程表合理安排其他事情，不能因为其他事情而影响教学。

（3）尊重学生。教师在填写调课、停课申请表前，应征求教学班学生的意见，临时调课的教师应负责向学生说明原因，做好解释及善后事宜的处理。

（4）教师要确认教学班学生得到调课、停课的通知。

（5）课程调动批准后，教师应按照调好的新时间到指定地点上课。

2. 课堂教学礼仪

课堂教学礼仪是指教师在课堂教学活动中的仪表、仪态等所展示的精神文明风貌。教师的行为会潜移默化地影响学生，甚至影响其终生。因此，教师在课堂上应讲究礼节、风度，时时谨慎、处处垂范，以自身良好的礼仪风范为学生树立榜样。

1）课堂问候礼仪

师生相互问候是课堂教学的起始阶段，也是教师课堂礼仪必经的第一程序。为此，教师应做到以下几点。

（1）坚持预备铃响后1分钟内到位。教师到达教室门口时，要面向学生侧身站立，检查班级学生课前准备情况，创造良好的教学氛围。

（2）上课铃响后，教师进入课堂走上讲台，学生要全体起立并向教师行注目礼，教师应环顾全体学生，然后学生向教师问好，教师向学生行鞠躬礼致谢，等教师还礼后学生再坐下。

（3）下课铃响后，教师应结束讲课，待全体学生起立站好后，师生互道"再见"。如果有本校或校外人员听课，教师应示意学生：请听课人员先行，必要时鼓掌欢送。

2）课堂语言礼仪

课堂语言是教师教学的特定语言，是师生实现沟通、交流的主要载体。教师要自觉培养文明修养，注重自己的礼貌谈吐，遵守语言的规范性，掌握语言的使用方法，讲究语言的艺术性，准确表达授课内容，唤起学生的求知欲，从而充分发挥语言的作用。

(1)课堂语言的礼仪规范。

语言文明健康。教师是学生的榜样和楷模，教师可以通过课堂语言来塑造学生光明磊落的人格魅力，培养学生坚强的意志品质和高尚的道德情操。因此，课堂语言必须注意积极向上、文明健康，符合语言美的要求。课堂上不应讲述低级趣味、庸俗无聊的话语，列举荒诞无稽、迷信古怪的事例。

使用普通话，讲求语言规范。标准的普通话是教师的职业语言。在实际教学中，如果教师能用一口纯正、流利的普通话文雅规范地授课，无疑会对学生的学习产生良好的效果。此外，教师语言规范还表现在遣词造句方面要符合普通话的规范和现代汉语的习惯。

语言准确，讲求科学性。教师在课堂上要准确地使用概念，科学地作出判断，合乎逻辑地进行推理，从而准确无误地讲解知识，透彻精辟地说明道理。各科教学都有其严密的科学性和系统性，教师上课必须使用准确、严密的语言。

语言简洁，条理清晰。教师在课堂上的语言要做到简洁、精练、条理清晰、表达准确，避免冗长、任意延伸。用简洁的语言传达丰富的信息，节省时间以增加课时应有的容量。中心明确、有的放矢、有层次，这样才能更好地讲清重点，突破难点。

语音自然清晰，语调抑扬顿挫。教师的课堂语言应注意语音柔和动听，亲切自然，吐字清晰，发音纯正饱满。音量要适中，以教室后排的学生能听清所讲内容为准。同时，在讲课过程中，教师的语调应抑扬顿挫、变化有致，避免始终一个音调，使学生昏昏欲睡。

语言生动形象，具有艺术美。好的语言表达往往含蓄深刻、生动活泼，具有启发性和幽默感，使人能从中得到高雅的享受。教师的课堂语言更应讲究分寸、锤词炼句、蕴含深远，还要生动活泼、风趣幽默、通俗易懂。集思想、学术、智慧及灵感于语言表达之中，在营造良好的教学氛围的同时，用哲理启迪学生，这才是教师语言的最高境界。

（2）课堂语言的禁忌。

忌"一言堂"。对话是交流的基础，有对话才能有交流，有交流才能产生情感。课堂是师生双边活动的场所，不是教师独领风骚的舞台。教师在课堂上要根据授课内容启发学生理出学习思路，独立思考；摸索学习方法，自主学习；排除思想顾虑与同学讨论交流等。教师在认真倾听学生的发言后，要及时评价，触动学生学习的动机，使他们能围绕学习内容，更加积极主动地学习和交流。

忌污言秽语。课堂上，无论何时何事，教师都不能使用脏话、粗话或黑话，这些不文明的语言都有失教师身份，并会给学生带来恶劣的影响。

忌挖苦谩骂。教师应语言亲切，不讽刺、挖苦、谩骂学生，不伤害学生的自尊心和自信心。

忌带口头禅。口头禅是一种语病，傲语口头禅，如"你懂什么"等常会给人自以为是、盛气凌人的感觉；而废话口头禅，如"怎么说呢""对不对"等的反复出现，会使句子拖沓、紊乱，令人厌烦。不论是哪一种口头禅，教师都应尽量改正，以免影响学生。

忌话题庸俗。诙谐幽默的课堂语言绝不是戏剧丑角的插科打诨，或胡说些与教学无关的笑料。注意语言要"通俗"而不是"庸俗"。

忌心态灰暗。学生是蓬勃向上的，教师不要在课堂上随心所欲地宣泄自己的不满情绪，任意攻击他人、学校甚至是社会。

3）课堂提问礼仪

课堂提问是教师根据教学目标联系教学重点，向学生提出问题，并引导学生经过思考，对所提出的问题得出结论，提出自己的看法，从而获得知识、发展智力的教学方法。课堂提问的成功与否是课堂教学成败的关键。因此，在课堂教学中，教师掌握必要的课堂提问礼仪规范对提高教学质量具有重要意义。

（1）提问的目标要明确。

问题的设计必须紧扣本节课的教学目标，围绕教学内容的重难点和学生原有的认知结构。问题应精挑细选，使之切中学生的疑惑之处，并设置悬念，启发学生思维。提问时，要克服随意性，不应偏离教学目标，不应又怪又偏，更不应为了提问而提问。

（2）提问的难度要适宜。

教师设计课堂提问应能激发学生的积极思维。既不能提过深、过难，让学生觉得高不可攀的问题，也不能提过浅、过易，让学生觉得唾手可得的问题。让学生“跳一跳，够得着”的问题，才能向学生的智力和创造力提出挑战。

（3）提问的机会要均等。

教师提问的机会要平均分配给全班学生，不要只向少数课堂表现积极的学生发问。对于不同的对象，提出的问题也可有所差别。对优秀生多提一些较难和相对需要快速反应的问题；对中等生多提一些适中、利于其提高自觉参与意识的问题；对较差的学生，教师可降低问题难度，在其回答后，另请成绩好的学生补充，最后自己点评。

（4）提问的时机要恰当。

在一个完整的教学单元时间内，只有少数几个瞬间时刻是提问的最佳时间，教师必须善于抓住这些最佳时刻。在上课初期，应多提一些回忆性的问题；在学生思维高度活跃期，应多提一些说明性、分析性和评价性的问题；在学生思维转入低潮期时，应多提一些强调性、巩固性和非教学性的问题。此外，提问后要留有充分的时间给学生思考，不要即问即答。

（5）提问的对象要随机。

提问时不宜按学号、座位号等顺序依次发问，所提问题表述清楚后，就不要再重复，否则学生能轻易推测出下面该轮到谁来回答，或等到被点起来之后再去重听问题、进行思考，而不注意听讲了。

（6）对提问的评价要中肯。

教师应以表扬为主，即使批评也要体现爱心，不要伤害学生的自尊心。应允许学生有不同的见解，鼓励学生的个性化理解，不要用统一的标准去划定学生的答案。当遇到差生确实不会回答问题时，可复述问题或改变提问角度来加以引导，也可先请他坐下，听别人回答后再复述一遍。这样将利于转变差生，从而大面积提高教学质量。

（7）提问的态度要积极。

教师提问时的面部表情、身体姿势和体态以及师生间的空间距离，这些因素都能支持、修饰和替代言语行为所难以表达的感情。因为教师本身在动机、兴趣、态度、情绪等方面会影响学生的思维发展，所以教师应用积极、愉悦的态度，传递鼓励、信任的感情，绝不能表现出不耐烦甚至是责难的态度。

4）课堂板书礼仪

板书是课堂教学中的一个重要组成部分。好的板书不仅能加强理论教学的直观性，而且能更加突出教学重点，显示出某种条理、提纲挈领，起到画龙点睛的作用。因此，教师要认真设计好每节课的板书，重视板书的礼仪规范。

（1）板书的礼仪规范。

板书文字应简明扼要。要注意重难点，分清主次，抓住关键性环节。预先明确板书的内容，文字要反复推敲、筛选，力求简单，尽量做到在黑板上“写下的是真理”。

板书字迹要端庄秀丽、大小适度，不写错别字、潦草字和不规范的简化字。

板书线条、符号要运用得体。常用虚、实线来表示“连接”的意思。有时虚线表示“暗线”，实线则表示“明线”；有时虚线表示“远距离”，实线则表示“近距离”。折线表示升降、曲折，箭头指示方向，三角符号表示重点提示。除此之外，还有括号、标点符号等。

板书布局、组合要合理。在布局上，主板书居中，辅板书置两侧。组合上，对比式适于比较揭示异同，回环式适于直观显示联系，开合式适于表现结构，阶梯式适于体现空间位移等。

板书色彩要搭配适宜。恰当地运用色彩既能突出重点，又能起到“点缀”作用。板书中用色要少而精，切忌五彩斑斓。

板书图示应具有形象性和启发性。图示较直观，可降低教学难度，板书时一定要几笔成形、简洁明了。

板书与其他教学方法要达到有机的统一。讲、写要同步，分层板书时，要适时插入演示、分析、设问等灵活多变的其他方法，使教学双边活动错落有致，动静交替。

（2）板书的禁忌。

写板书时要求字体、大小、风格一致，清晰工整，不要写不规范的简化字或已淘汰的繁体字，不要写英文花体字和手体杂糅，使数字或字母难以辨认。内容忌讳拉杂，形式忌讳单调呆板、零星杂乱。

3. 课后反馈礼仪

（1）课后辅导礼仪。课后答疑时，教师不宜对学生提出的问题简单地直接给出答案，更不能越俎代庖，而应引导学生分析、讨论，注意启发和点拨。当学生出错时，教师不一定全都要正面纠正，适当地反问有时可以启发学生，让学生自己认识到出错的根源，从而加深理解。对于超前或离奇的问题，不要简单回绝，而应循循善诱，给予鼓励和引导，培养学生思维的主动性和积极性。教师的态度要主动热情，应鼓励学生多提问题，引导帮助他们解决问题。同时，不能厚此薄彼，只对优秀生热情有加、有问必答，而对后进生冷眼相待、敷衍了事。其实，后进生往往存在畏惧心理，教师更应主动地多和他们交流，帮助他们找出存在的问题，使他们对教师产生好感和信任，树立信心，从而提高学习积极性。

（2）批改作业礼仪。批改作业一律使用红色墨水或红色圆珠笔。按照教学常规中各学科设置的作业，要求做到全批全改。批改符号原则上应求一致，圈画要规范，自成体系，不要简单地用“√”“×”来判断对错，选用丰富的反馈信息、个性化的批示，效果会更好一些。每次作业的分数、批改日期要写在作业结尾的下一行里。作业要尽快发还，不能批改周期过长、校正措施不力。作业如有错误，应予以改正，指导学生自行改正或重做直至正确为止，改正的作业，也应按同样的标准进行批改。教师的字迹要工整，同时对书写整洁、解题有独到之处的学生，要进行有针对性的批注。要善于通过批改作业，去发现教学中存在的问题并及时补救，要有启发性、鼓励性的批语，以激发学生的上进心。

（3）点评试卷礼仪。批阅试卷一律用红笔，扣分应在试卷内对应项目处标明，而得分也应在试卷首页或答题纸相应的栏目框内注明。总分必须准确，切忌发生加减错误。判分或修改分数后，阅卷教师均应签名。讲评试卷要及时，讲前要明确考查目的、吃透试题内容、分析失误原因、总结失误类型，并选取重点的、典型的内容，有针对性地备好讲评材料。讲评时应采用多肯定、少责备的方式，以表扬鼓励为主，切忌只顾分数、不管其他，一味地表扬好学生、批评后进生。教师要注重讲评技法，采用适当的、有鼓励性的语言表达方式，让学生感到自己的行为得到了教师的肯定，从而产生一种成就感。对学生表示肯定，除直接表达外，还可采用各种体态语来暗示鼓励，这种方式适用于学习优秀的学生，更适用于学习不够优秀的学生。

4. 教师交往礼仪

教育工作就是在不断地与学生、家长、同事、校长的交往中进行思想与文化的沟通与交流。因此，作为一名教师，不能忽视校园交往礼仪。

（1）教师与学生交往礼仪。教师要尊重学生，要把学生看作与自己地位完全平等的人，要敢于承认自己的错误，不要以权威者自居，不要傲慢与粗鲁。要对不同相貌、性别、种族、籍贯、出身、智力、个性的学生一视同仁，并喜欢、关心他们。教师既要忌讳对学生冷漠无情、没有爱心，也要忌讳对个别优秀生过分偏爱而冷落后进生，造成后进生心理上的自卑及师生间的隔阂与对立。教师应主动与学生交往，学会站在学生的角度去分析问题。要多鼓励学生，要严、爱结合。与学生交谈时，要营造轻松愉快的谈话氛围，谈一些他们感兴趣的事，多给学生表达的机会，学会用心沟通、耐心倾听。

（2）教师与家长交往礼仪。教师要热情接待来校的学生家长，认真倾听家长的谈话，实事求是地介绍学生在校的情况，对学生多表扬、少批评，不要把家长当作发泄的对象，尽量营造轻松、愉快的谈话氛围。要多给家长一些发言机会，对家长要用商量的口吻，不要以专家自居。开家长会时，要做好充分准备，提前书面通知家长，会上要努力创造和谐的氛围，与家长平等交流、友好协商，并重视会后反馈。家访时，要提前预约、按时到达，衣着要整齐，敲门进入后可先寒暄再进入正题，不要未经允许就在学生家东转西瞧。家访时间不宜过长，不要借家访解决私事。如需学生回避，应事先与家长预约学生不在家的时间进行家访，不可强行让学生到自己房中回避。

（3）教师与同事交往礼仪。同事之间的交往要以相互信任、相互尊重为基础，不冷淡，也不过分热情。应保持适当的人际交往距离，既要主动去帮助、关心和体贴同事，真诚相待、互惠互利、达到双赢，又不要过分关心别人的私事，四处议论同事的"隐私"。要学会求同存异，不要对同事过分苛求，发生摩擦时要严于律己、宽以待人。批评一定要是善意的，要注意说话时的用语措辞，要在下面单独交流，不要当着领导或其他同事的面横加指责，更不要尖酸刻薄、文人相轻、自以为是、到处逞能。对同事要多赞美、少嫉妒。同时，那种喋喋不休、滔滔不绝、逢人诉苦、博取同情的方法也是不可取的。借人钱物，要及时归还，若一时难以还上，要立下书面字据，并每隔一段时间向对方说明一下，才能保持同事间的亲密关系。

（4）教师与领导交往礼仪。教师要尊重领导，冷热有度，既不能对领导的失误袖手旁观、冷嘲热讽，在公开场合顶撞领导、求全责备，也不能乱开玩笑、称兄道弟、不分彼此。教师要支持领导，一方面要恪尽职守、做好本职工作；另一方面还应主动领悟领导的意图，为学校的发展积极出谋划策。对于领导的命令，要认真服从，如有不同意见，应以适当的方式向上级反映或加以保留，不应将其作为拒绝服从领导的借口。但如果领导的错误涉及道德、法律问题时，则可以选择离开，甚至采取合法措施。

二、学生礼仪

（一）师生礼仪

1. 学生尊师重教礼仪

教师的工作非常辛苦，每天都要认真备课、辅导和批改作业，深入研究问题，广泛查阅资料。所以，学生在上课前，应主动帮助老师拿教具、做准备、擦黑板、打开水等；课后，应帮助老师送教具、整理实验室、抄写资料等。学生也可以利用业余时间，帮助老师干一些力所能及的家务活。当老师生病或发生重大事故时，应及时前去看望和慰问。须注意的是，这是一种道义上的交往，应保持师生间的真挚情意，而不能演变成社会上的那种庸俗关系。

2. 学生请教交谈礼仪

学生在和老师说话时，应主动请老师坐下。若老师不坐，学生应该和老师一起站着说话。只有等老师坐下，并请学生坐，学生才可以坐着与老师说话。学生无论是站着还是坐着，都应姿势端正，不可东张西望、抓头摸耳、抖腿搁脚，应双目凝视老师，认真地听老师说话，不可一只耳朵进，另一只耳朵出。如果老师说的话学生感到不理解或无法接受，并有不同看法时，不必隐瞒，可谦虚而诚恳地向老师请教，直到弄明白为止。

3. 学生进办公室礼仪

学生进办公室要注意仪表、仪态及着装。进门前，要轻轻敲门或喊“报告”，不管门是开着还是关着，都要征得老师同意后方可进入。学生进入办公室后要向在场的所有老师问好，未经老师邀请不可随意坐下，而应站着聆听老师讲话。如要找的老师不在，应礼貌地询问一下办公室的其他老师，可根据情况说明自己的姓名或所在班级，有什么事，何时再联系等，之后，再道谢离开。切忌贸然推门进入办公室，或站在门口探一下脑袋，旁若无人地环视办公室，当发现要找的老师不在时，便扭头（缩头）就走，或用学科代替称谓询问办公室内的其他老师，如“我们的外语老师来了吗？”让人不知道到底找谁。如确实不知道所要找的老师姓名，应事先作一番“调查”，这是起码的礼貌。在办公室内，不能乱翻、乱摸桌上的材料物品，或私自动用电话等办公设备。与老师谈话或汇报工作时，要直截了当、简洁明快，忌停留过久。谈话结束时，要向老师表示谢意，并为自己的打搅致歉。若是坐着，应先起立把凳子放回原处，再向老师道谢离开；若老师起立目送，应请老师坐下；若老师举步相送，应请老师留步。

4. 学生拜访老师礼仪

学生去老师家拜访，不论是知识咨询、祝贺节日、关切探望患病老师，还是请老师帮助排难解疑等，都要事先通知老师，以免自己碰壁或弄得老师措手不及。拜访时，学生要服饰整洁、按时到达、敲门并等人招呼后再进门。要与老师的家人打招呼，称呼要得体。如在场的人多，又不熟悉，则可泛泛问候“大家好”。当老师或其家人递茶水时，应起立双手接过并道谢。有新宾客来访且老师作了介绍时，应主动起立招呼、问候，若发现因自己在场有所不便或拜访时间已经不短时，应马上告辞。告辞时，要与所有的人道别，并请老师留步。拜访时若老师有急事出门了，可留下字条给老师的家人或其邻居；如果因故学生不能赴约，一定要设法提前通知，以免老师等候与牵挂。

5. 师生相处礼仪忌讳

学生不宜对老师直呼其姓名，应在姓或名字后加“老师”二字。严师出高徒，学生不能因为老师的批评、自己考试不及格等原因而怀恨在心，对老师无理取闹，或在背后败坏老师的名誉。不应对自己不喜欢或其授课方式不习惯的教师说长道短。不能为当班干部，或调到自己认为合适的班级，或评“三好学生”，或使考试及格而向老师行贿。学生不应忘记老师的师恩，不应打听、传播老师的个人生活和私事，更不应向老师表白感情。

（二）同学礼仪

1. 一般交往礼仪

与同学相处，不论自己与对方具体关系如何，均应对其表现出应有的尊重，并且以礼相待、以诚待人、与人为善。对待同学要态度谦虚随和，不要故步自封、狂傲自满，拒人于千里之外；也不要逢迎不迭、随声附和。要团结同学、互相帮助、共同进步、理解宽容。不能无事生非、心胸狭隘、语言粗俗、嫉妒和猜疑，更不要打听同学的隐私和揭人短处。

去同学家拜访时，要事先征得双方家长的同意。到同学家要礼貌地称呼其家人，对其父母应称“伯父”“伯母”“叔叔”“阿姨”，对于同学的其他亲属，可以随同学的称呼而称呼。在同学家做客，不能乱翻东西。本地近距离做客尽量不要在同学家就餐或留宿；异地做客，也不要停留时间过长，以免给对方添麻烦，干扰对方的正常生活。

同学间的交往应神交多于物交。上海《文汇报》公布的一份调查资料表明，在学生的日常开销中，生日送礼的费用占40%左右，高居消费的榜首。另据一位住校男生透露，在他们宿舍中男生吸烟率已达75%，你敬我一根“红塔山”，我递你一根“万宝路”，每月香烟支出也不小。诚然，同学间的交往既有精神上的交往，也有物质上的互利，二者有时很难分割得清，但正确的比例应是精神因素占得多一些。

2. 异性交往礼仪

男女同学交往时，应坦然相处、大大方方，完全不必顾虑重重、躲躲闪闪。一般情况下，男生比女生力气大，因而在体力劳动等方面，男生应主动关心、帮助和照顾女生。当然，异性之间的交往也应保持一定的距离，如旅游、游泳、散步、跳舞等活动，要提倡集体性。异性之间串门，要事先预约，在时间的选择上要避开洗澡、午休和夜间就寝。进门前应敲门，获得允许后方可入内。

异性之间要注意举止得体、彬彬有礼、文雅大方，不要过于随便或粗俗，男生不要与女生凑得太近，或用手随意触碰。男生背后议论女生、贬低对方，或给女生的长相、身材、性格等打分都是不礼貌的行为，这极易伤害同学的自尊心，从而妨害异性同学间的友谊。

学生时代，不宜早恋。但在拒绝同学的追求时，采取的措施要文明、有分寸，不可讥笑对方，更不可公开异性的求爱信，以防伤害对方的自尊心。

三、场景礼仪

（一）学生教室礼仪

课堂是教师向学生传授知识与技能的场所。讲究课堂礼仪，对于促进教师与学生的沟通，提高教学质量极为重要。

1. 提前两分钟进教室

上课前两分钟，学生必须进入教室，做好准备工作。这本身是一种应有的礼貌，也是对老师的尊敬。教室的这种严肃气氛，既能为老师取得良好的教学效果打下基础，又能够密切师生之间的关系。再者，对于学生本身来说，两分钟准备也是从上一堂课转入下一堂课、从室外活动转入室内活动的一种过渡，能帮助学生使自己的思想尽快集中起来。

学生可以利用这两分钟的时间从容地做好上课准备，如找出上课要使用的课本、笔记本以及其他文具；也可以端正地坐好，恭候并欢迎老师的到来。

每位同学都应做好上课准备，这既是尊重别人，也是尊重整个班集体的表现，所有的学生，都不能因为个人的准备工作尚未做好而影响整个班级的上课。另外，课前同学间应相互谦让，对视力差的同学在座位上应给予照顾，不应争先恐后地哄抢座位。教室内应保持清洁卫生，不得在其中大声喧哗。当老师走向讲台时，全体同学要起立，待老师答礼后方可坐下。

2. 师生迟到后

学生如果遇到特殊情况，不得已而在老师开始上课后才进入教室，应特别注意举止的文明和礼仪的周到。

（1）在教室门口应先停下脚步喊“报告”。如果教室门关着，就应先轻轻敲门，在得到老师的允许后才能进入教室。

（2）要向老师说明迟到的原因，且态度要诚恳。应在得到老师谅解和允许后方可入座。

（3）在走向自己的座位时，速度要快，脚步要轻，动作幅度要小。走到座位前，在放书包和课本时，尽量不要发出太大的声音，更不能有任何滑稽的举止。

（4）坐下后应立即将注意力集中起来，端坐听老师讲课。

总之，迟到的学生须把自己迟到而对课堂秩序所造成的影响减少到最低限度。

教师是教育者，在遵守校纪校规方面应成为学生的榜样。一般说来，教师上课应该准时，不应迟到。但生活中也会遇到一些特殊情况，使教师不能准时到达教室。此时，师生双方都应保持冷静，以正确的态度来对待这件事。作为学生，当发现教师在上课铃声响过后才进入课堂上课时，不要大惊小怪，不要喧哗，而仍应起立向老师敬礼。当老师表示道歉时，学生应当表现出谅解和宽容。这样会使老师感到温暖，使课堂教学收到良好的效果。

3. 认真地听讲

上课时学生要专心听讲、精神饱满、坐姿端正、做好笔记。不要心不在焉，打哈欠、打瞌睡；不要与同学说悄悄话、听耳机或看其他书报；更不要吃东西、下棋、打牌或者玩游戏。要保持安静，最好不要携带手机，带在身边时也应关闭或调成静音，不要发出声响干扰课堂教学，更不能在上课进行中离席回电话。

学生提问或回答问题要先举手，待老师示意后方可进行。发言时应自觉起立，目光正视老师，声音清晰、洪亮，使老师和学生都能听清。站姿和表情要大方，不要搔首弄姿或者故意做出滑稽的举止引人发笑。其他学生要专心听讲，不随便插话。当老师点名要你回答问题，而你又确实不会回答时，应站起来以抱歉的口吻诚实地说明自己不会回答这个问题，不要不懂装懂。

老师讲课时，一般不允许学生中间离开教室。如果遇到特殊情况，必须中途离开，则应在老师讲到一个段落，或者讲完一个问题时再举手请假。得到允许后，要迅速而轻盈地走出教室。

老师在教学过程中出现差错，如由于笔误写错了字，或由于发音不准念错了字，或由于一时记混而说错时等，这并不一定说明老师的水平低。作为学生应该正确对待老师在教学过程中出现的疏忽和差错，发现后应选择适当的时机和方式，如写纸条或等老师走到身边时悄悄地告诉他。沟通时，应使用请教或商量的口气以及采取谦和的态度，让老师有思考和商榷的余地，不能当场使老师难堪。

4. 文明地下课

老师尚未宣布下课时，不要急于收拾东西。下课时要全体起立，等候老师先走。老师走后，学生方可自由活动。自由活动时，不宜在教室或教学楼里大声喧哗、追逐打闹。

课间要为老师擦净黑板，整理好讲台，准备好粉笔、黑板擦，主动帮老师打好开水等。

（二）学生宿舍礼仪

在我国，全日制的大中专院校基本上采用学生住宿制。集体宿舍是学生的一个基本生活单位，也是学生课余休息的重要场所。学生有一半以上的时间要在宿舍里度过。所以，宿舍是大学生的“第一社会，第二家庭，第三课堂”，每一个大学生都有责任把第一社会风气搞好，把第二家庭生活过好，把第三课堂的课上好。

1. 保持宿舍卫生

宿舍是大家共同生活的场所。要创造一个整洁、美观舒适、充满生活情趣的生活环境，需要大家来共同设计和保持。

东汉时期，有个叫陈蕃的人，他年轻的时候很想干一番大事业，立志要“扫除天下”。可是，他从来不肯动手把自己家里的环境打扫干净。当时就有人批评他说：“一室不扫，何以扫天下。”陈蕃不愿做扫地这样的事，说明他的大志是不实在的。从精神文明的角度来说这是空的。同样，一间学生宿舍里如果床铺乱糟糟、地上很肮脏，就说明这些学生既缺乏劳动和卫生习惯，又不讲究精神文明。

对住校的学生来说，正因为宿舍是他们的主要生活场所之一，它的面貌在一定程度上也能体现和反映这些学生的文化修养和思想品德。所以，在寝室内应注意以下礼仪。

（1）讲究个人卫生，培养良好的生活习惯。被褥要折叠得整齐美观，衣服、鞋帽要整齐地安放在一定的地方。换下的脏衣服、脏鞋袜要及时清洗和晾干，未洗之前不可乱丢，要安置在隐蔽避嫌的地方，并将自己的其他物品归类安放整齐。

（2）自觉遵守值日制度，并爱护寝室内的公用物品。在每日值日和定期大扫除之后，还应共同做好保洁工作，以保证宿舍内没有杂物、纸屑、痰迹，门窗洁净，桌凳及公用物品摆放整齐。

（3）窗外不是垃圾堆。不能向楼下倒污水、扔废弃物、摔酒瓶。

（4）水房卫生离不开大家。不要往水池里倾倒废物，剩饭、剩菜要倒进泔水桶，以免堵塞下水道。若发现其堵塞后，应主动进行处理，必要时通知楼长或修理工，不要置之不理。

（5）保持厕所卫生。如厕时，大小便要入池，否则应用纸擦或用水冲干净。脏纸或卫生巾等应投入指定的垃圾篓，以免引起堵塞。便后要放水冲厕。

2. 美化宿舍环境

宿舍可以分为两个部分加以美化，即室内公共部分和个人小天地。两部分的美化既要各具特色，又要协调一致。公共部分一般以花卉、盆景、书画、牌匾、工艺品等装饰，该部分确定了寝室的基调。个人小天地的美化是对该基调的丰富和深化，要突出个人的生活情趣，富于幻想和创造，不拘泥于统一的形式。个人小天地一般用图片、手工艺品、玩偶、小型字匾来美化。个人小天地的美化要注意与整个宿舍的美化相协调，不要过于强调自己的个性，而破坏了整体的和谐美。在做墙面装饰时，切忌张贴或悬挂不健康的海报、照片，应努力营造大学生应有的奋发向上、多姿多彩的宿舍文化氛围。另外，宿舍的美化还应考虑季节的变化，夏天应注意清爽，冬天应充满暖意。例如，寒冬时节在案头放置一盆水仙，瓶中插上几枝腊梅，会给整个宿舍带来春天的气息。

3. 保障他人休息

宿舍是学生休息的唯一场所。如果得不到良好的休息，学生就会无精打采，这必然会影响到明天的生活，更谈不上好好学习。因此在宿舍中，必须遵守共同制定的文明公约和作息时间，养成良好的生活习惯。

（1）按时起床。现今校园里，总有一部分学生晚上不愿睡，早上不愿起，有的甚至旷操、旷课。校园里流传着一种“九三学社”的说法，指有些学生早晨睡到九点，下午则睡到三点，每天都当“卧龙先生”。这样既影响自己的学习，也影响宿舍适时开窗通风换气。而另一部分学生起床太早，尤其是动作幅度比较大时，更使得别人欲起不忍、欲睡不成，时间久了就会造成他人心中不悦，甚至可能影响同学之间的关系。因事偶尔需要早起床时，应提前向室友们打招呼。起床时要特别注意动作轻柔，尽量不要弄出大的声响，应尽快离开宿舍，以免过多地影响他人睡眠。

（2）准时归宿。只有准时归宿才能确保在熄灯前洗漱完毕，按时上床休息。无论是为了在教室苦读，还是为了其他事情造成夜半归宿，干扰其他同学睡眠都是非常不礼貌的。若实在事出有因不得不推迟归宿，则应向舍友表示歉意，并努力把这种惊扰减少到最低程度。

（3）适时就寝。应在学校规定的或宿舍约定的就寝时间之前上床休息。应及时关闭光源、声源，不要使用电脑，或开“卧谈会”，以免妨碍他人休息。

（4）当有人休息时，上下动作要轻，拿东西时声音要小，说话尽量耳语。

（5）当与舍友同睡高、低铺时，晚上如实在睡不着，应适当减少翻转次数，以免殃及上（或下）铺。

（6）休息时间，手机应置于振动状态，如有电话呼入，应到室外接听。如有宿舍固定电话，应由未睡者或距离最近者快速接听，避免吵醒所有的人。

4. 尊重个人隐私

生活在同一间宿舍，同学之间相互开放的程度很大，但不等于同学之间没有个人隐私和秘密。

（1）不要随便使用同学的用具，不要翻看同学的笔记、书籍和物品，更不能将同学的东西据为己有。如有特殊情况需要借用时，要事先打招呼，征得对方同意。东西用后要及时归还，若有损坏，要照价赔偿。

（2）不能翻看同学的日记，不能私拆、私藏同学信件。

（3）不可打探同学的隐私。

（4）当同学有亲友来访，谈论一些私事时，其他同学要适当回避。决不能在一旁偷听，更不能插嘴询问。

（5）某同学离校去处理个人私事，对此，他人不该主动去打听，刨根问底，只要知道某同学向班主任或学校请过假即可。

5. 注意语言文明

语言是一个人道德情操和知识水平的反映，是人们的心灵之窗。古人云："言，心声也；书，心画也。"如果说大学生平时对自己的语言还多少有些约束的话，那么一到宿舍，尤其是在"卧谈会"上，根本就是无所顾忌，语言不文明的现象表现得非常明显。有的同学脏话不离嘴，开口、闭口挂着被鲁迅先生痛斥的"国骂"；有的同学语言粗俗野蛮，稍不满意就出言不逊，轻则讽刺挖苦，重则彼此辱骂；有的同学语言庸俗，乐道男女私事，给同学起外号、打分、开不健康的玩笑等。语言的粗野无聊，是与大学生这个称呼极不相称的。大学生在宿舍待人应恭谦有礼。早晨与同学、老师见面宜问一声"早晨好"，晚上就寝前可相互道声"晚安"。在宿舍里如能坚持使用文明礼貌、诙谐的语言，成员之间的关系必然和睦融洽，生活也会感到舒心、温暖。

6. 以礼相处相待

中华民族素称"礼仪之邦"，彬彬有礼的风度历来备受人们的称誉，"以礼相待"是家喻户晓的格言。《礼记》中"有礼则安，无礼则危"的论断，深刻地揭示了"礼"的巨大社会作用。待人彬彬有礼，就能在人与人之间架起一座互相尊重和友爱的桥梁，使生活充满愉悦与和谐。相反，若待人粗暴无礼，则只能带来不满与怨恨。

（1）要互相尊重。同宿舍的同学可能会来自不同地区，由于各自的环境、条件不同，造成性格、脾气、爱好及生活习惯也不同，同学之间应互相体谅，做到互相尊重、互相关心、和睦相处、以礼相待。

（2）要互相关心。大家应亲如兄弟姐妹，在学习上互相帮助，在生活上互相照顾，在思想上互相鼓励。只有这样，才能心情舒畅，取得优异成绩。如果有同学遇到困难，大家应伸出友谊之手，给予帮助。当有的同学取得好成绩时，大家应当为其高兴。另外，遇到同宿舍其他成员的友人来访时，应热情接待，不可表现出“事不关己，高高挂起”的态度。

（3）要互相考虑。每位同学都要注意自己的行为，做到不妨碍他人，并遵守宿舍的有关规定。互相考虑，通常都是表现在一些很细微的事情上，如自觉把位置较好的床铺让给其他同学；在宿舍里，听到有人来找自己的敲门或叫门声，不可轻易说“请进”，特别是在夏季，容易引起宿舍其他穿着比较随意的成员的不方便，造成双方尴尬。

（4）要互相信任。东西丢失了，不要无依据地猜测，以免影响同学之间的关系。产生隔阂时，应主动交流，进行沟通，以减少误会。

（5）要互谅互让。每位同学都应严于律己，宽以待人。如因不小心妨碍了他人，首先应说声“对不起”，对方不应毫无反应，而应马上回敬“没关系”或一个微笑，以便让对方获得安慰。学会忍人所不能忍，容人所不能容，这不是吃亏，而是有涵养的表现。每位同学对自己的有可能会干扰他人的个性习惯都要努力克制，不可我行我素。

7. 学会过集体生活

集体生活和在自己家里的生活不同，在宿舍随时都要谨记集体生活的规则。

（1）在使用水龙头、晾衣绳及电话等公用设施时，应尽量礼让他人。在使用中要小心谨慎，不能故意破坏。

（2）使用自来水要注意节约，使用完毕后要拧紧水龙头。

（3）要节约用电，不偷电，不违章使用电器。

（4）录音机等音源的声音不要开得过大，休息时应调到最小，如果可能最好使用耳机。

（5）如厕时，若门已坏、虚掩着，不能确定里面是否有人的话，应先敲门，确认无人后再进入。

（6）楼上的同学晾晒衣服要拧干，并尽量不要滴湿楼下同学已晾着的衣物。

（7）不要过多地串门或在他人宿舍逗留过久，以免干扰他人正常的生活习惯。在午休或晚上休息时，拜访异性同学，应把对方请出来，而不是直奔异性宿舍，以免给对方的舍友带来不便。

（8）不在宿舍里从事商业性的营销。

（9）尊重楼长和其他管理人员，配合他们的工作。

（10）注意安全，离开宿舍时要及时关门、关窗，不要擅自将不认识的人或其他来访者引进宿舍，发现可疑情况要及时汇报。对于上门推销的人员，不要轻信，也不要买盗版、走私物品。

（三）学生食堂礼仪

随着时代的发展，餐饮仅仅维持生存的原始功能已大大减弱了，人们开始重视餐饮向更加文明的方向发展。学校食堂就餐人数多、就餐时间集中，工作人员往往比较繁忙。所以，如何营造食堂环境，遵守食堂礼仪就显得尤为重要。

1. 注意公共卫生

穿着整齐，不要穿背心、拖鞋进入食堂。不可随地吐痰，不可向地面泼水、扔杂物。用餐时，应该吐骨入盘，不要吐在桌上或地面上；用餐后，剩余的饭菜应倒入泔水桶，若使用的是食堂提供的餐具，还应分类放入指定的回收容器中。

2. 维护公共秩序

买饭时应遵守秩序、互相礼让，自觉按先后顺序排队，不应硬挤或插队，更不应打闹、起哄或做出其他不文明行为。敲柜台、餐具，或挥舞手臂，或不停地叫喊，或隔着柜台拉工作人员的衣袖、衣角等做法，都是失礼的行为。

买饭后入座时，在食堂座位有限的情况下，应互相礼让，避免抢座位、占座位。

同时，由于用餐时间人多拥挤，进进出出，所以走路、入座要多加小心，以防碰撞，烫伤其他同学。如有不慎，应互相谅解。如有的同学因故买饭不方便，其他同学应主动帮助。

3. 珍惜点餐时间

如点餐人多时，应事先想好打算点什么，以及应对万一所点的菜卖完了的第二方案，不要等到了柜台跟前再慢慢考虑，以免耽误后面人的时间。饭卡、饭票要拿在手中，不要等到该付账时，再在每个口袋里乱翻。

点完菜之后，要耐心等待，不要急声催促；与服务员讲话时要注意礼貌用语；待服务员送来饭菜时要说一声“谢谢”。

4. 绝不浪费饭菜

进餐时应注意节约粮食。例如，馒头不小心掉在地上，应捡起，不要碍于面子而显得过于“大方”“潇洒”，一脚踢开，以显示自己多么“高贵”。所购买的饭菜，应以吃饱为度，不要超量购买，以免吃不完造成浪费。

5. 讲究进餐文明

进餐时要文雅，切忌“狼吞虎咽”，这既不符合礼仪要求，也不利于健康。应闭嘴咀嚼，吃东西时不要发出声音，喝汤时不要啜。如菜、汤太热，可等稍凉后再用，切勿用嘴吹。口内的鱼刺、骨头等不要直接外吐，最好用餐巾捂嘴，用手或筷子取出，包在餐巾纸内，更不能吐在地上或别人面前。不要对着餐桌打喷嚏或咳嗽，如有特殊情况实在忍不住，要把头转个方向，并用餐巾或手帕遮口，然后向临近的同学道声“对不起”。餐后不要不加控制地打饱嗝儿。需要剔牙时，要用手遮口。

如果是聚餐，用筷禁忌包括：①半途筷，即夹住菜肴又放下，再夹另一种。②游动筷，即在菜盘里挑拣或上下翻动。③窥筷，即手握筷子，目光在餐桌的各盘、碗上扫来扫去。④碎筷，即用筷子捣碎菜肴。⑤以筷当叉，即叉起菜肴往嘴里送。⑥签筷，即用筷子当牙签，挑、捅牙缝。⑦泪筷，即筷头上的卤汁在持筷途中像泪水一样滴淌。⑧吮筷，用嘴吮舔筷头上的卤汁。

6. 尊重职工劳动

食堂工作人员的劳动直接关系到同学们的健康，他们无论是白天黑夜还是酷暑严寒，都早起晚睡，常年如一日地工作在艰苦的环境中。所以，应尊重他们的劳动，珍惜他们的劳动成果，主动协助他们搞好食堂的工作，与他们友好相处，以礼相待。

吃饭时，如发现饭菜有质量问题或异物，可找有关管理人员有礼貌地说清楚，以帮助食堂改进工作，提高服务质量。不可感情冲动，大发脾气，失去理智，吵闹不休。如果一味地坚持粗暴无理的态度，不但不利于问题的解决，而且还会引起食堂工作人员的反感，甚至造成学生与食堂工作人员之间关系的恶化。

（四）学生实验室礼仪

学生在校期间，除了在课堂学习知识之外，还要上实验课，接触实验设备，进行实际操作，以增强理论与实践相结合的能力。由于实验课都是在实验室内完成的，因此，在做实验时，要听从老师的安排，爱护实验室内的设备，遵守实验室的礼仪。

1. 听从安排，遵守纪律

在操作实验设备的过程中，要听从老师的统一安排，按老师的要求正规操作。老师指导具体操作时，应放下手中设备，站立听讲，记住操作要点，掌握操作程序，不得违反纪律。

2. 爱护实验室内的设备

实验室里存放的药品、标本、用具、实验设备等物品价值贵重，动辄数千、数万元。操作时一定要爱护，轻拿轻放，注意节约、节省。实验中，如果损坏仪器设备，应及时向老师报告，不得相互推诿，甚至溜之大吉。如果是做剧毒危险药品或细菌实验，要严格执行操作程序，保护自身的安全，以免发生意外。一旦出现危情，应立即报告老师，及时进行处理，必要时要送医院急救。

3. 有问题要举手

做实验时，如果遇到这样或那样的问题，应举手问老师，不要自作聪明，擅自处理。如果此时老师在指导其他同学操作，应耐心排队等候，不要大嚷大叫，表现出不耐烦、不认真和不满的情绪。不得在操作中随意换组，不听指挥，到处乱窜，大声喧哗；也不得因实验操作有困难而拒绝操作，停止实验，应随时随地和老师取得联系，很好地完成实验。

4. 整理实验设备

实验室是教学工作的重要场所，里面有水、电、易燃品、细菌病毒等，因此，每次上完实验课，都应自觉打扫实验室，保持实验室干净、整洁，扔掉杂物、废弃物，排列好用具、实验仪器，待老师检查合格后，自觉排队离开实验室。不要拥挤、打闹，以免碰撞实验设备。同时，还要检查好水、电、门窗的关闭情况，要有安全意识。

（五）学生自习室礼仪

自习室是“无声的课堂”，最重要的是维持室内安静的学习氛围，这是取得良好学习效果的保证。自习虽无老师授课却仍然是课堂教学的延续，任何与学习内容不相干的事情都不宜在自习室里进行。所以，自习时在教室里与他人说话、打闹、玩扑克等都是与教室学习环境格格不入的失礼行为。进入教室不管是先来者还是后到者动作都应特别轻，相识的同学见面彼此可以点头或挥手示意，言语的问候是不合时宜的。自习期间要尽量减少走动，离开座位需要坐在外边的同学起立让路时，应向其表示歉意并致谢。有不明白的问题需要与其他同学商量或请教时，最好到自习室外边去交谈，开门、关门、起立、入座动作要轻，尽量避免发出响声影响他人。自习期间在楼道内也要轻手轻脚、低声细语，不能追逐打闹、高声喧哗。

上自习时还要遵守学校教学楼的有关规定：一是不要在教室内乱丢废弃物品，保持室内卫生；二是要准时下课，不要拖延过久。

在教室里要爱护桌椅，不在桌椅上面乱刻乱画，杜绝“课桌文字”的出现。

四、学校仪式礼仪

（一）开学典礼

每个新学年开学之际，学校一般都要举行开学典礼。开学典礼是宣布新学年开始和欢迎新生入学的仪式。在开学典礼上，通常要介绍学校的基本情况，进行必要的入学教育，布置学校新学年的工作，动员全校师生员工为完成新学年的任务而奋斗。

为确保开学典礼的顺利进行，有关部门要事先做好以下准备工作。

1. 及时发请柬

学校要在举行开学典礼前一周左右的时间内，将请柬送到或寄给当地领导机关和上级有关部门，邀请学校所在地的领导和上级有关部门负责人或代表参加。

2. 精心布置会场

学校要安排专人负责布置会场，把学校大礼堂或露天会场打扫干净。要制作好会标，会标可写“×× 大学 ×××× 年新学年开学典礼”或只写“开学典礼”四个大字。会标应挂在会场主席台前幕（也称“大幕”）上边，两侧可配对联。主席台后幕正中挂国旗，国旗两边各插五面红旗，会场上还可插彩旗。会场内外可张贴一些标语，以烘托典礼气氛。

在主席台上可安排若干座位，座位前面放置会议桌，会议桌用桌布围好。主席台前可摆设鲜花或放置盆景。

要事先为主席台上的宾客安排好座次，用纸张打印好人名（或地名和职位），并插入专门的卡座中，立于对应的桌子上。

每位宾客的桌前，还可摆放矿泉水或茶杯。

3. 做好典礼的其他准备工作

（1）做好大会发言准备工作。开学典礼一般安排校长、教师代表、学生代表发言。有时也会邀请上级党政领导和有关单位、部门的负责同志发言。典礼筹备组应事先通知发言者典礼程序、发言的长短、字数和次序。领导讲话和代表发言，都要事先准备好发言稿或打好腹稿。发言内容主要是围绕支持教育工作、振兴教育事业、稳步推行教育改革、尊师重教、提高全民族科学文化水平、努力培养社会主义建设人才的核心来进行。发言人要明确自己的身份，语言要简明扼要、铿锵有力，带有热烈祝贺的气氛。

（2）做好大会后勤服务工作。典礼筹备组要物色若干名接待人员和工作人员。接待人员中的礼仪小姐可身披礼仪绶带在校门口或会场门口接待来宾，为来宾引路、倒茶等；工作人员负责维持秩序、安全保卫、会场记录（包括录像、录音）、车辆接送等工作。

（3）做好大会物质准备工作。物质准备，包括签名册和题词、作画所用的文房四宝，准备鞭炮、乐器、音响设备、音乐唱片或录音带等。有时，还需准备饮料、用餐或礼品。

一切与开学典礼有关的准备工作应按时就绪。届时，师生排队入场，分别在指定的位置落座。

开学典礼的一般程序如下。

（1）由主管教学的副校长或负责学生工作的校党委副书记主持，宣读来宾名单后，宣布大会开始，全体肃然（起）立。

（2）唱歌或奏乐（国歌或学校校歌，有的要求升国旗）。

（3）礼毕后，校长或书记讲话（主要内容为新学期的计划和要求）。

（4）请上级领导同志和有关方面代表（包括教师代表、老生代表、新生代表等）发言。

（5）全体起立唱国歌。

（6）主持人宣布开学典礼结束。

（二）毕业典礼

大学生、研究生以及学习班、培训班的学员，完成学习任务，经考试成绩合格时，学校及其院、系或其他办学单位，要为成绩合格的学生颁发毕业证书或结业证书，并举行毕业（或结业）典礼。

毕业典礼的筹备工作，要按照各单位人力、物力、财力的条件确定其规格。要事先统一印好、填好毕业（结业）证书，并盖上钢印。要统筹安排好邀请参加毕业典礼的领导和来宾等事宜，以及典礼会场的布置等，可参照开学典礼的做法。

举行毕业典礼时，除了请上级领导、校方负责人讲话外，在安排师生代表发言后，还可邀请用人单位代表发言。

在毕业典礼上，教学单位可以简明扼要地总结几年来教学工作所取得的成绩和经验，总结教学工作中出现的先进典型事例和师生员工中的先进人物，总结教学工作中的某些不足、失误和教训。同时还可以通过为毕业生发证书、奖品等形式，对毕业生表示祝贺并提出希望。成功的毕业典礼活动，不仅能够增进师生间的感情，而且还能够增进同学间的友谊；不仅能够增进校内各部门间的合作，而且还能够通过邀请上级和有关部门负责人出席的形式，使校外的人了解学校、熟悉学校、支持学校，达到尊师重教的目的。

（三）校庆典礼

校庆是学校成立日的纪念庆典，学校一般逢十年，即在它成立的 10 周年、20 周年、30 周年……之际都要举行庆典活动。校庆活动内容丰富多彩，包括邀请领导人和著名校友题词，筹办图片、文字、实物展览，筹办教学、科研成果展览，编写校史、校友名册等；出校庆专刊，印制校庆纪念品，组织学术讲座、校庆文艺晚会等。

举办校庆典礼，有助于增强师生的凝聚力，有利于相关信息的传播，扩大学校的影响。因此，要认真做好校庆典礼的各项工作。诸如，提前发布校庆消息或广告，事先邀请有关领导和兄弟院校代表参加。校庆典礼的会场布置与活动，可参照开学典礼的做法。但在校庆典礼的发言人名单中，应增加兄弟院校代表和校友代表。另外，校庆典礼的气氛要隆重、热烈。

【礼仪故事】

德艺双馨[①]

李荣建教授是武汉大学教授，我国著名的礼仪专家，从历史学家到外交官、翻译家到礼仪专家，40 多年教育生涯，他用实际行动告诉我什么叫知行合一、德行合一。

1. 大爱无疆

（1）初识教授。2017 年我接到厦门市“金砖会议”的培训课程任务，经人介绍认识李荣建教授，请教涉外礼仪相关知识，教授不仅耐心讲解，还将自己书稿原文发我参考。事后请教他，为什么不推荐我去买他的书，而是直接把书稿给我，难道不怕我拿去别用吗？他的回应是：“买书需要时间，会耽误我备课，影响我上课，也相信我不会拿作别用。”人生最大的遗憾是遇好书不读，遇名师不拜。为了让自己人生不留遗憾，在课程圆满完成返汉后，我做的第一件事就拜教授为师。

（2）退休不退讲台。退休后的李教授比在学校时更忙碌，很多机关、企事业单位得知教授退休，请教授去讲课，很多外地单位慕名相邀，在传播礼仪的路上他不辞辛劳。足迹不仅踏遍祖国的大陆，还有澳门、台湾以及国外。

（3）李教授每年为学校、工会、图书馆、书店做多场公益讲座。文化自

① 本文节选于黄文静：《我的恩师李荣建教授》，2020 年 9 月 10 日。

信，礼仪先行，为了普及礼仪知识，带着弟子们编写《市民文明礼仪手册》。

2. 学识渊博

有幸与教授同台讲课，他从礼仪起源到现代礼仪应用，从中国礼仪的讲究到国际礼仪的细节，博古通今，内容丰富、案例经典。授课风趣、幽默，深受企业领导和学员好评，上完课学员都不愿离场向他咨询各种工作、生活中遇到的礼仪难题。

3. 精益求精

曾经误以为李教授讲课语言干净、利索，完全没有“嗯、啊”这样的助词，课程呈现一气呵成，语言连贯有章法是因为在讲台上站了几十年的习惯。直到做他亲授礼仪师资班文案，我才真正明白，大师的成就在于每一个细节的精练。60 多岁的人，晚上十点多钟还在为一个措辞、标点符号需要修改与我沟通。

4. 家和业兴

经常在一些场合听教授说自己的成就是因为“夫人照顾周到”“是夫人默默支持”这样的话。在教授收弟子的仪式上，李门弟子规非常重要的一句是“家庭第一”。在家庭中他肯定师母的每一份付出。在工作中对领导、同事、下属都彬彬有礼，赢得大家的尊重。2012 年，武汉大学组织第一期教师骨干到井冈山学习，教授当时是班长。如今，教授虽然已经退休了，可直到现在，第一期班有学术交流活动，都一定请班长参加（我有幸随教授参与一次交流活动）。带弟子们出去上课也是悉心教导、关怀备至。随教授到广州上课，他提前安排好行程，课后又总结复盘，给予我专业意见。

师者，传道、授业、解惑，李荣建教授以“青出于蓝而胜于蓝”初心，“精益求精”的工匠精神，用自己的一言一行、一举一动在践行为师之道。因此，得到社会各界的普遍认可和高度好评。

第三节　社会礼仪

一、文明语言礼仪

鲁迅先生曾说：“语言有三美，意美在感心，音美在感观，形美在感目。”简洁的“三美”点出了语言和谐的要义。换言之，语言和谐重在思想美、规范美、艺术美，体现智慧，蕴涵情感。讲究精确性、简明性，富有文采、韵律、情趣。和谐的语言读来赏心悦目，听来悦耳动人，用来备感享受。

在人际交往过程中，开口运用“尊称 + 敬语 + 礼貌用语”三法则，以赢得对方的心。

尊称：也叫敬称，是对对方表示尊敬的称呼。

敬语：是指对听话人表示尊敬的语言手段，主要指语气、语调、调态。

礼貌用语：礼貌用语是指在语言交流中使用具有尊重与友好的词语。

（一）称呼礼仪

人与人打交道时，相互之间免不了要使用一定的称呼。不使用称呼，或者使用称呼不当，都是一种失礼的行为。所谓称呼，通常是指在日常交往应酬中，人们彼此之间所使用的称谓语。选择正确、适当的称呼，不仅反映着自身的教养和对被称呼者尊重的程度，而且在一定程度上还体现着彼此双方之间关系的亲疏。从某种意义上讲，当一个人称呼另外一个人时，实际上意味着自己主动地对彼此之间的关系进行定位。

要想对他人采用正确、适当的称呼，通常必须兼顾下述四项规则：

（1）必须符合常规；

（2）必须区分场合；

（3）必须考虑双方关系；

（4）必须坚持入乡随俗。

与此同时，对于工作中的称呼、生活中的称呼、涉外交往中的称呼以及正式场合的忌称，均应有所区别。

在职场上，所采用的称呼理应正式、庄重而规范。它们大体上可分为下述四类。

1. 职务性称呼

在工作中，以交往对象的行政职务相称，以示身份有别并表达敬意，是公务交往中最为常见的。在实践中，它具体又可分为如下三种情况：

（1）仅称行政职务。例如：董事长、总经理、主任等。它多用于熟人之间。

（2）在行政职务前加上姓氏。例如：王董事长、黄经理 、李秘书等。

它适用于一般场合。

（3）在行政职务前加上姓名。例如：王一董事长、黄子师经理、李彬主任等。它多见于极为正式的场合。

2. 职称性称呼

对于拥有中、高级技术职称者，可在工作中直接以此相称。如果在有必要强调对方的技术水准的场合，尤其需要这么做。通常，它亦可分为以下三种情况：

（1）仅称技术职称。例如：总工程师、会计师等。它适用于熟人之间。

（2）在技术职称前加上姓氏。例如：李教授、李律师等。它多用于一般场合。

（3）在技术职称前加上姓名。例如：张涛研究员、李明工程师等。它常见于十分正式的场合。

3. 学术性称呼

在一些有必要强调科技或知识含量的场合，可以学衔作为称呼，以示对对方学术水平的认可和对知识的强调。它大体上有下面四种情况：

（1）仅称学术职称。例如：博士 。它多见于熟人之间。

（2）在学术职称前加上姓氏。例如：王博士 。它常用于一般性交往。

（3）在学术职称前加上姓名。例如：王一博士 。它仅用于较为正式的场合。

4. 行业性称呼

在工作中，若不了解交往对象的具体职务、职称、学衔，有时不妨直接以其所在行业的职业性称呼或约定俗成的称呼相称。它多分为下述两种情况：

（1）以其职业性称呼相称。在一般情况下，常以交往对象的职业称呼对方。例如，老师、医生 、警官等。此类称呼前，一般均可加上姓氏或姓名。

（2）以其约定俗成的称呼相称。例如，对公司、服务行业的从业人员，人们一般习惯于按其性别不同，分别称之为女士或先生 。在这类称呼前，亦可冠以姓氏或姓名。

5. 涉外交往中的称呼

由于国情、文化、习俗与宗教等方面的差异，在对外交往中所宜采用的称呼，往往与国内交往中常用的称呼有所不同。对此，每一位有可能参与对外交往的职员均应引起重视。在一般性的涉外交往中，根据交往对象的职业或其他属性的不同，对对方的称呼应有所区别。

1）商界人士

需要称呼商界人士时，通常均应称呼对方为“小姐、女士或先生”。有时，可以同时加上对方的姓氏或姓名。例如：玛丽小姐、比尔·盖茨先生等。在许多国家，人们并不习惯于称呼交往对象的行政职务。

2）政界人士

与政界人士打交道时，一般亦可以“小姐 、女士或先生”相称。此外，还有两种方式可行：

（1）称呼行政职务。有时，还可同时加上“小姐、女士或先生”等称呼。例如：市长先生 。

（2）称呼职务较高者为阁下 。在多数情况下，“阁下”这一称呼，可与职务及“小姐 、女士 、先生”等称呼同时使用。例如，总理先生阁下、大使阁下等。但在美国、德国、墨西哥等国，却并无“阁下”之称。

3）军界人士

在国外，人们称呼军界人士时，大都习惯于只称呼其军衔，而不称呼其职务。其基本方式有四种：

（1）只称呼军衔。例如：将军、中校、少尉等。

（2）在军衔之后加上 先生 。例如：少校先生、上尉先生等。

（3）在军衔之前加上姓氏。例如：朱可夫元帅、史密斯将军等等。

（4）军衔与姓氏、先生一起相称。例如：布莱德雷上将先生，此种全称最为正规。

4）宗教界人士

对宗教界人士，一般只宜称呼其神职。具体方式大致有三种：

（1）仅称其神职。例如：牧师 、阿訇 、大主教等。

（2）神职加上姓氏。例如：谢尔盖神父 。

（3）神职加上先生 。例如：传教士先生 。

5）教育界、科技界、卫生界、司法界人士

在称呼此类人士时，一般应以其职称、学衔为主要内容。其惯用方式主要有四种：

（1）直接称呼其职称或学衔。例如：教授 、工程师 、研究员 、医生、法官 、律师等。

（2）在其职称或学衔前加上姓氏。例如：蒙代尔教授 、米罗大律师等。

（3）在其职称或学衔后加上先生 、小姐之类的称呼。例如：法官先生、博士小姐等。

（4）在其职称或学衔前后同时加上姓氏及先生或小姐。例如：里奈博士先生。

6）服务业人士

称呼服务行业的从业人员时，一般有下述两种常用方式：

（1）称呼对方为女士或先生。倘若了解对方的姓氏，有时亦可一并相称。

（2）称呼对方为服务生。此种称呼，在饭店、餐馆、歌厅、商店大都可以使用。

7）社交界人士

在一切社交场合，小姐 、女士 、先生等称呼均最为适用。在一些国家里，称呼妇女时必须谨慎：已婚者应称之为夫人 ，未婚者应称之为小姐，而女士则多在不知其婚否时使用。在大多数情况下，小姐 、夫人 、女士 、先生均可与姓氏或姓名一并称呼。与姓氏合称，适用于一般场所。与姓名合称，则显得非常正式。

8）王公贵族

称呼来自君主制国家的王公贵族时，必须采用其规范性称呼。

对国王、王后，一般应称为“陛下”。

对王子、公主及国王的兄妹，通常应称为“殿下”。

对拥有爵位、封号者，则必须直接以其爵位、封号相称。例如：大公、勋爵 、爵士等。

对国君之母，应称之为“王太后”或“太后”。

有时，可在王公贵族的头衔之前加上其姓氏或姓名相称。在某些国家，拥有爵位的贵族亦可被称为“阁下”或“先生”。

9）社会主义国家或兄弟党人士

对这类人士，一般可以称之为“同志”。同志这一称呼，大都可与姓氏或姓名构成合称。例如：卡斯特罗同志等。需要注意的是，“同志”这一称呼不宜滥用。

6. 正式场合的忌称

在公务交往中，有一些称呼是职员所忌讳使用的。它们的共同之处是：失敬于被称呼者。这类忌称主要有下述五种：

1）错误性的称呼

它们均是称呼者粗心大意、用心不专所致。常见的有两种情况：

（1）误读。其原因在于不认识被称呼者的姓名，或者念错了对方的姓名。我国人名中的一些姓氏，例如：翟、江、郇、眭等，就很容易被人误读。

（2）误会。在此，它是指对被称呼者的职务、职称、学术、辈分、婚否做出了错误的判断。例如：把一名未婚妇女称做夫人，显然就属于重大的失误。

2）不适当的称呼

有一些称呼如果在正式场合使用，均为不适当的称呼。此类称呼主要有以下几种：

（1）替代性的称呼。在正式场合，若以下一个 、12 号等替代性称呼去称呼他人，亦为不适当的做法。

（2）跨行业的称呼。学生喜欢互称同学，军人往往互称战友，工人可以互称师傅，专业造诣高者可称之为大师。但此种行业性极强的称呼一旦被用来称呼界外之人，通常则会给人以不伦不类之感。

（3）不恰当的简称。某些同事之间使用的非正式的简称，例如，把“范局长”简称为范局，把“沙司长”简称为沙司，把周校长简称为周校，均不可使用于正式场合。

另外，与他人打交道时，不使用任何称呼，也是极不礼貌的表现。

3）不通行的称呼

有一些称呼，仅仅适用于某一地区，或者仅仅适用于国内。一旦它超出一定范围，就有可能产生歧义。此类非通行称呼主要有两种：

（1）仅适用于某一地区。如：广东对女孩称："靓女"有些少数民族则称：金花、阿妹。这类地区称呼在其他地区往往难以畅行无阻。

（2）仅仅适用于国内。一些中国人常用的称呼，例如，同志、爱人等，绝对不宜用于称呼一般的外国人。

4）庸俗性的称呼

在公务交往中，一些庸俗而档次不高的称呼，绝对不宜使用。动辄对他人以朋友、兄弟、死党、哥们儿、姐们儿相称，往往只会贬低自己的身份。

应当指出的是，在正式场合，不论对外人还是自己人，最好都不要称兄道弟。要是张口闭口张哥、李姐、王叔，不仅不会使人感到亲切，反而会让别人觉得称呼者的格调不高。

5）绰号性的称呼

在一般情况下，有教养的人绝对不可擅自以绰号性称呼去称呼别人。不论自己为别人起绰号，还是道听途说而来的绰号，都不宜使用。一些对他人具有侮辱性质的绰号，则更是应被禁止使用的。

（二）礼貌用语

与人交往的整个过程，始终离不开双方语言的交流。言谈是一个人的知识阅历、才智教养和应变能力的综合体现。运用语言的好坏，表达能力的高低，既体现自己的水平，也反映企业（单位）的管理水平、文化与精神。

1. 礼貌用语的基本要求

用礼貌语言接待宾客、介绍项目、解答询问，不仅有助于提高沟通质量，而且有助于扩大语言的交际功能。所以必须讲究礼貌语言，做到态度从容、言词委婉、语气柔和。要达到语言美，注意从以下几个方面做起：

（1）说话要有尊称，声调要平稳。凡对就餐来宾说话，都应用"您"等尊称，言词上要加"请"字，如"您请坐"，"请等一下"。对来宾的要求无法满足，应加"对不起"等抱歉话。说话声调要平稳、和蔼，这样使人感到热情。

（2）说话要文雅、简练、明确，不要含糊、啰唆。文雅就是彬彬有礼；简练，就是要简洁、明了，一句话能说清楚，不用两句话；明确是要交代清楚，使人能一听就懂。

（3）说话要委婉、热情，不要生硬、冰冷。尤其是解释话，态度更要热情。

（4）讲究语言艺术，说话力求语意完整，合乎语法。有时，本出于好意，但因为讲话意思不完整、不合乎语法，反而会使宾客误解。如服务业从业人员看到宾客的米饭吃完了，想给宾客添点饭便问："您还要饭吗？"这样的话容易引起反感。如果稍加修改，说"我再给您添点米饭吧"，宾客听了会觉得舒服。

（5）与人讲话要注意举止表情。良好修养，不仅寓于优美的语言之中，而且寓于举止和神态中，如宾客到餐厅用餐，服务从业人员虽然说了声"您好！请坐"，但眼中无神，面无表情，宾客感觉不到你的诚意。由此可见，不仅要用语言，还要用表情、动作来配合。在人际交往中，使用礼貌用语已成为衡量语言美的重要标志。

2. 礼貌用语标准语

1）称呼语

一般称呼：使用频率高，比如先生、女士。

职务称呼：对有官衔或职称的人适合，显尊重。比如：李经理、王工程师、张局长。

2）问候语

问候，就是人们相见之时询问安好，表示关切，有时也可作为交谈的开场白使用。无论是相识者还是不相识者，都应主动向对方问候。问候语具有简洁、友好与尊重的特征，并且因人、因时、因地而有所区别。

问候顺序，一般应当由身份较低者向身份较高者进行问候。多人时，由尊而卑；身份相似，由近及远；有些时候进行统一问候："大家好""各位好"。

最常用的问候语有："您好""大家好""早上好""中午好""下午好""张经理好"；如是熟人，可以具体一些："好久不见了，一向可好""您气色真好""今天天气不错"等。

3）迎送语

迎送语是迎客之时与送客之际所使用的礼貌用语。

迎客语是迎客之时与送客之际所使用的礼貌用语。"欢迎光临""恭候光临，欢迎您的到来”“见到您很高兴”，配合加上问候语，“您好，欢迎光临”，同时面带微笑，注视对方，点头或鞠躬向对方表示敬意欢迎之情；再次到来时，说“欢迎您再次光临”“李先生，我们又见面了”来表明自己认识这位宾客，使之感到备受重视。

送客语是服务在结束时，宾客离开时，说声再见，表惜别与尊重之意。“回头见”“明天见”“欢迎再来”“请慢走”“一路平安”。

4）答询语

答询语分为征询语和应答语。

征询语是指需要以礼貌的语言主动向宾客进行征询。分为开放式征询和封闭式征询。

开放式征询适用于主动向宾客提供服务和帮助的时候，节省时间，直截了当。比如“您好！我能为你做点什么？”“请问您需要办理什么业务？”“您好！请问需要帮助吗？”“请问有什么可以帮您？”

封闭式征询是适用于向宾客征求意见或建议的时候，一般只给对方一个答案，能够迅速了解宾客的意见。比如“您对我们的服务还满意吧”等。有时同时提出两种或两种以上的答案，供宾客选择，给宾客提供多种选择余地，是对宾客的一种尊重。比如“您需要这一种，还是哪一种”。

应答语是指回答宾客的召唤及答复宾客问话时的礼貌用语。

比如：接受宾客吩咐时说：“好的，一定照办。”

为听清、听懂宾客问话时说：“对不起，请您再说一遍好吗？”

不能立即接待宾客时说：“对不起，请您稍等。”

接待失误或给宾客添麻烦时说：“真对不起，给您添麻烦了。”

有事要问宾客时说：“打扰一下，请问。”

当宾客表感谢或赞扬时说：“谢谢您的肯定，这是我应该做的。”

当宾客提意见或建议时说：“您的意见非常宝贵。这个建议，对我们非常重要。”

当宾客提过分或无理要求时说：“对不起，十分抱歉，不能帮您。”

当宾客在离开时说：“再见。”

3. 文明礼貌用语五言十字

（1）问候语：“您好！”

（2）请求语："请。"

（3）致谦语："对不起。"

（4）致谢语："谢谢！"

（5）道别语："再见。"

二、公共场合礼仪

公汽、轮船、地铁、影剧院、图书馆、博物馆等公共场所，是供各种社会成员进行活动的公共空间。在公共场所不仅要积极维护和发扬尊老爱幼的传统美德，还应当自觉遵守公共场所礼仪规范。

在公共场合，注意不要随地吐痰，不要当着别人的面甩鼻涕、搔头发、掏耳屎、剔牙齿。打哈欠、咳嗽、打喷嚏时应捂住口鼻，面向一旁，尽量不要发出太大的声音。在公共场所时，应讲究公共场所礼仪，行为举止得当，才能受人欢迎和尊敬。反之，则会令人反感和讨厌。

（一）乘公共汽车礼仪

公共汽车是城市居民最常用的交通工具。平时上、下班，双休日上街购物，人们通常都乘坐票价便宜的公共汽车。乘坐公共汽车，应讲究以下礼仪。

1. 自觉排队

在公共汽车起点站，乘客应自觉排队，依序上车。在中间站，车靠站后，乘客要先下后上，或从前门上，后门下。应主动让老弱病残、妇女儿童先上。乘客上车后应酌情向车厢内移动，不要堵在车门口，以免妨碍后面的乘客上车。

2. 主动购票

诚信乘车，主动购票。乘客上车后应主动刷卡、刷移动支付二维码或将事先准备好的钱币投入箱内。乘坐需要二次确认后才能下车、出站的公共交通时，主动出示购票凭证下车或出闸。

3. 互谅互让

在车上遇到孕妇、病人、老人和抱孩子的妇女没有座位时，有座位的年轻乘客应主动让座。当他人给自己让座时，要立即表示感谢。车上人多时，乘客之间难免拥挤和碰撞，大家都应表现出高姿态，互相谅解。乘客还应尊重司机、售票员的劳动。此外，乘客应注意乘车安全，例如，不要在车上打毛衣，不要将雨伞尖指向他人，以免误伤其他乘客。

4. 注意卫生

不要随地吐痰、乱扔果皮纸屑。随身携带机器零件或鱼、肉等的乘客，应将所带物品包好，以免弄脏其他乘客的衣物。

（二）乘轿车礼仪

随着城市出租车的普及和私家车的增多，轿车已成为人们常用的交通工具。因此，乘客应当了解轿车的有关知识，讲究乘车礼仪。

轿车上的座位有尊卑之分。一般说来，车上最尊贵的座位是后排右座，其余座位的尊卑次序依次是：后排左座、后排中座、前排右座。如果是专业司机开车，贵宾坐在后排右座；如果是轿车主人开车，贵宾也可以坐在前排右座（即副驾驶座），以便交谈。

亲友一同乘车时，男士和晚辈应当照顾女士和长辈，请他们先上后下，并且为他们开、关车门。

女士上车时，可面朝车门轻轻坐到座位上，然后双腿并拢进入车内。下车时，最好双脚同时着地，不要一前一后。

乘出租车时，若无特殊情况，乘客宜坐在后排。乘客应当尊重出租车司机，一般情况下，不要催促司机加快车速，也不要对司机的驾驶技术说三道四。乘客下车时，应向提供优质服务的司机道谢。

（三）乘火车礼仪

乘坐火车时，应讲究以下礼仪。

1. 对号入座（卧）

乘坐火车、高铁、动车的旅客，应提前到火车站候车，到时排队检票上车。进入车厢后应对号入座（卧），不可占用别人订好的座位（铺位）。

2. 互相关照

旅客上车后，应迅速把携带的物品安放在行李架上，而不要把提箱、包裹等乱放在车厢通道上，以免影响通行。吸烟者不要在车厢内吸烟，可在两节车厢连接处过烟瘾。高铁、动车全车厢严禁吸烟，中途站点需要下车吸烟，注意不要错过发车时间，避免影响行程或因赶车导致意外发生。

旅客之间的寒暄、交谈应掌握好尺度，不要随便打听别人隐私。与人聊天时，注意文明礼貌，不信口开河或大声讲话，以免影响他人休息。

（四）乘地铁礼仪

随着我国经济和社会的发展、科技的进步，许多城市均修建、开通了地铁。现代交通工具地铁准时、便捷、安全，受到大众的喜爱。乘坐地铁，应讲究以下礼仪：

（1）先下后上。候车时禁止越过黄色安全线或倚靠屏蔽门；按线排队候车，先下后上；车门或屏蔽门开、关过程中，禁止强行上下列车；车门或屏蔽门关闭后，禁止扒门。

（2）注意仪态。禁止在地铁站、车内追逐打闹；禁止在站台、大厅、出入口、通道久留，禁止在出入口平台上坐卧。

（3）讲究卫生。不得随地吐痰、乱扔果皮纸屑、在车厢内吃喝。

（4）保持安静。乘坐地铁时，交谈应尽量轻声细语，不要高声喧哗。使用手机通话时，不要大喊大叫，以免影响其他乘客。

（五）乘客轮礼仪

乘坐客轮，应讲究以下礼仪。

1. 遵守规则

乘客上船后，应听从客轮工作人员的安排，到自己的铺位休息，而不要任意挪动铺位。

乘客可在甲板上散步、观景，也可去阅览室读书、看报等。但注意不要随便闯入别人的客房，更不要到“旅客止步”之处游逛。“旅客止步”之处，多为船员或工作人员工作或休息的场所。

乘客乘船时还应遵守航行规则。例如，白天不要站在船头或甲板上挥舞衣服或手帕，以免被其他船只误认为是在打旗语；晚上则不可拿着手电筒乱照，以免被当成信号灯光。

2. 彬彬有礼

乘客应依序排队上船，而不要争先恐后地挤成一团。上船时，男士或年轻者应留意照顾同行的女士和年老者，让他们走在前面。下船时，男士或年轻者可以走在前面，以便帮助同行的女士和年老者下船。

乘客要尊重船员，乘客之间也应以礼相待、友好相处。

（六）乘飞机礼仪

乘坐飞机应注意以下礼仪规范：

（1）乘国内航班至少应提前 1 小时到达机场，乘国际航班则至少需要提前 1.5 小时到达机场，以便有足够的时间取登机卡、办理托运行李手续等。

（2）上下飞机时，均有空乘人员和其他机组人员站在机舱门口迎送乘客。乘客进出舱门时，应向热情迎送的机组人员表示感谢或点头致意。

（3）飞机起飞或降落时，颠簸得较厉害，为安全起见，全程系好安全带。

（4）在飞机上使用盥洗室时，动作要迅速，并注意保持其清洁，把用过的纸巾扔进收集脏纸巾的容器内。

（5）乘国际航班，航程较长，在座位上坐久了感觉疲劳时，可以放下座椅靠背仰身休息。放座椅靠背之前，应先看看后面的乘客是否正在饮食，最好等他（她）用餐完毕已不再需要座椅后面的托板时，再缓缓地放下自己的座椅靠背。

（6）飞机航行期间，全面禁止吸烟。如烟瘾较大乘客，可事先准备好转移注意力的小零食。

（七）影剧院礼仪

电影院、剧院是比较高雅的文化场所，观众的仪态举止应当与其氛围相协调。

现在，喜欢到影剧院观影、观剧的人越来越多，作为观众，在影剧院看电影或看舞台剧，或听歌剧等都应讲究礼仪。

（1）去电影院看电影时应衣着整洁。上剧院观看演出，着装应庄重得体，夏天不能穿背心、拖鞋入场。

（2）观众去影剧院看电影或观看演出时，应尽量提前或准时入场。在入口处主动出示票证，请工作人员检验，入场后对号入座。若到达较迟，其他观众已坐好，自己的座位又在里面，这时应有礼貌地请别人给自己让道。从别人面前经过时，应面向让道者一边道谢，一边朝前走，而不要背对着人家走过去。

（3）从礼仪的角度出发，去剧场观看演出，迟到者应自觉站在剧场后面，只能在幕间入场，或等到台上表演告一段落时再赶紧悄然入座。

（4）到剧场观看演出，落座后，戴帽者应摘下帽子。入座时不要将椅子两边的扶手都占据了，要照顾到“左邻右舍”。观看演出时，不要摇头晃脑、手舞足蹈或交头接耳，以免妨碍后面观众的视线；也不要高谈阔论，以免影响周围观众。观看演出时，切忌起哄、吹口哨、怪声尖叫。爱吃零食的观众要自我约束，不吃带壳的食物，不吃带响声的食物。

（5）在剧院观看演出时，要有礼貌地适时鼓掌，以表达对演员、指挥的尊敬、钦佩和谢意。鼓掌时要掌握好时机，例如，当受欢迎的演员首次出台亮相时应鼓掌；观看芭蕾舞，乐队指挥进场时应鼓掌；演奏会上指挥登上指挥席时应鼓掌；一个个高难的杂技动作完成时应鼓掌；一首动听的歌曲演唱完毕时应鼓掌；演出告一段落时应鼓掌；演出全部结束时应起立热烈鼓掌。

（6）观看演出时，鼓掌若不得当，就会产生副作用。如演员的台词还没说完或交响乐的一个乐章尚未结束时就贸然鼓掌，不仅影响演出，而且大煞风景。

在剧院看演出时，不宜中途退场。如果临时有急事或确实不喜欢看，应在幕间休息或一个节目结束时离场。

（7）观看演出应善始善终。演出结束时，观众不要匆忙离场，应等演员谢幕或主宾在主人陪同下登台向演员致谢后再秩序井然地离场。

（八）图书馆礼仪

图书馆不仅是人类智慧的宝库，也是人类进步的阶梯，是读者学习和交流知识、获取信息的场所。作为读者，我们应遵守以下礼仪规范。

（1）读者在图书馆学习时应衣着整洁，不能穿背心、拖鞋进图书馆。读者在获取知识的同时，应自觉遵守图书馆的规章制度，爱护图书馆的设施，保持安静和环境清洁卫生。读者进入图书馆阅览室后，应自觉关闭手机。

（2）读者在图书馆学习时要讲文明、讲礼貌，不要抢占座位，为自己或他人划地盘。图书馆是公共学习场所，有空位人皆可坐，但欲坐在别人旁边的空位时，应有礼貌地询问其旁边是否有人。

（3）在图书馆借还图书、进行微机检索、课题查询、复印资料，或在语音室听录音、收视室看录像等，都要自觉打卡。在图书馆，特别是在阅览室，走路要轻，最好不要穿钉了铁掌的皮鞋。入座和起座要轻，翻书也要轻。与学友交谈时，应轻声细语。若需长时间讨论，则最好到室外交谈。

（4）在图书馆阅览时，应自觉爱护其公共设施和图书报刊。阅览时不要在书、报刊上涂画或在书、报刊上开“天窗”。更不允许把自己所需要的资料撕、剪下来，揣入自己的书包带出馆外，必要时可携带笔记本随时摘抄，切不可以孔乙己的名言“窃书不算偷”作为自己偷书的借口，这不但不符合礼仪的要求，而且是极不道德的行为。

另外，图书因为借阅的人多、存放时间久，极有可能会传播病菌。如果自己是传染病患者，应暂时不借阅，也不传阅公用图书，以免传染给他人，危害他人的身体健康。

（5）借阅图书时，应先填好借书卡耐心等待，不要语言生硬地催促工作人员，更不要出言不逊。对图书馆工作人员不要喊“喂”，而应尊称“老师”。正确地使用借书板，取下需要的书籍时应及时将借书板插入书籍所在的位置并做好标记，以便准确归还，不给工作人员添加麻烦。另外，借书必须使用本人的借书证，办理借书手续时动作要快，说话要轻。如果在闭架借书，应认真填写索书单交给工作人员查询，自己在一边耐心等待。使用计算机或图书馆的其他公用设施时，应尽量抓紧时间，以免给他人造成不便。借阅完毕，要对图书馆工作人员的辛勤劳动表示谢意，以表达自己对他们的感激之情，同时也是对他们的尊敬。

（6）最后，借阅的书刊一定要及时归还或办理续借手续，自己在保管使用期间应小心爱护，做到“完璧归赵”。如果不慎遗失或发生损坏，应主动说明，并照章赔偿。

（九）博物馆礼仪

博物馆是收藏、展览珍贵物品的场所。博物馆展示优雅、展品丰富。参观博物馆，可以增长知识，提高欣赏水平。参观博物馆应讲究参观礼仪。

1. 爱护展品

博物馆陈列的展品，大多数具有较高的历史价值或艺术价值，其中一些是国宝和珍贵物品。因此，参观时一定要爱护展品，做到不抽烟，不随便触摸展品，未经允许不使用闪光灯拍照展品。此外，还应当爱护博物馆内的展台、照明等设施。

2. 文明参观

参观博物馆时应保持安静，不要大声喧哗。听讲解员讲解时要专心，不要出言不逊，妄加评论。参观者应自觉遵守博物馆的有关规章制度，不要一边参观，一边吃零食。人多时，不要拥挤，而应当按顺序边看边走。不宜在一件展品前长时间驻足，以免影响他人欣赏。

超越他人时要讲礼貌，注意不要从他人面前经过，以免妨碍他人观赏，而应当从其身后走过。如果必须从他人面前经过，则应说："对不起，请让我过一下。"

（十）体育场馆礼仪

体育场是进行体育锻炼和体育比赛的场所。在体育场观看体育比赛，应讲究有关礼仪。

（1）去体育场馆观看比赛，衣着不必太讲究，但要整洁、大方。人多时，应自觉排队购票，按时入场。倘若姗姗来迟，入座时会影响别人观看比赛。入场后应尽快找到看台上的座位坐下来。

（2）观看体育比赛时，希望自己喜欢的运动队获胜是人之常情，也是可以理解的。但是，作为一名文明观众，应尽量克制在感情上一边倒的倾向，要为双方队员鼓掌加油，为每位运动员的出色表现喝彩。不要只当一方的啦啦队员，而对另一方喝倒彩或故意起哄。

（3）"人有失手，马有失蹄。"作为一名观众，对运动员在比赛中竞技发挥的失常、失误要给予谅解，而不要发出嘘声、怪声或讥笑声。应尊重运动员、裁判员、服务人员的劳动，不要嘲讽或辱骂裁判员、运动员。

（4）作为一名文明观众，应自觉维护体育场内的卫生，不随地吐痰，不乱扔果皮、瓜子壳等废弃物，不乱踩座位，不翻越栏杆。

比赛结束后，散场时应按秩序退场，不要拥挤，遇到老弱病残者应主动礼让。

（十一）健身房礼仪

健身房是供人们锻炼身体的场所，在公共健身房活动，要讲究以下礼仪：

（1）互相关照。公共健身房内配备有多种器材，分别用于锻炼身体不同部位的肌肉。鉴于此，一个人不要长时间地霸占某一种器材，以免妨碍他人进行运动。此外，运动完毕后，应将器材归回初始状态，计时计数器归零。

（2）保持器材干净。在锻炼时若汗水弄湿了器材，应用毛巾等擦干。

（3）保持安静。健身房是运动场所，应避免高声谈笑或大声喧哗。

（4）致意。离开健身房前，应向指导教练致意，感谢他（她）的指导与陪伴。

（十二）游泳池礼仪

游泳池是人们健身和消暑的好地方。在游泳池游泳，要讲究以下礼仪：

（1）保持池水清洁。入池前，先冲个澡，把身上的汗水、灰尘等洗干净，以免污染了清洁的池水。

（2）为他人着想。在公共游泳池游泳时，最好按照一定的路线前进，不要突然急转弯，以免碰到他人。

（3）注意安全。在游泳池内嬉戏时要注意安全，尽可能避免出现呛水或身体碰撞等情况。

（十三）公园礼仪

公园是人们休息、娱乐的公共场所。无论春夏秋冬，许多离退休老人都会在清晨来到公园，进行活动和晨练。白天，游园者来到公园观光赏景。黄昏时分，忙了一天的人们在公园的草地上漫步，借此消除精神疲劳。夜幕降临，处于热恋之中的情侣相会在公园的花前长椅上，倾吐衷肠。每逢周末或节假日，一些家庭全家出动，去公园尽情享受和体会大自然的美。不少学生周末或节假日也来到公园僻静处看书学习。公园更是少年儿童的乐园。

人人都爱美，热爱美丽的大自然，都喜欢在空气清新、景色迷人的公园里休息、娱乐或举办活动等。因此，都有责任和义务爱护公园内的公用设施和花草树木，游客在公园里游玩和活动，同样要讲风格、讲礼让、讲互助等游园礼仪。

（1）在公园内活动和游玩，应当自觉保持公园的卫生和宁静。

（2）在公园内不要乱扔果皮、纸屑、饮料瓶罐，也不要高声喧哗、嬉笑打闹。

（3）利用双休日在公园游玩、野餐的年轻人和家庭，离开时不要忘了将废弃物收拾干净。

（4）游客还应自觉遵守公园的规章制度，爱护公园的花草树木和娱乐设施，不能攀树折枝、掐花摘果、践踏草坪，也不能在文物古迹上刻画、书写自己的名字。要知道，人靠建功立业才能名垂青史，而到处涂抹自己的名字，只会在其他游园者心目中留下不好的印象。

（5）游客白天不要躺在公园的长椅上睡觉；夜晚，不要打扰人家谈情说爱。在景点拍照时，若需要请别人帮忙，应礼貌地说出来。拍照后，别忘了道声谢。

（6）不少公园里配备有儿童游乐设施，如小滑梯、小转马、小秋千等，这是专供孩子玩的专用设施。成年人可以在旁边兴致勃勃地观看孩子们玩耍，但不要抢占专为儿童设置的游乐设施。例如，公园专门为孩子准备的小秋千，有些成年人却坐在上面长时间不下来，让儿童排着长队，眼巴巴地等待着。殊不知，这样做不仅伤了孩子们的心，而且还容易损坏这些儿童专用设施。

（十四）洗手间

1. 洗手间的标志（常见标识见图）

洗手间除文字外，还有图画标识。男女洗手间通常以男人和女人的头像分别作标志。此外，女洗手间的标志还有裙子、皮包、丝巾、高跟鞋等；男洗手间的标志还有帽子、烟斗、长裤、领带等。以颜色区别的话，红色的为女洗手间，蓝色的为男洗手间。（见图 3–1、图 3–2、图 3–3、图 3–4）

图 3–1　部分常见洗手间标识

图 3-2　部分常见洗手间标识

图 3-3　部分常见洗手间标识

图 3-4　部分常见洗手间标识

2. 洗手间的使用

（1）在火车、飞机和轮船上，洗手间是男女共用的。使用前应先看清门上显示的是“有人”还是“没人”，不要贸然进去。

（2）出入洗手间时不要用力过猛，将门拉得大开或者撞得直响。在洗手间里的时间不应太长，使用洗手间时应自觉保持洗手间的清洁卫生，不应在洗手间里信笔涂鸦。使用洗手间后一定要自觉放水及时冲洗，并关好水龙头；纸屑应扔进纸篓；不要在洗手间内乱吐、乱扔其他东西；要注意保持洗脸池的清洁，不留脏水和污物。不要随手拿走洗手间里备用的手纸或乱拉乱用。

（3）走出洗手间之前，应把衣饰整理好。不要一边系着裤扣或整理着衣裙一边往外走，这样显得不雅观。

（十五）医院礼仪

1. 看病礼仪

人吃五谷杂粮，免不了要生病。去医院看病时，应遵守医院规矩，自觉排队挂号。就诊时，应尊重医生，如实回答医生的提问。取药时，也应按先后顺序领取。

2. 住院礼仪

住院治疗的病人要听从医生的安排，积极配合医生治疗疾病。住院期间，应尊重医护人员，遵守病房的作息制度，自觉保持病房的卫生，与其他病友友好相处、互相关照。

3. 探望病人礼仪

去医院探望病人时，要讲究下列礼仪。

（1）选择恰当的时间。探望病人时要选好时间，应在医院允许的探视时间内进行。注意不要在病人刚住进医院或刚做完手术便去探望，以免影响病人的治疗和休息。通常在下午 4 点左右去医院探望病人比较适宜。

（2）携带合适的礼品。探望病人时，可根据病人所患疾病及病情，携带合适的礼品。如一束香味淡雅的鲜花、一本优秀的小说或一些适合病人食用的水果、营养品等。

（3）讲些安慰的话语。探病者去医院探望病人时，表情宜轻松、自然、乐观，神态不要过于沉重，更不要在病人面前落泪，以免给病人造成精神压力。与病人交谈时应轻声细语，说些宽慰与鼓励的话，使病人增加战胜疾病的勇气。探病者在病房逗留时间不可太长，一般以 10 分钟左右为宜。

Chapter four

第四章
职场礼仪

第一节　礼仪节礼仪

一、约请与应邀

诸如会见、宴请等外事活动，主方要事先通知对方，而客方应及时给予答复。

（一）约请

1. 约请的种类

约请可分为口头约请和书面约请两种。

（1）口头约请。口头约请，即当面或打电话将活动目的、时间、地点告诉对方。

（2）书面约请。书面约请，分为发请柬（亦称“请帖”）与发便函两种。有些国家，邀请最高领导人作为主宾参加活动，须单独发邀请函，其他宾客发请柬。发请柬，既表示对客人的尊敬，也表明邀请者的诚意和郑重态度。

请柬一般提前一周至两周发出，以便被邀请人及早安排。已经口头约妥的活动，补送请柬时，在请柬右上方或下方注上 To remind（备忘）字样；需安排座位的活动，请柬上一般用法文缩写注上 R.S.V.P（请答复）字样；如果只需要不出席者答复，则可注上 Regrets only（因故不能出席者请答复）。

请柬内容包括活动的目的、名义、时间、地点。中文请柬行文不用标点符号，所提到的人名、单位名、节日名称都应用全称。中文请柬行文中不提被邀请人姓名（其姓名写在请柬信封上），主人姓名（如以单位名义邀请，则用单位名称）放在落款处。请柬可以印刷，也可以手写，字迹应美观、清晰。

中文请柬格式。

为庆祝中华人民共和国成立 ×× 周年谨订于 ×××× 年 × 月 × 日（星期 ×）下午 × 时在 ××××× 举行招待会。

敬请

光临

×××

（主人姓名）

（请进 × 门）

请柬信封上被邀请人的姓名、职务书写要准确。若所举办活动对服装有要求，应注明是正式服装还是便服。如已排好座次，应在请柬信封下角注明。

便函多用于非正式活动，起通知作用。

2. 约请应做的工作

（1）确定活动目的、邀请范围，注意被邀请人同主宾是否有矛盾。

（2）确定时间、地点。选择时间要考虑客方的习俗。

（3）举办宴会，应注意客人的饮食禁忌。

（4）布置会场，安排座次。

（5）及时发出请柬或便函。

（二）应邀

应邀是接到邀请后作出的反应，应讲究有关礼仪。

1. 及时答复

被邀请人接到邀请后，不论是否接受对方的约请都应及时作答。可给予书面答复，也可以作口头答复。若因故不能赴约，应婉言说明。

2. 应邀注意事项

（1）核定邀请范围，是否携带夫人、子女。留意服装等的要求。

（2）若应邀参加节日、生日庆贺活动，应准备鲜花等礼品；若应邀参加自费聚会，应带钱前往。

（3）准时赴约，到达现场后，应主动与站在门口迎接的东道主或工作人员打招呼。

（4）入座前看准自己的座次，不是主宾不要坐在主宾座位。

（5）活动结束时向主人告别，并酌情与周围的人话别。

二、介绍礼仪

在人际交往中，相互介绍和为他人介绍是最常见，也是最重要的礼节之一，是人们从陌生走向熟识的第一步。介绍礼仪分为自我介绍和介绍他人。

（一）自我介绍

自我介绍是最重要的一种介绍方式，把自己介绍给其他人，以使对方认识自己。

（1）自我介绍的基本程序是：先向对方点头致意，得到回应后再向对方介绍自己的单位全称、职务、姓名等。

（2）掌握自我介绍的语术，应注意以下几方面的问题：

第一，镇定而充满自信、清晰地报出自己的姓名（这是必须的），并善于使用体态语言，表达自己的友善、关怀、诚意和愿望，这是体现自信的表示。如果自我介绍模糊不清，含糊其词，流露出羞怯自卑的心理，会使人感到你不能把握自己，因而也会影响彼此间的进一步沟通。

第二，根据不同交往的目的，注意介绍的繁简。自我介绍一般包括姓名、籍贯、职业、职务、工作单位或住址、毕业学校、经历、特长或兴趣等。自我介绍时应根据实际需要来决定介绍的繁简，不一定把上述内容逐一说出。在长者或尊者面前，语气应谦恭；在平辈和同事面前，语气应明快，直截了当。

第三，介绍单位时注意用单位全称，忌用简称，以免产生误解。

（二）介绍他人

介绍他人，即第三者介绍，它是经第三者为彼此不相识的双方引见介绍的一种介绍方式。在一般情况下，为介绍他人都是双向的，即第三者对被介绍的双方都作一番介绍。有些情况下，也可只将被介绍者中的一方向另一方介绍。但前提是前者已知道、了解后者的身份，而后者不了解前者。

为他人作介绍时应遵循以下基本礼仪原则：

（1）在向他人介绍时，首先了解对方是否有结识的愿望。最好不要向一位有身份的人介绍他不愿认识的人。

（2）注意介绍次序。一般顺序为将本单位的介绍给外单位的、位低者介绍给位高者、年轻者介绍给年长者、男士介绍给女士、个人介绍给集体。用一句话概括："尊者有优先知情权，就是在介绍时要看场合，找到最受尊敬的人，将其他人介绍给尊者。"

（3）介绍人作介绍时，应该多使用敬词。在较正式场合，介绍词也较郑重，一般以"×××，请允许我向您介绍……"的方式。在不十分正式的场合可随意些，可用"让我介绍一下"，或"我来介绍一下"，"这位是……"的句式。介绍时语气清晰地说出得体的称谓，有时还可用些定语或形容词、赞美词介绍对方。

（4）为人介绍时注意手势和表情。被介绍时，眼睛正视对方。除年长或位尊者外，被介绍双方最好站起来点头致意或握手致意，同时应说声："您好，认识您很高兴"，或"真荣幸能认识您"等得体的礼貌语言。

三、握手礼仪

有一种礼仪，不用说话就能显示出热情、友好的待人之道，如果应用得当，它能进一步增添别人对你的信赖感，但是它也能在不经意地举手投足之间泄露你教养的秘密……它，就是见面时最为普通的——握手礼。

1. 动作要领

上身微微前倾，两足立正，双方伸出右手，彼此之间保持一步左右的距离，手掌和地面垂直，手尖应该是稍稍向下，大拇指展开，其他四个手指并拢，握着对方的手掌，上下晃动两到三下（握手的时间 3 秒为宜），并且适当用力，左手贴着大腿外侧自然下垂。（见图 4–1）

图 4–1

2. 握手的顺序

一般情况下，长辈和晚辈握手，长辈先伸手；上级和下级握手，上级先伸手；男士与女士握手，女士先伸手；尊者有优先伸手权。

如果需要和多人握手，握手时要讲究先后次序，由尊而卑，即先年长者后年幼者，先长辈再晚辈，先上级后下级，先女士后男士。

如果人数较多，可以只跟相近的几个人握手，向其他人点头示意，或微微鞠躬就行。为了避免尴尬场面发生，在主动和人握手之前，应想一想自己是否受对方欢迎，如果已察觉对方没有要握手的意思，点头致意就行了。

但主人和客人握手比较特殊。按照社交礼仪的规矩，当客人到来之时，主人先伸手，这表示欢迎；当客人走的时候，应该客人先伸手，意思是“再见”。如果主人先伸手了，就是逐客之意。

3. 握手禁忌

我们在行握手礼时应努力做到合乎规范，避免违犯下述失礼的禁忌。

（1）不要用左手相握，尤其是和阿拉伯人、印度人打交道时要牢记，因为在他们看来左手是不干净的。

（2）在和基督教信徒交往时，要避免两人握手时与另外两人相握的手形成交叉状，这种形状类似十字架，在他们眼里这是很不吉利的。握手、干杯、祝酒等都忌讳出现十字的。

（3）不要在握手时戴着手套、墨镜、帽子，只有女士在社交场合戴着薄纱手套握手，才是被允许的。与人握手，把帽子摘掉，表示一种友善；

戴太阳镜，有拒人于千里之外的感觉。

（4）不要在握手时另外一只手插在衣袋里或拿着东西。

（5）不要在握手时面无表情、不置一词或长篇大论、点头哈腰，过分客套。

（6）不要在握手时仅仅握住对方的手指尖，好像有意与对方保持距离。正确的做法是握住整个手掌，即使对异性也应这样。

（7）不要在握手时把对方的手拉过来、推过去，或者上下左右抖个没完。

（8）忌讳与异性握手时用双手。男士与女士握手时，男士一定不要先伸手，以免女士不伸手尴尬。

（9）在任何情况下，最好都不要拒绝与别人握手，否则是失身份的。你和人交往，握握手，并不等于完全接受他，完全认可他，这是一种礼仪素养的体现。

即使有手疾或汗湿、弄脏了，也要和对方说一下“对不起，我的手现在不方便”，以免造成不必要的误会。

四、名片礼仪

名片，是一个人身份、地位的象征，是一个人尊严、价值的一种外显方式，也是使用者要求社会认同、获得社会理解与尊重的一种方式。名片上一般印有公司名称、头衔、联络电话、地址等，有的还印有个人的照片。通过递送名片可以使对方认识你、与你联系。所以，有人把它称作另一种形式的身份证。现在，越来越多的社会组织对其成员使用的名片十分考究，使它尽量具有特色和魅力。

1. 准备工作

自己的名片应放于容易拿出的地方，建议用名片夹（不与杂物混在一起、不将别人的名片与自己的放在一起），若穿西装宜将名片置于左上方口袋（三到五张即可），若有手提包可放于包内伸手可得的部位。

2. 递送名片

（1）递送名片的时机。

初次相识自我介绍或别人为你介绍时，当双方谈得较融洽表示愿意建立联系时，当双方告辞时并表示愿结识对方希望能再次相见。

（2）递送名片的顺序。

地位低的先向地位高的人递名片，男士先向女性递名片，当对方不止一人时应先将名片递给职务高者或年龄长者，如分不清职务高低、年龄大小宜先和自己左侧的人交换名片，然后按顺时针进行。

（3）递送名片的礼节。

起立或欠身用双手递送名片，面带微笑，注视对方，双臂自然伸出，四指并拢，用双手的拇指和食指分别持握名片上端的两角送给对方，名片正面朝上文字内容正对对方，递送时可以说“我叫 **，这是我的名片，请多关照”之类的客气话。自己的名字如有难读或特别读法的，在递送名片时不妨加以说明，忌目光游移或漫不经心。

3. 接收名片的礼仪

（1）如尊者、长者不主动交换名片，可委婉提出，不宜直接索取；

（2）接收名片时应起身或欠身，面带微笑，用双手接住名片的下方两角，接过名片后应致谢，认真地看一遍表示对对方的重视，可将对方的姓名职衔念出声来，并抬头看看对方的脸，使对方产生一种受重视的满足感，若有不会读的字，应当场请教；

（3）如果交换名片后需要坐下来交谈，此时应将名片放在桌子上最显眼的位置，十几分钟后自然地放进名片夹，切忌用别的物品压住名片和在名片上做谈话笔记，离开时勿漏带；

（4）第一次见面，依次同时接收几张名片，千万要记住哪张名片是哪位先生或小姐的，如果是在会议席上，在休息时可以拿出来，排列次序，和对方的座位一致，这种动作同样会使对方认为受到了你的重视，而且帮助你准确地认人；

（5）接受对方名片后，如没有名片可交换，应向对方表示歉意、主动说明，告知联系方式。

“很抱歉，我没有名片”“对不起，今天我带的名片用完了，过几天我会寄一张给您。”

（6）索取名片的技巧。

主动递上自己的名片（如：“你好！这是我的名片，以后多保持联系或请多关照！”）

向平辈或晚辈索取名片（如：“我们可互赠名片吗？”或“很高兴认识你，不知能不能跟您交换一下名片？”）

向地位高、长辈索取名片（如：“久仰大名，不知以后怎么向您请教？”或“很高兴认识您！以后向您讨教，不知如何联系？”）（见图 4–2）

图 4–2

五、接打电话的礼仪

（一）打电话礼仪

1. 选择时间

打电话，应选择适当的通话时间。一般来说，若是利用电话谈公事，应尽量在受话人上班 10 分钟以后或下班 10 分钟以前的时间段通电话，这时对方可以比较从容地听电话。若是亲友间谈私事，除非事情紧急，打电话的时间不宜过早（早上 7 点钟以前）和太晚（晚上 10 点钟以后），以免打扰别人休息。

打国际长途电话时，则要注意地区时差。笔者的一位外国朋友法格海博士，是阿拉伯著名作家。他几次从开罗打电话问候我时，武汉正值午夜时分。他这位习惯过夜生活的阿拉伯大忙人，忽略了北非的开罗与东亚的武汉两地有 6 个小时的时差。结果，急促的电话铃声闹醒了笔者的甜梦。

2. 通话准备

通话前要有所准备。确定受话人的电话号码，以免拨错号码，给别人增添麻烦；事先想好谈话内容，重要电话不妨先在纸上记下要点和有关数据，而不要在通话时再慌慌张张地翻材料，让对方握着听筒干着急。

3. 通话礼貌

通话要讲究礼貌。电话接通后应先向对方问好，然后再自报单位和姓名。若接电话者不是自己要找的人，可请他（她）帮忙传呼，并表示谢意，不要“咔嗒”一声把电话挂断，而应把自己准备讲的话告诉接电话者，托他（她）转告。如果内容不便转告，可以告诉对方改时间再打，或请对方转告回电话的号码。

4. 通话艺术

学生给老师打电话，主动自报姓名，并说明打电话目的。例如，黄子师同学给王一老师打电话，当电话接通可以告诉老师‘王老师您好，我是您的学生黄子师，今天给您打电话的目的是 **’，简单明了。而如果说‘王老师，我是您的学生，猜猜我是谁？’这样不仅耽误时间，并容易让对方不愉快，或者因为猜错产生误会，影响关系和要办的事情。

通话内容应简明扼要，不要东拉西扯、打哈哈、侃大山。根据情况可用探询或商量的口气交谈，同时细心倾听对方的反应。除了特殊情况外，通话时间切忌过长，每次以 3 分钟左右为宜。交谈完毕道谢或道别后，把话筒轻轻放好。如果对方是长辈、上级，应让对方先放话筒。

（二）接电话的礼仪

1. 尽快接听

电话铃一响，应尽快接听电话，而不要置若罔闻，或有意延误时间，让对方久等。拖延时间不仅失礼，有时还会误事。

电话铃响之际，如果自己正与同事或客人交谈，可先与同事或客人打个招呼，再去接电话。拿起听筒后，先说“您好”，接着自报家门。听电话时应聚精会神，可以不时地“嗯”一声，或说“好”等，以表明自己正仔细倾听对方的谈话并有所反应。不要在接听电话的同时，与身边的熟人打招呼或小声谈论别的事情。

接听电话时若正在用餐，最好暂停吃喝，将口中的食物处理掉，以免自己咀嚼吞咽的声音通过电话传进对方的耳朵，给对方留下被轻视的感觉。

2. 助人为乐

在日常生活和工作中，当接到的电话不是对方要找的人时，应主动帮助对方传呼受话人。如果受话人不在，要马上告诉对方，并客气地询问对方，是否有急事需要转告。如有，应认真记录，随后及时转告；若对方不愿讲，可悉听尊便，不可盘问、打听。通常在对方放下电话之后，接电话者再轻轻放下电话。

接到打错的电话时，首先应仔细倾听对方找谁，然后询问对方拨的号码是多少，最后客气地告诉对方打错了电话。若有可能，可为对方提供一些线索。不要责怪拨错电话号码的人，或气呼呼地挂断电话，以发泄不满，这是不礼貌的举止。对方道歉时，可说声“没关系”；对方致谢时，应回答“不客气”。彼此以礼相待，皆大欢喜。

3. 塑造良好的接打电话形象

打电话是一种特殊、快捷的交往方式。说它快捷，即使两人相距遥远，通话时也犹如近在咫尺；说它特殊，彼此“只闻其声，不见其影”(使用可视电话例外)。既然通电话主要靠声音进行交流，那么，打电话者和接电话者均应格外注意音量、语气及谈话内容，以便给对方留下美好的印象。

4. 使用手机礼仪

目前，中国居民使用手机数量已突破9亿部，成为世界手机第一大国。随着手机的普及，手机持有者有必要了解和掌握使用手机的通话礼仪。一般说来，使用手机可以参照上述电话礼仪。根据目前手机的特点，使用手机礼仪可以概括为“六要六不要”。

使用手机六要：

(1)当手机铃声响起，要尽快接听。

(2)因故未能接听电话，发现后要及时回话。

(3)通话时要使用礼貌语言，用文明字眼发短信。

(4)要遵守公共秩序，在教室、图书馆、会议室、电影院等公共场合应自觉关机。

(5)在别人家做客时，要尊重主人。没有特殊情况，不要不停地使用手机打电话。

（6）要注意安全，最好把手机放在提包和手袋里，因为手机挂在胸前不太安全，而一直拿在手上或挂在皮带上又显得有点招摇。

此外，驾驶汽车时尽量不使用手机。

使用手机六不要：

（1）不要主动索取他人的手机号码。

（2）一般情况下不要借用他人的手机。

（3）不要向别人炫耀自己的手机功能，或者看别人发短信等。不要偷拍别人的形象。

（4）使用个性化的铃声无可非议，但不要使用内容不文明的铃声。

（5）不要在医院急诊室附近使用手机。

（6）不要在飞机上使用手机。

六、使用微信礼仪

（一）微信设置礼仪

1. 昵称

用文明昵称，在商务交往中也可用真实姓名。

2. 头像

头像使用健康、积极的图片，大多数人都还是喜欢和积极向上的人做朋友，如果微信用于工作中，最好用本人职业照，不用合照做头像，不然不知道哪个是你。

3. 签名

给一些有用信息，你想告诉别人什么，或者传递一种什么样的生活态度。

（二）加微信礼仪

（1）微信扫码添加好友微信：按照礼仪长幼有序、主客适宜的原则。

（2）加别人好友，一次没通过，第二次最好说明你是谁及添加目的，如果三次都没通过，就别再加了。

（3）在主动添加好友时，简单备注上介绍及添加理由。谁先加的微信，谁就应该自报家门。

（4）加人为好友，第一时间打个招呼，第一时间问候，简单介绍下自己，会给人留下更好的第一印象哦！

（5）不管是你主动加别人好友，还是别人加你好友，通过后第一时间修改备注，不要过一段时间不知道是谁了。

（三）发微信礼仪

（1）注意发消息的时间。不要在半夜或大早晨发，别人休息时间里不要发，提示消息会打扰别人休息。

（2）直接说事，称呼+事情，不用问“在吗”？重要事情可备注：“收到请回复。”

（3）不要直接发语音，避免对方不方便听。

（4）不熟不要打语音电话，打之前要先问问对方是不是方便。（视频通话也一样）。

（5）如果是发快递地址或其他需要编辑的文件信息给别人，最好以文字的方式发给对方，别发截图。

（6）如果要发文件给人家，先问下对方想通过微信还是通过邮件收。

因为不是每个人都刚好有用电脑上微信，如果是直接发文件到对方的微信上，一是文件可能占了别人的手机内存，二是对方收到之后还得再把文件从手机上转发到电脑，这就给人家添了麻烦。

（7）工作微信也要注意排版。

所发东西要有条理，有思路，要编辑好，通常一件事情放在一条信息里，多件事情就多条信息。

（8）工作微信最后要指明你要干什么。

比如你发通知，你就可以加上“收到请回复”；假如你发的是一个请示，最后可以说“请领导批示”。

（9）朋友闲聊，如果聊得太晚，就别再喋喋不休，问问别人累不累，是不是该休息了？尤其在别人很久都没回你消息的情况下。

（10）除非你没有跟对方继续聊天的欲望，不然少用单个字回复，比如“哦”“恩”“嗯”和“喔”……

（四）收微信礼仪

（1）及时回复。

（2）假如下属向你请示，同意就同意，不同意就不同意，如果还需要时间考虑，那也及时回复他“我考虑一下”。这样别人心里也就有个数了。

（3）对于重要的人物最好置顶。通过置顶可以把你最重要的群和人永远都放在最上面，这样不容易遗漏重要的信息。

（4）如果是接收到语言类的工作微信，如不方便接听，可以回复“现在不方便接听语音，如有急事，可以发送文字”。

（5）如果收到工作上的信息，但暂时没空处理的话，建议可以先回复“已收到，现在手头有其他工作、在外出中或开会中，晚点再回复你”。让对方知道你已经收到信息，心不用一直悬在那里。

（6）在工作时收到消息，不想立刻处理，又怕以后忘了，或者收到文件光保存却忘了看，都可以用“提醒”功能。

（五）微信群礼仪

（1）建群。

如果想邀请某人进群，最好先征得对方同意。

群主应向群成员介绍群功能，如果人数不多，比如工作群，最好介绍一下群成员，按尊者有优先知情权的原则，有助于工作的顺利开展。

（2）群昵称：建议针对群的主题修改一下自己的群昵称，降低一下沟通成本。

（3）群名称：一个清晰明了的群名称，下次大家都能知道这是个什么群。

（4）微信群四不发：

①不发个人生活琐碎和烦恼的事，这既影响朋友们的情绪，浪费朋友们的时间，也会暴露了个人隐私。

②不发不文明的内容和图片，因为你的作品是自身素质的体现。

③不能泄露他人隐私。不能随意发表未经他（她）人同意、带有个人隐私性质的内容和图片。

④不要发各种表情图片刷屏，以免影响群内正常交流。

（5）关于群红包：

①红包不要只抢不发还不说话，抢过十次八次就要发一次，实在不想发，起码要道个谢。

②不要强行要求别人发红包，请记住，别人发不发是别人的意愿，不要强行要求别人发红包出来。

③不是所有群的红包都可以抢，抢之前要先看下群中的对话。因为有些群红包是指定发给某个人的，有些红包抢之后需要帮忙转发……总之抢之前先看清楚。

④能私聊的不群聊。群交流如果是两个人对话较多，不要当着大众的面持续交流，可以加进通讯录私聊，避免扰众。

⑤不要表情包狂轰，群聊切记不要连续表情包轰炸，群聊是聊天的地方，不是个人的情绪发泄地。

⑥在公司项目群最好一群一主题，讨论结束后下载好文件，备份聊天记录便可解散群。

（六）朋友圈礼仪

（1）不宜在朋友圈很活跃，却不回私聊。

（2）尽量别把跟朋友的私人对话截图到朋友圈。特别想截的话，要么征得别人同意，要么隐藏姓名，以免给人带来任何困扰。

（3）朋友在朋友圈的评论应及时回复。

（4）不要盲目随意点赞，请在点赞评论前看好对方发的是什么内容，这是对他人的一种尊重。

七、引导礼仪

接待人员带领宾客到达目的地，应该有正确的引导方法和引导姿势。

1. 走廊的引导方法

接待工作人员在宾客前一米左右，宾客走在内侧。

2. 楼梯的引导方法

遵循尊者有居高权的原则。引导宾客上楼时，应让宾客走在前面，接待工作人员走在后面。若是下楼时，应该由接待工作人员走在前面，宾客在后面。上下楼梯时，应注意宾客的安全。

3. 电梯的引导方法

（1）引导宾客乘坐有人值守电梯时遵循后进先出原则，即在宾客都进入电梯后进入电梯。到达时，先出电梯在门口等候宾客。

（2）引导宾客乘坐无人值守电梯时遵循先进后出原则，接待人员先进入电梯，等宾客进入后关闭电梯门。到达时，接待人员按“开”的按钮，让宾客先走出电梯。

4. 大厅里的引导方法

宾客走入大厅，接待工作人员用手指示，请宾客坐下，宾客坐下后，行点头礼后离开。

进入房间前，由弱到强地轻轻叩门是非常必要的，切不可以冒失地突然闯入。

开关房门时，应尽量避免采用肘部顶、膝盖拱、臀部撞、脚尖踢、脚跟蹬等方式，这样会显得很粗鲁。

陪同、引导宾客时，需快步上前为对方开门，为了表示自己的礼貌，还应请宾客先进先出。

5. 陪同引导

陪同引导时的方位、速度、关照及体位等都需要注意。

请宾客开始行走时，要面向对方，稍微欠身。在行进中可以与对方交谈或进行介绍，并把头部、上身转向对方。

双方并排行走时，接待人员应居于左侧（国际通用惯例）。

需要指引路线时，接待人员要居于宾客左前方约一米的位置引领。

引领时，服务人员行走的速度要以宾客的速度为准，保持与对方协调一致的速度，不可以走得过快或过慢。

每当经过拐角、楼梯或道路坎坷、照明欠佳的地方时，需要以手势或语言提醒宾客留意。

八、座次礼仪

如果你负责接待工作，那就经常遇到会议时领导座次问题。如何安排领导座次？

1. 会议主席台座次

主席台座次排列，领导为单数时，主要领导居中，2 号领导在 1 号领导左手位置，3 号领导在 1 号领导右手位置，见图 4–3、图 4–4。

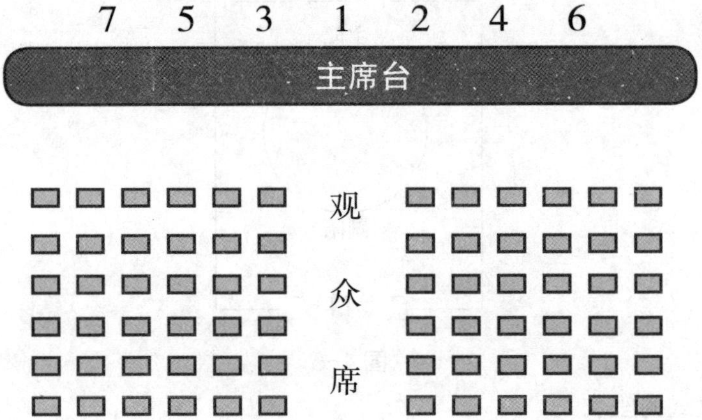

图 4-3

领导为偶数时，1、2 号领导同时居中，2 号领导依然在 1 号领导左手位置，3 号领导依然在 1 号领导右手位置。

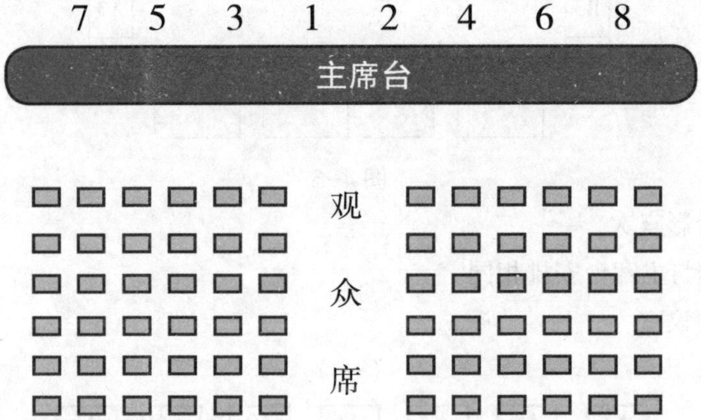

图 4-4

图片说明：上图为政务座次安排，如商务会议则主席台座次相反。

2. 宴席座次

宴请客人，一般主陪在面对房门的位置，副主陪在主陪的对面，1 号客人在主陪的右手，2 号客人在主陪的左手，3 号客人在副主陪的右手，4 号客人在副主陪的左手，其他可以随意。（见图 4-5）

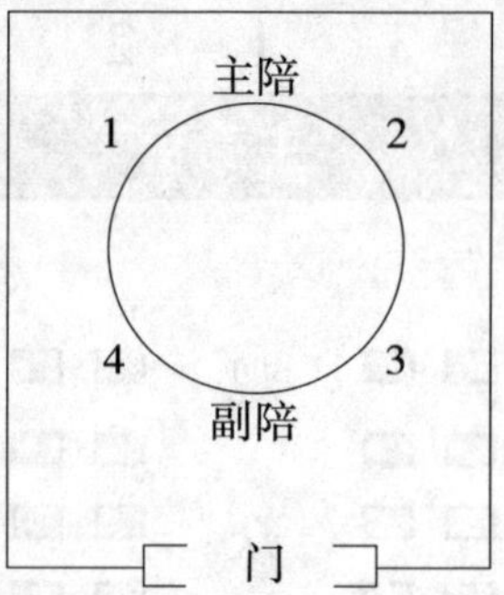

图 4–5

3. 仪式的座次

签字双方主人在左边，客人在主人的右边。（注：A 为主方，B 为客方）（见图 4–6）

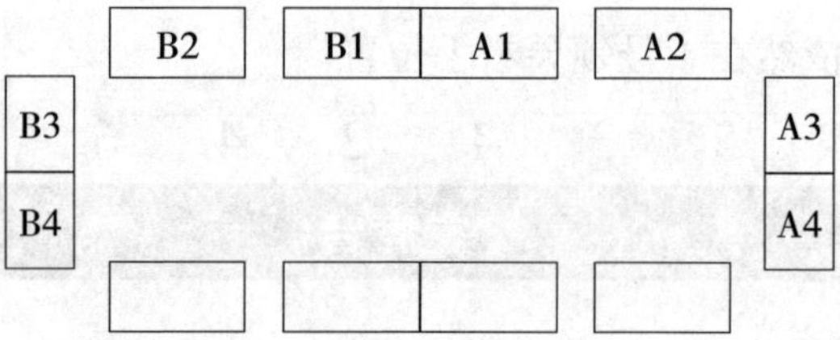

图 4–6

4. 合影座次

安排与主席台安排相同。

5. 会议室

（一）

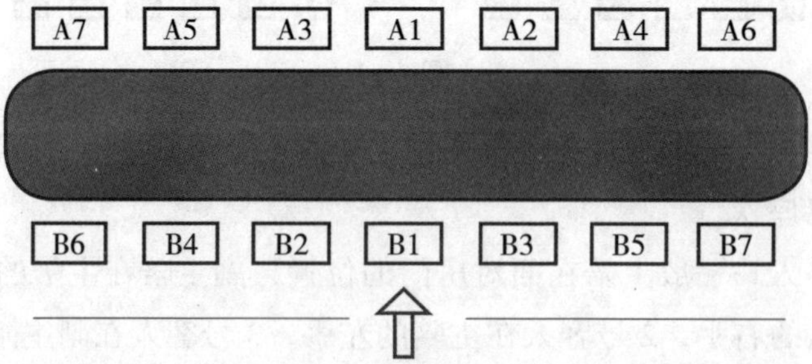

（A 为客方，B 为主方）

图 4–7

（二）

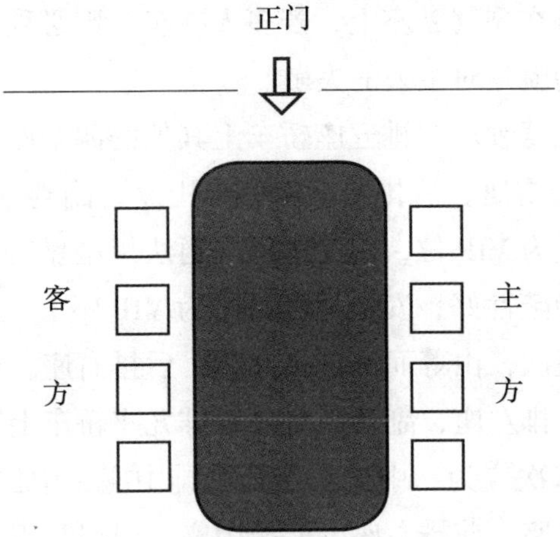

图 4-8

九、乘车礼仪

乘坐轿车时，要确定轿车的座次，关键要看乘坐何种车辆。

1. 吉普车

乘坐吉普车时，前排驾驶员身旁的副驾驶座为上座。车上其他的座次，由尊而卑，依次应为：后排右座，后排左座。

2. 四排座或四排座以上的中型或大型轿车

以前排即驾驶员身后的第一排为尊，其他各排座位由前而后依次递减。而各排座次的尊卑，应当从右而左依次递减。简单地讲，可以归纳为：由前而后，自右而左。

3. 双排座或三排座轿车

座次的具体排列因驾驶员身份的不同，而具体分为下述两种情况：

（1）主人亲自驾驶。双排五座轿车上其他的四个座位的座次，由尊而卑依次应为：副驾驶座，后排右座，后排左座，后排中座。（具体为司机后右为 1 号位，左为 VIP 位，因为中国交通法规是靠右行驶，所以右边方便上下车。左边隐蔽性好，安全性高，帮为 VIP 座）。三排七座轿车上其他的六个座位的座次，由尊而卑依次应为：副驾驶座，后排右座，后排左座，后排中座，中排右座，中排左座。三排九座轿车上其他的八个座位的座次，由尊而卑依次应为：前排右座，前排中座，中排右座，中排中座，中排左座，后排右座，后排中座，后排左座。当主人亲自驾车时，若一个人乘车，则必须坐在副驾驶座上，若多人乘车，则必须推举一个人在副驾驶座上就座，否则就是对主人的失敬。

（2）专职司机驾驶。双排五座轿车上其他的四个座位的座次，由尊而卑依次应为：后排右座，后排左座，后排中座，副驾驶座。（具体为司机后右为1号位，左为VIP位，因为中国交通法规是靠右行驶，所以右边方便上下车。左边隐蔽性好，安全性高，帮为VIP座）。三排七座轿车上其他的六个座位的座次，由尊而卑依次应为：后排右座，后排左座，后排中座，中排右座，中排左座，副驾驶座。三排九座轿车上其他的八个座位的座次，由尊而卑依次应为：中排右座，中排中座，中排左座，后排右座，后排中座，后排左座，前排右座，前排中座。根据常识，轿车的前排，特别是副驾驶座，是车上最不安全的座位。因此，按惯例，在社交场合，该座位不宜请妇女或儿童就座。而在公务活动中，副驾驶座，特别是双排五座轿车上的副驾驶座，则被称为“随员座”，专供秘书、翻译、警卫、陪同等随从人员就座。

4. 乘坐公共汽车、火车或地铁

基本的规矩是：临窗的座位为上座，邻近通道的座位为下座。与车辆行驶方向相同的座位为上座，与车辆行驶方向相反的座位为下座。

5. 乘车礼仪

在乘坐车辆时以礼待人，不单是一种要求，而且应落实到乘坐车辆时的许多细节上。

（1）上下车的先后顺序。乘坐轿车时，按照惯例，应当恭请位尊者首先上车，最后下车。位卑者则应当最后登车，最先下车。乘坐公共汽车、火车或地铁时，通常由位卑者先上车，先下车。位尊者则应当后上车，后下车。这样规定的目的，同样是为了便于位卑者寻找座位，照顾位尊者。

（2）就座时的相互谦让。不论是乘坐何种车辆，就座时均应相互谦让。争座、抢座、不对号入座，都是非常失礼的。在相互谦让座位时，除对位尊者要给予特殊礼遇之外，对待同行人中的地位、身份相同者，也要以礼相让。

（3）女士上车时，得体的方法是：先背对车座，轻轻坐在座位上，合并双脚并一同收入车内；下车时，也要双脚同时着地，不可跨上跨下，有失大雅（见图 4–9）。

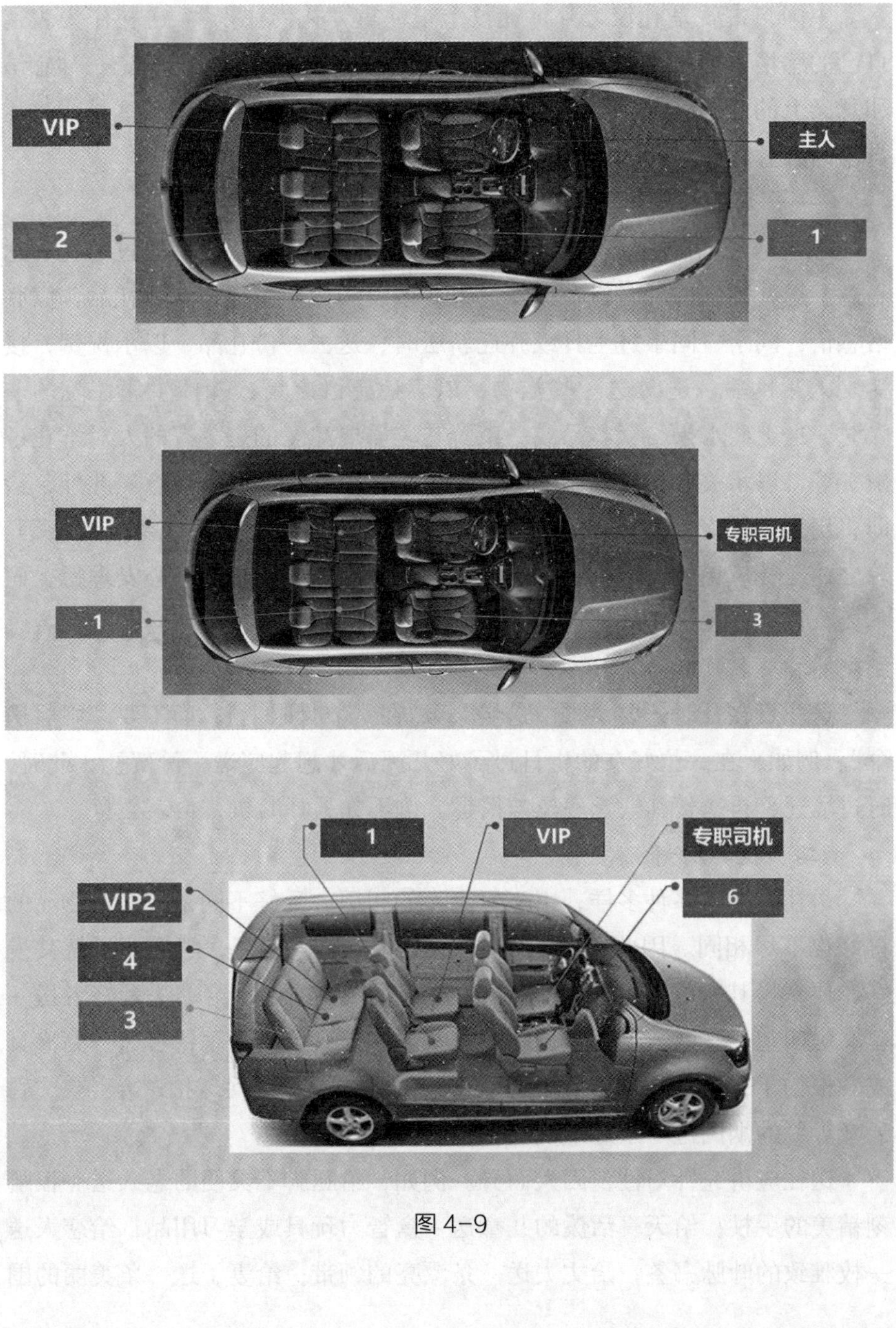

图 4–9

十、馈赠礼仪

中国自古就是礼仪之邦，礼仪上很注重“礼尚往来”。送礼作为表达自己的感情，加深与别人间的沟通和交流的一种方式，关键的是一种感情和意义上的互通交融，至于礼物轻重，何种形式都不重要，关键是能表达自己的心意就好。那么，现在送礼送什么比较好呢？

（一）见机行事

送礼是人之常情，也是人际交往的一种重要形式，人们通过送礼表达心意。送礼要掌握好时机，逢年过节，亲友间你来我往，互赠礼品，以联络感情；同学、同事过生日或乔迁新居时，送去一份礼品，以示祝贺；接受别人帮助后，适时送一些礼物，以表达感激之情；探望生病住院的友人时，送上些水果、营养品或一束鲜花（需要注意的是，有的人对鲜花过敏）等，以示关心；应邀做客时，给主人带份礼物，以表敬意。此外，给即将出远门的老乡送点旅途用品，以及给生活困难的亲友必要的接济等。总之，送礼应见机行事，合乎情理，彼此觉得正常、自然和心安理得，而不要盲目地、无缘无故地送礼。否则，自己破费了不说，还会让受礼者感到突然和莫名其妙。

送礼贵在及时，要“雪中送炭”，送在“节骨眼上”，而不要“雨后送伞”。例如，在一位好友的生日过了好几天后才想起应送一份贺礼，此时，时过境迁，再送贺礼缺乏底蕴与情趣，倒不如另择时机，再表心意。

（二）投其所好

送礼的对象多种多样，由于每个人的阅历、爱好不同，故而对物品的喜好也不尽相同。因此，送礼若想博得对方的“欢心”，就需要了解其爱好，要“投其所好”，选送给对方钟爱的物品。例如，给书法爱好者送一套文房四宝——纸、墨、笔、砚，或一方名砚；给酷爱垂钓者送一副渔具或一根钓竿；给乒乓球爱好者送一件运动衣或一对乒乓球拍；给喜欢“吞云吐雾”的烟民送一条好烟或一个精制的打火机……

送礼应讲究针对性，因人而异。例如，给腿脚不灵便的老人送一根雕刻精美的手杖；给天真活泼的儿童送一盒智力玩具或学习用品；给恋人送一枚雅致的叶脉书签；给丈夫送一条漂亮的领带；给妻子送一条美丽的围巾等。给家境宽裕者送礼，宜讲究礼品的艺术性，如送一只景泰蓝或一幅国画；而给经济拮据者送礼，则应注重礼品的实用性，如送食物、衣料等实惠的东西。

常言道："千里送鹅毛，礼轻情义重。"送礼贵在情真意切。价格昂贵的物品不一定就是最合适、最令人满意的礼品。何况送礼者往往受自身经济条件的限制，切不可"打肿脸充胖子"。送礼应量力而行，尽可能选择新颖、别致、稀奇的礼品，不落俗套，而不必一味追求贵重的礼品。此外，赠送的礼品应避免雷同。如前面提到的新婚贺礼——一大堆电饭锅，就不尽如人意。其实，送一个典雅的床罩或一套高级茶具或一张纯棉桌布做贺礼，也未尝不可。给准备结婚的朋友送礼，倘若与受礼人关系很好，不妨打听一下新房还缺什么，以便选购奉上，满足对方的需要。甚至可以邀他（她）一起去商场购买中意的物品，效果也许更佳。

（三）讲究礼仪

送礼要选择恰当的时机，准备合适的礼品。此外，还应讲究送礼礼仪。

选购好礼物后，可请售货员帮忙包装好。礼品上若有价格标签，送人前应取下。若是自己制作的礼品，最好用专用的礼品纸包好，然后用彩带系成花结。经过精心包装的礼品看起来更加精美，也可显示出送礼人的深情厚谊。

送礼宜在私下进行。一般由送礼人当面送给受礼人，通常在刚见面时或临分手之前送上。送礼时要热情大方，礼貌地用双手或右手把礼品交给受礼人，同时要讲几句表达心意的话。

送礼时切忌摆出一副救世主的面孔，仿佛施舍于人，这样会令受礼者感到不快，进而产生抵触情绪；当然，也不要畏畏缩缩或表现出无可奈何、不得已而为之的样子，更不要到处宣扬送礼事宜，使受礼者产生不快甚至精神上的压力。

作为受礼者，双手接过礼品时要表达谢意，而不要显得无动于衷，即使收到的礼品不称心，也不能表露在脸上。作为受礼者，应重视别人的情意，而不必太在乎礼物的价值和功能。

接受别人馈赠后，除了办丧事等特殊情况不宜立即还礼外，一般都要尽快还礼，或待适当时机给予回赠，以加强交流，增进情谊。“礼尚往来”是中国人世代相传的传统美德，值得继承并发扬光大。

第二节 职场礼仪

一、求职礼仪

随着社会主义市场经济体制的逐步建立，人事制度、毕业生就业制度和劳动用工制度正在发生相应的变革。如今，求职者与用人单位实行双向选择的模式日趋普及，求职现象日渐普遍。许多即将毕业的大学生或研究生等，都会面临就业问题。而一些对现有工作不大满意的职工，也打算换个单位试一试。可是，怎样才能找到称心如意的工作单位呢？求职者的知识和能力固然重要，但仅凭技能还不够，不少才子、才女在人才市场上屡屡碰壁的教训令人遗憾，也让人深思。他们并不是庸才，可由于缺乏求职技巧和求职礼仪，理想的工作总与他们擦肩而过。因此，求职者应当学习求职知识、求职技巧和求职礼仪，以便顺利择业、大展宏图。

（一）求职准备

1. 收集信息

找工作，首先要利用各种途径广泛收集人才需求信息，以便对号入座。既可以通过官方、校方、厂方和人才供需见面会、人才交流会等渠道了解哪些单位需要人，也可以从广播、电视、报刊、电脑、人才市场、劳动力市场、职业介绍所等各种媒介中捕捉就业信息，还可以拜托亲朋好友、老师、同学、老乡等帮忙打听、联系工作。随着互联网技术的普及，网络查询也日益成为一个主要的手段。接着，将收集到的信息进行整理，从中筛选出自己认为比较理想的工作单位，作为下一步进军的目标。选择岗位时，要客观、准确地评价自己，要让自己的优势、特长与应聘岗位相适应，要分析并积极弥补自己的弱势。在掌握招聘单位的基本信息、考核内容及方式的前提下，调整好自己的心态，既相信自己的能力，又要有耐心和韧性。

2. 选择单位

所谓比较理想的工作单位，是指那些既符合本人兴趣又能发挥自己专长的单位。例如，喜欢舞文弄墨者，可以选择需要笔杆子或文秘人员的单位；而乐于经商者，则可去贸易部门竞争职位……

选择单位也有诀窍。一是要看用人单位是在走上坡路，还是在走下坡路，应以发展红火、正在扩张、处于上升趋势的单位作为首选。而不要投身于正在萎缩、没落的单位。二是要考虑用人单位的岗位，究竟选择蒸蒸日上的大公司，还是蓬勃发展的小企业？对个人而言，单位牌子大小、实力强弱并不是最重要的，关键是要看用人单位能否给自己一个发挥才能的机会和拓展事业的空间，只要有发展前途，中央机关、省直属机关、国有企业、“三资”企业、集体企业、乡镇企业和民营企业等，都可以纳入自己的视野。

3. 个人简历

个人简历要简洁明了，重点突出，干净美观，清晰易读，同时要有个性、突出自己的特点。个人简历可采用完全表格式、半文章式、小册子式、时序式或创造式的格式，应包括个人基本情况、受教育和培训情况、工作经历、能力以及经验、个人兴趣和特长等内容，还要附上有关评论或获奖的证明材料。现举例如下（见表 4–1）。

表 4–1 个人简历

<table>
<tr><td>姓名</td><td></td><td>性别</td><td></td><td>出生年月</td><td></td><td rowspan="4">照片</td></tr>
<tr><td>民族</td><td></td><td>政治面貌</td><td></td><td>身高</td><td></td></tr>
<tr><td>学制</td><td></td><td>学历</td><td></td><td>户籍</td><td></td></tr>
<tr><td>专业</td><td></td><td colspan="2">毕业学校</td><td colspan="2"></td></tr>
<tr><td colspan="7">技能、特长或爱好</td></tr>
<tr><td>外语等级</td><td colspan="2"></td><td>计算机水平</td><td colspan="3"></td></tr>
<tr><td colspan="7">在 校 经 历</td></tr>
<tr><td colspan="7"></td></tr>
</table>

续表

联系方式				
通信地址		联系电话		
邮箱		邮编		
自我评价				

4. 求职信

（1）求职者写求职信应实事求是，既不要夸大其词，也不要贬低自己，力求做到行文规范，表达准确。写好后可打印出来，篇幅不要超过两页纸，文中不宜出现文字错误及涂改痕迹。现举例如下。

我叫×××，女，××大学会计学专业××届毕业生。在校期间学习成绩优异，专业课平均成绩91分，选修课平均成绩87分。大学英语已通过国家四级，计算机通过国家二级，会操作Office、Windows等电脑软件，在省级报刊上发表论文4篇，曾两次荣获校级“三好学生”荣誉称号，连续三年获得一等奖学金。

本人性格开朗、爱好广泛，喜书法，好绘画，有一定的写作能力，组织能力较强。在校期间历任班、系、院学生干部，参与组织了樱花诗会等活动。

我希望到贵单位效力，从事与所学专业相关的财务、会计、文秘等工作，以便施展自己的才华。联系电话：×××××××××××

（2）书面求职信包括称呼、正文、结尾、署名、日期、目录、附件等方面的内容，通常篇幅以1500字左右为宜。写求职信应精心设计、标新立异、实事求是、恰如其分、文笔流畅、表达准确、重点突出、有针对性。

（3）电子求职信包括求职目标、个人小结和决心三部分内容，一般长度以收件人无须使用屏幕的滚动条就能读完为宜。在网上发送时，应以

"应聘某某职位"作为邮件标题，把求职信作为邮件正文，再把简历直接复制到邮件正文中。这样既方便对方阅读，又杜绝了附件携带电脑病毒的可能性。求职信和简历应用文本格式来写，信中不能有错别字，二者应一同发送，不要分开。

（4）除了求职信和简历外，为了加深用人单位对自己的印象，求职时还可以准备推荐信。推荐信可以请熟悉自己的老师写，他（她）会如实地介绍学生的优点和强项；也可以请校方组织部门出具推荐信，一定要盖公章，以增加权威性。这些都有助于用人单位更好地了解求职者。

5. 联系求职单位

（1）求职者与用人单位联系时，要讲究策略。求职材料寄出后，应等待一些日子再询问结果。若材料寄出不久，就急不可耐地频繁催促用人单位，会让对方反感。若材料寄出很久都没有回音，则应去信客气地询问对方是否收到，有时还可以主动出击。例如，美国著名教育家卡耐基先生的一位朋友就是靠胆大心细，才得以进入一家知名的广播公司。

当时，有多家公司请他"静候佳音"。他觉得"守株待兔"不是办法，于是开始主动进攻。他用十分冷静的语气打电话询问一家大公司："本人想询问一下贵公司是否还在征求助理制作？"他前后共打了10次电话，每一次的答案都是："对不起，我们部门没有征求任何人员。"他还是不甘心，继续打，终于有人告诉他："你可以跟特拉多先生或杜尔先生联络，我们已经开始进行面谈了。"还有人回答说："是的，我们正在征求助理制作，您可以和崔斯基先生谈谈。"在面试的时候，主考官问他如何得知这个机会？公司并没有向外界透露消息，原打算由内部人员递补。他回答说，他打了多次电话查询，终于侥幸地得到消息。主考官点头笑着说："你这种锲而不舍的精神真是令人可敬可佩。"

求职并非易事，在求职道路上并不总是求职者希望见到的一路绿灯。求职时若被对方回绝，也不必沮丧，失败乃成功之母，再联系其他单位，西方不亮东方亮。

（2）联系工作单位，能够学以致用当然最佳。但短期内若无合适的单位，则不妨变通一下，而不要把自己牢牢地限制在一个狭小的专业圈子里，"退一步海阔天空"。例如，学历史专业的青年人，既可以同教育部门挂钩，当一名历史教员；也不妨与报社、杂志社、出版社联系，从事编辑工作；若有机会到机关、企业等单位做行政工作也很好。联系的面宽一点，机遇就会多一些。

（二）面试流程

通过笔试进入面试环节，离成功就只有一步之遥了，但是对于大多数同学来说确实有些难迈出这一步。首先可能从来没经历过正规的面试，即便是经历过正规的面试可能也不太清楚在之前的面试中自己的表现到底符不符合标准，面试过程中最基本的礼仪有以下内容：

（1）提前 5 分钟到达。

（2）整理仪容仪表。

（3）敲门：敲门敲三下，声响和节奏适中，单指（食指）敲，避免重音。

（4）进门：进门之后记得关门，注意一切操作都要轻柔，并且放慢动作。

（5）开场问好：

①面带微笑是非常有必要的；

②走到面试桌旁站定停一秒再说话，避免边走路边说话，然后介绍自己"各位面试官好，我是今天的 ×× 号"，话语完毕停一秒，鞠躬（15° 或 30°），要沉稳冷静，镇定自若；

③待面试官说"请坐"，有礼貌地回复"谢谢"。

（6）就座：不要拖拽椅子，轻拿轻放，只坐椅子的 2/3 或 1/2。

（7）回答提问：理清自己的逻辑思维，组织语言，注意总分总的形式。

（8）面试完毕：致谢"谢谢各位面试官"，然后鞠躬（30° 或 45°）离场。

（三）面试演练

面试不仅仅考察你的专业知识，同样考察的还有应变能力、语言组织能力和逻辑思维能力，所以我们在平时的时候就要注意积累，争取面试成功。

（1）自我介绍演练。

（2）问答面试中常见问题。

履历

（1）这儿难找吗？

（2）请介绍一下你家里的情况。

（3）谈谈你的现在和过去吧。

教育

（1）上大学时你为什么选了这个专业？

（2）你喜欢什么课程？为什么？

能力及事业心

（1）你认为你最大的优点是什么？

（2）你的缺点是什么？

（3）你是否有失败的时候？怎么处理的？

（4）你觉得你所学的专业或接受的教育对你的工作有什么帮助？

（5）谈谈你对某个社会热门话题的看法。

技能

（1）你会何种外语？

（2）你会用办公软件吗？打字技术如何？

（3）你会驾驶汽车吗？

兴趣及性格

（1）你平时有哪些业余爱好？

（2）你喜欢哪类书？

（3）你喜欢哪些电视节目？

（4）你认为你是哪种类型的人？

（5）你是从哪里知道我们公司的？

申请职位及机构

（1）假如我们聘用你，你对这一工作有何计划和设想？

（2）你对这份工作最大的兴趣是什么？

（3）你喜欢什么样的上司？

（4）你为什么选择这家公司？

（5）你是否介意出差？

要求待遇

（1）你期望的薪金是多少？

（2）你理想中的待遇是怎样的？

到任日期

你什么时候能开始工作？

其他问题

（1）你认为你能胜任这份工作吗？

（2）有什么你想知道的吗？

（3）你希望单位为你做点什么？

二、职场相处礼仪

走进工作单位的大门，应尽快调整好心态，熟悉业务工作，使自己尽早进入角色，在工作中不断提高业务水平。同时要积极培养团队精神和协作能力，尽快融入工作单位。

俗话说："一个篱笆三个桩，一位好汉三个帮。"立业既要靠自己努力奋斗，也需要他人的帮助与合作。因此，在工作单位认真学习和努力实践职场的行为规范与准则——职场礼仪，与上级处理好关系，与同事和睦相处，才能够在工作单位受到欢迎，在事业上一步步走向成功。

1）仪表礼仪

仪表端庄、整洁。

2）举止礼仪

在公司内职员应保持优雅的姿势和动作。

3）环境礼仪

（1）不在工作时间扎堆聊天、大声喧哗；节约水电；禁止在办公家具和公共设施上乱写、乱画、乱贴；保持卫生间清洁；在指定区域内停放车辆。

（2）饮水时，如不是接待来宾，应使用个人的水杯，减少一次性水杯的浪费。不得擅自带外来人员进入办公区，会谈和接待安排在洽谈区域。最后离开办公区的人员应关电灯、门窗以及室内总闸。

（3）个人办公区要保持办公桌位清洁，非办公用品不外露，桌面码放整齐。当有事离开自己的办公座位时，应将座椅推回办公桌内。

（4）下班离开办公室前，使用人应该关闭所用机器的电源，将台面的物品归位，锁好贵重物品和重要文件。

4）接听电话礼仪

电话作为便利的通讯工具在日常生活中的使用很关键，在办公室为了工作上的需要，我们可能经常要接听电话，所以维护好电话形象非常重要，代表了整个企业的形象。

5）语言礼仪

在办公室里与同事们交往离不开语言，“良言一句三冬暖，恶语伤人六月寒”。职场沟通中多用文明礼貌用语和赞美语。

6）开关门的礼仪

一般情况下，无论是进出办公大楼或办公室的房门，都应用手轻推、轻拉、轻关。

第三节　政务礼仪

公务人员在日常工作中所必不可少的一件事情就是要组织会议、领导会议或者参加会议，因此会议自然而然地就成为公务活动的有机组成部分。在许多情况下，公务人员往往需要亲自办会。所谓“办会”指的是从事会务工作，即负责从会议的筹备直至其结束及善后的一系列具体事项。会务礼仪，主要就是有关办会的礼仪规范。

一、会务礼仪

公务人员在负责办会时，必须注意两点：一是办会要认真。奉命办会，就要全力投入，审慎对待，精心安排，务必开好会议，并为此而处处一丝不苟。二是办会要务实。召开会议，重在解决实际问题。在这一前提下，要争取少开会、开短会，严格控制会议的数量与规模，彻底改善会风。

会议又称集会、开会，它通常是指将人们召集在一起，对某些问题进行研究、讨论、说明的一种社会活动的常规形式。在处理日常性行政事务时，各级党政部门往往会召开各种会议，因而接待人员也要经常地面对各式各样的会议。

不论是召集、组织会议，还是参加会议、为会议服务，接待人员都必须遵守一些基本守则。此类与会议相关的守则，就是所谓的会议礼仪。

举行正式会议时，通常应事先安排好与会者的座次，尤其是其中具有重要身份者的具体座次。越是重要的会议，它的座次排定往往越受到社会各界的关注。对有关会场排座的礼仪规范，接待人员不但需要熟知一二，而且必须认真恪守。

（一）小型会议

小型会议，一般指参加者较少、规模不大的会议。它的主要特征是：全体与会者均应排座，不设立专用的主席台。小型会议的排座，目前主要有如下三种具体形式。

1. 自由择座

自由择座的基本做法是：不排定固定的具体座次，而完全由全体与会者自由地选择座位就座。

2. 面门设座

面门设座一般以面对会议室正门之位为会议主席之座。其他的与会者可在其两侧“自左而右”地依次就座。

3. 依景设座

所谓依景设座，是指会议主席的具体位置不必面对会议室正门，而是应当背依会议室之内的主要景致，如字画、讲台等之所在。其他与会者的排座，则略同于前者。

（二）大型会议

大型会议，一般是指与会者众多、规模较大的会议。它的最大特点是：会场上应设主席台与群众席。前者的座次必须认真排列，后者的座次则是可排可不排。

1. 主席台排座

大型会场的主席台，一般应面对会场的主出入口。在主席台上就座之人，通常应当与在群众席上的就座之人呈面对面之势。在其每一名成员面前的桌上，均应放置双向的桌签。

主席台排座，具体又可分为主席团排座、主持人座席、发言者席位三个方面。

（1）主席团排座。主席团，在此是指在主席台上正式就座的全体人员。国内目前排定主席团位次的基本规则有三种：一是前排高于后排；二是中央高于两侧；三是左侧高于右侧。

（2）主持人座席。会议主持人，又称大会主席。其具体位置有三种方式可供选择：一是居于前排正中央；二是居于前排的两侧；三是按其具体身份排座，但又不宜令其就座于后排。

（3）发言者席位。发言者席位，又叫作发言席。在正式会议上，发言者发言时不宜于就座原处发言。发言席的常规位置有两种：一是主席团的正前方；二是主席台的右前方。

2. 群众席排座

在大型会议上，主席台之下的一切座席均称为群众席。群众席的具体排座方式有两种。

（1）自由式择座。即不进行统一安排，而由大家自由择位而坐。

（2）按单位就座。它是指与会者在群众席上按单位、部门或者地区、行业就座。它的具体依据，既可以是与会单位、部门的汉字笔画的多少、汉语拼音字母的前后顺序，也可以是其平时约定俗成的序列。按单位就座时，若分为前排后排，一般以前排为高，后排为低；若分为不同楼层，则楼层越高，排序便越低。

在同一楼层排座时，又有两种普遍通行的方式：一是以面对主席台为基准，自前往后进行横排；二是以面对主席台为基准，自左而右进行竖排。

二、端正会风

（一）改进会风

会风者，会议风气之谓也。从根本上讲，政府及其部门的会风，实际上体现着其政风。在当前形势下，端正会风有利于端正政风。端正会风，一般应从改进会风做起。

1. 反对形式主义

一次会议的成功与否，重在看其实效。因此，应在总体上改进会议形式，提高会议质量，绝不能搞形式主义，不能将会议的规模大、次数多等同于自己的政绩。

2. 禁止滥办会议

对于会议过多、过杂、过长、过滥，凡事皆开会的不正之风要坚决抵制。对于开会讲究排场、铺张浪费者，尤其是借开会之机大吃大喝、滥发礼品、公费旅游者，则应依照党纪、政纪从严查处。

（二）提高效率

提高会议效率，即召开会议时，应努力节省时间、人力、物力和财力，并力争取得较为圆满的成果。由此可知，它是各级政府及其部门当前改进会风的基本目标。

一般认为，提高会议效率行之有效的良方有以下四种。

1. 集中主题

一次会议，最好选定一个单一而明确的主题。万一有必要同时安排多项重要内容，亦应力求有主有次、主题鲜明。这样做，不仅易使会议开得扎实而紧凑，而且也便于与会者传达、贯彻、落实会议精神。

2. 压缩内容

应删除一切可有可无的会议内容，一般性的内容，可代之以书面材料。不提倡各级领导出席与自己本职工作毫无关联的会议。

3. 限定时间

对于会议的起止时间、休息时间、发言时间、讨论时间应有明确的规定，并严格执行。这一措施，将有助于纠正会议冗长、拖沓的不良风气。

4. 改进形式

开会的具体形式允许灵活多样，重在看其是否有收效、是否能解决问题。提倡利用电视、电话、广播、互联网等现代化电子媒体举行会议。

第四节 商务礼仪

商务礼仪是从事经济活动的一些组织和个人如公司、企业及从业人员在经济往来中应当遵守的礼仪规范。正如日本著名企业家松下幸之助所说：“商务礼仪是管理者在商务场合中的脸面，如果不注重礼仪，就会失去脸面。”因此，我们必须了解和重视商务礼仪。

随着生活水平的提高，人们的生活内容日益丰富多彩，人际交往也日趋频繁。生活在现实社会的人，只要与他人打交道，或多或少都要进行谈判。在家庭生活中，夫妻过双休日时要协商活动安排，如是去公园散步，还是上街购物；在工作单位里，制订工作计划时要交流意见，如指标定多高为宜，大家要通过讨论取得共识……

商务洽谈也叫商务谈判，指的是在商务交往中，存在着某种关系的双方或多方，为了进行合作、达成交易、签订合同或者要求索赔、处理争端、消除分歧等，坐在一起进行会晤和磋商，以求达成某种程度上的妥协。举行洽谈会是商务交往中一项必不可少的内容，它是最重要的商务活动之一。

从实践上看，谈判并非人与人之间的一般性交谈，而是有备而至，方针既定，目标明确，志在必得，技巧性与策略性极强。在任何谈判中，礼仪实际上一向都颇被重视。其根本原因在于在谈判中以礼待人，不仅体现着自身的教养与素质，而且还会对谈判对手的思想、情感产生一定程度的影响，谈判各方都希望在谈判过程中得到谈判对手的礼遇。因此，端庄的仪表仪容，礼貌的言谈举止，彬彬有礼的态度，周到、合适的礼节，是使谈判过程得以顺利进行的重要因素之一。所以，每一位谈判者都应当掌握和讲究谈判礼仪，以便谈判顺利进行并取得成功。

一、仪容整洁美观

首先，应注重发型。对于男性而言，不宜理成光头，也不宜将头发留得过长。为了显示出商界人士的精明干练，提倡做到：男士头发前不覆额、侧不遮耳、后不及领，并且面不留须；女士应根据其脸型及个性气质，选择适合的发型，在其发型的修饰上应考虑职业的基本要求，庄重、保守，因而不可在头发上添加装饰之物，在一般情况下不宜使用彩色发胶、发膏。

其次，应保持面容洁净。男士均须剃须修面；女士应注重修饰自己的仪容，尤其提醒女士应淡妆上岗，意在向商界交往对象表示尊重，但仪妆应遵循商界的化妆规则，一般在工作岗位上，避免过量使用芳香型化妆品。

二、仪态大方得体

在从事商务活动时，商务人员用优美的仪态表现礼仪，比其语言的表达更能让对方感到真实、美好和生动。具体要求如下。

（1）站姿要求：站立挺直、头正肩平，臂垂腿并，线条优美；精神振作。

（2）坐姿要求：身姿端庄、文雅、得体，注意入座时要稳和轻，左进左出，以良好的坐姿传递从容、友好热情的信息。

（3）行姿要求：商务人员的行姿应力求稳健、持重，脚步宜轻且富有节奏感，应随时有意识地对自己的行姿进行调整。

（4）手势要求：在各项商务活动中，手势的使用应当规范，合乎惯例。例如"介绍""指示方向""请"等手势都有规范的要求，不可以用手指随意指画。应注意，关于竖大拇指这个手势几乎是世界公认表示"好""高""妙""一切顺利""非常出色"等类似含义。但也有例外，在美国和欧洲地区表示搭车；在德国表示数字"1"；在日本表示数字"5"等。商务人员应准确地使用手势去传递各种信息和情感。

三、表情真挚、热情

商务人员除了须注重仪表、仪态、穿着与配置礼仪之外，还必须有真挚、热忱的表情，即充满对顾客的诚意和保持脸上的笑容。一位资深礼仪学者指出："诚意是最得体的穿着，笑容是最合适的配置。"与顾客见面，主动给对方一个微笑，既是礼貌的表示，也是自信的体现，当然微笑应发自内心，才能传递真诚、友善之情，令顾客有宾至如归之感。

印度诗人泰戈尔说过："一旦学会了眼睛的语言，表情的变化将是无穷无尽的。"可见，目光语言有着极强的表现力，其在商务活动中也有着特殊的作用，有着丰富实践经验的商务人员都能领悟到以安详的目光与顾客对视是吸引顾客注意力的好方法，没有目光的对视和接触，是难以引起顾客的注意和兴趣的。但应提示，交谈中应随着话题内容的变换做出及时恰当的目光反应，使交谈融洽、和谐地进行；当双方沉默不语时，则应将目光移开，避免陷入尴尬的局面。要注意与对方目光对视的时间不宜过长，并学会在不同场合及不同情况下，如何应用不同的目光。商务人员应善用目光语，譬如在向顾客介绍产品时，舒展眉头，眼神放光，让对方从你流露出的明快而亲切的目光中产生对产品的信任感；在商务谈判中，令自己双目生辉、炯炯有神，表现出坦诚和自信，以取得对方的信任与合作。总之，商务人员应注重表情的训练，以促使商务活动更顺利、有效地展开。

四、商务谈判技巧

商业管理专家一直强调，成功的商业交易主要依赖于谈判的艺术，绝大多数成功商人都是谈判高手，这使他们能轻而易举地完成一笔笔交易。谈判人员务必讲究谈判礼仪和技巧，以便顺利取得谈判的成功。

1. 善于倾听

一个谈判高手通常是能提出很尖锐的问题，然后耐心地倾听对方的意见。商务专家说，如果我们能学会如何倾听，很多冲突是很容易解决的。问题的关键是倾听已经成为被遗忘的艺术，而很多商人都忙于确定别人是否听见他们说的话，而不去倾听别人对他们说的话。

2. 适时沉默

在谈判中，既要有流利的口才与对方展开周旋，但同时也应明白何时“无声胜有声”。在紧张的谈判中，没有什么比长久的沉默更令人难以忍受。让对方首先打破沉默，往往意味着要对方作出让步。

3. 耐心等待

在很多情况下，谈判不可能速战速决、一蹴而就，这就要求谈判人员学会等待。时间的流逝往往能够使局面发生变化。等待别人冷静下来，等待问题自身得到解决，等待不理想的生意自然淘汰，等待灵感的来临…… 一个充满活力的主谈人总是习惯于果断地采取行动。但是很多时候，等待却是人们所能采取的最富建设性的措施。

4. 转换阵地

了解对手不一定非要在谈判桌前，在办公室以外的场合也可以随时了解别人。心理学家认为，人类的思维模式总是随着身份的不同、环境的不同而不断改变，谈判桌上的心理肯定和觥筹交错时的心理不一样，作为对手要针锋相对，作为朋友促膝倾谈则肯定另是一番心情。例如，可邀请对手或潜在客户出外就餐、打高尔夫球、钓鱼等，人们在这些场合神经通常就不再绷得那么紧，从而使你更容易了解他们的想法。

5. 先行试探，逐个击破

在作出决定之前，可以通过某个人或者某个可靠的渠道将你的意图间接地传达给对手，试探一下对手的反应。然后设法说服其中一个对手接受你的建议，并以此为突破口，让此人帮助你说服其他人。

6. 蘑菇战术

当谈判陷入僵局时，有必要把洽谈节奏放慢，看看到底阻碍在什么地方，以便想办法解决。但这种“磨”绝不是消极被动的，而是在“磨”的时间内收集情报，分析问题，以期打开局面。消极等待，结果只能是失败。

美国 ITT 公司著名谈判专家 D. 柯尔比曾讲过以下这样一个案例：

柯尔比与 S 公司的谈判已接近尾声，然而此时对方的态度却突然强硬起来，对已谈好的协议横加挑剔，提出种种不合理的要求。这令柯尔比感到非常困惑，因为对方代表并非那种蛮不讲理的人，而协议对双方肯定是都有利的，在这种情况下，S 公司为什么还要阻挠签约呢？柯尔比理智地建议谈判延期。之后，他从各方面收集信息，终于知道了关键之所在——对方认为 ITT 占的便宜比己方多多了。所以价格虽能接受，但心理上不公平的感觉却很难接受，这才导致了协议的搁浅。结果重开谈判，在柯尔比一番比价算价后，对方知道双方利润大致相同，一个小时后就签了合同。

7. 消磨意志

谈判人员都不太喜欢耗时费力的谈判，但是为了自己的利益，有时是可以把这作为一种战术来使用的。

例如，一些日本公司就常采取这个办法：以一个职权较低的谈判者为先锋，在细节问题上和对方反复纠缠，或许可以让一两次步，但每一次让步都要让对方付出巨大精力。到最后双方把协议已勾画出了大体轮廓，但总有一两个关键点谈不拢，这个过程往往要拖到对方精疲力竭为止。这时本公司的权威人物出场，说一些：“再拖下去太不值得，我们再让一点，就这么成交吧！”此时对方身心均已透支，只要这个方案在可接受范围内，往往就会一口答应。

8. 营造气氛

当双方谈判人员按照约定的时间到达谈判地点（主人应提前到达），互致问候后落座。此时不必立刻开始谈判，不妨先谈一些非业务性的话题，营造和谐的气氛，然后轻松地把话题引入谈判正题。谈话时表情要自然，态度要和气，措辞应得当，可做些适当的手势。但动作不宜过大，更不要手舞足蹈，切不可用手指指对方或拿着笔等物品指人。当对方发表意见时，要善于聆听对方的讲话，不要随便打断别人的发言。一般不谈与谈判主题无关的内容，不谈荒诞离奇的事情，不要询问女士的年龄、婚姻等状况，不要打听对方的收入、财产等问题。

营造谈判气氛实例一则：

1935 年 3 月，英国外交大臣艾登访问苏联，商讨有关纳粹德国与欧洲局势问题，以及两国友好合作问题。由于在此之前英国和其他国家对苏联的仇视和封锁，对上述问题双方存在不少分歧。为此，苏联外长李维诺夫邀请艾登共进午餐。艾登在其《回忆录》中对这次午餐作了这样的记述：

我们在令人心旷神怡的原野之中的平坦道路上行驶了约 20 英里，到了林中别墅，内有一座花园，甚至还有几只鸭子。这座乡间别墅设备简单，但很风雅，而且这次午餐，即使按照我们好客的主人们的标准也是一次宴会。在正餐前先上的菜照例有鱼子酱和烤乳猪，正餐后还有干果布丁。但是，餐桌的中心（从实际位置和政治意义说来都是中心）是装饰着玫瑰花的奶油，上面还有“和平是不可分割的”字样。我对这种情感是赞成的。但即使我不赞成，在受到那样的欢迎之后，我也难以提出反对意见。谈话的题目仍然同正式会谈时一样，但是气氛更加轻松了。

在苏联、英国两国之间尚存隔阂的时期，苏联方面精心安排的这次午餐非正式会谈，既十分别致又富有情趣，不仅一扫在正式场合会谈时的沉闷空气，而且营造了双方友好的气氛。

商务谈判实例一则：

> 1987年5月，笔者受命与利比亚南方空军司令麦海迪上校洽谈活动板房生意。笔者作为卖方代表，与买方代表麦海迪上校相识后，没有开门见山地谈生意，而是兴致勃勃地谈论利比亚文学艺术，麦海迪上校颇感兴趣。当笔者盛赞利比亚著名漫画家穆罕默德·扎瓦维的艺术精品时，麦海迪上校感到自己遇到了艺术上的知音，他激动地说："李先生，您对我国的文学艺术了如指掌，如数家珍，令人钦佩。我家里就收藏有漫画大师扎瓦维的画册。"笔者和麦海迪上校两人志趣相投，一见如故。此后，麦海迪上校十分尊重笔者，时时处处以礼相待，这笔大生意也就顺利谈成了。

在这则谈判实例中，笔者与麦海迪上校相识后，没有马上进入会谈正题，因为当时双方感情尚未沟通，如果立刻进入正题，买方会产生防范心理，势必造成针锋相对的不利局面。而通过交谈双方感兴趣的话题，营造出良好的氛围，双方代表从毫不相识到结为友人，从而使谈判取得成功。

9. 据理力争

在举行谈判时，谈判者在发言中应注意语言的客观性、针对性和规范性。

（1）客观性。谈判语言的客观性是指语言表述要尊重事实、反映事实、实事求是，以便双方自然而然地产生彼此"以诚相待"的印象，从而促使双方立场、观点相互接近，为最终取得谈判成功奠定良好的基础。

（2）针对性。谈判语言的针对性。首先，是指语言应围绕主题，有的放矢。在谈判过程中，针对不同的谈判内容，有选择地、有针对性地使用与谈判内容相关的语言和行话、术语，尽量做到言简意赅，恰到好处。

其次，谈判中还应针对不同的谈判对象，使用不同的谈判语言。例如，面对老少、男女、生熟、官民、善恶谈判对手，应区别对待，选择合适的语言，与久经沙场的年长谈判对手对阵时，措辞应精练；与女性谈判对手谈判时，语言要文雅等，以便达到最佳效果。

（3）规范性。谈判语言的规范性是指谈判中语言表述要文明、准确。

谈判者发言时应当使用文明、规范语言，不讲脏话、粗话、黑话。此外，用语要严谨、精确、标准，以便准确无误地表述自己的观点、意见，有利于沟通和交流，从而明确各方的权利、责任和义务等，避免产生分歧和后患。

此外，谈判者可以根据谈判的需要随机应变，灵活地使用富有弹性的外交辞令、丰富多彩的文学词汇、幽默诙谐的语言以及寓意深刻的成语、格言等。

谈判中，谈判双方发言时都应开诚布公，谈判过程中可以据理力争，但不要出言不逊、恶语伤人。双方都应注意求大同、存小异，尽量强调彼此一致的地方，互让互谅。谈判达成协议，应握手言欢；即使谈判破裂，也应当以礼待人，与对方握手话别，以显示风度，争取将来的合作机会。那么，在谈判中怎样据理力争？现举例如下：

1986 年 7 月，在利比亚“九·一”革命节来临前夕，利比亚有关方面召集在利比亚工作的各外国建筑公司负责人开会，向各公司下达了出工、出车参与迎接利比亚节日的指令。

按照利比亚的黎波里市市政局的安排，中国建筑工程总公司驻利比亚经理部要派出 50 人、10 辆卡车义务工作一个月。经理部负责人有点犯愁了。抽调这么多人、这么多车义务干一个月的市政活儿，必将影响公司正在加紧施工的在建学校项目。可是，不派人、派车也不行，这可是一项“光荣的政治任务”。于是他委派笔者去与利比亚的黎波里市市政局进行交涉，希望能减轻本公司的负担。笔者来到的黎波里市市政局，与有关负责人亲切寒暄后，立刻热情洋溢地说：“即将来临的‘九·一’革命节，是利比亚兄弟人民的重要节日。中国公司十分乐意为迎接这一光辉节日尽一份力。”

利比亚朋友听到笔者的这番话后笑容满面，深感欣慰。

笔者接着说：“承蒙利比亚兄弟的信任，本公司目前正在加紧施工，以期完成学校建设项目。本公司一定要保质保量按时完成施工任务，以便让可爱的利比亚少男少女们能够早一天坐在窗明几净的教室里，如饥似渴地吸吮知识的乳汁。”

就在利比亚官员频频点头时，笔者话锋一转，面有难色地说：

“现在学校建设已进入最后的冲刺阶段，倘若一下子从工地上抽出10辆车、50个人干一个月的市政活儿，我们担心所承建的学校不能按时交工，将会影响你们的子女上课啊！”

利比亚官员听完这番话，眉头也皱起来。几个官员耳语一阵，然后，赛阿德处长问：“请问李先生，贵公司抽出多少人、调几辆车，方不至于对施工产生大的影响呢？”

笔者说：“谢谢你们的理解和关照。我公司可以抽出一辆车，供市政部门调遣一个月，我们还将想方设法调遣25个人为迎接‘九·一’革命节义务劳动一天。此外，本公司全体职工将全力以赴，以建好学校的实际行动，迎接‘九·一’革命节。”

扎纳提副局长说：“中国兄弟正在为我们的子女修建学校，任务紧迫。他们对我国节日的态度是积极的，李先生所反映的情况也是真实的。我们同意你们在不影响工程施工的前提下尽力为市政建设作贡献。”

事情就这样解决了。笔者轻松地舒了一口气。

此时，赛阿德处长又饶有兴趣地问笔者近来又有什么新作，笔者随即从公文包中取出新近创作的一篇阿拉伯文短篇小说。几位留美、留英、留埃的利比亚高级工程师兴致勃勃地读起来，一阵阵欢笑声在市政局大厅里回荡。

在这场谈判中，中方代表首先以积极的态度赢得了利比亚官员的赞赏。接着，中方代表说明中国公司正紧张施工，若抽调过多的人、车，会影响建校项目，从而影响利比亚中小学生读书。由于中方态度积极、言之有理，所以利比亚有关部门爽快地同意减轻中国公司的负担。

10. 语言技巧

成功的商务谈判都是谈判双方出色运用语言艺术的结果。

（1）针对性强。针对不同的谈判内容、谈判场合、谈判对手，谈判语言的针对性要强，做到有的放矢，才能保证谈判的成功。在谈判中，要充分考虑谈判对手的性格、情绪、习惯、文化以及需求状况的差异，恰当地使用有针对性的语言。

（2）灵活应变。谈判形势的变化是难以预料的，谈判中往往会遇到一些意想不到的事情，这就要求谈判者具有灵活的语言应变能力，以巧妙地摆脱困境。当遇到对手逼你立即作出选择时，你若是说“让我想一想”“暂时很难决定”之类的话，便会被对方认为缺乏主见，从而在心理上处于劣势。此时你可以看看表，然后有礼貌地告诉对方：“真对不起，4 点钟了，我得出去一下，与一个约定的朋友通电话，请稍等 5 分钟。”于是，你便很得体地赢得了 5 分钟的思考时间。

（3）表达方式婉转。谈判中应尽量使用委婉的语言，这样做易于被对方接受。例如，在否决对方要求时，可以这样说：“您说的有一定道理，但实际情况稍微有些出入。”然后再不露痕迹地提出自己的观点。这样做既不会有损于对方的面子，又可以让对方心平气和地认真倾听自己的意见。

其间，谈判高手往往会努力把自己的意见用委婉的方式伪装成对方的见解，以提高说服力。在自己的意见提出之前，先问对手如何解决问题。当对方提出以后，若和自己的意见一致，要让对方相信这也是自己的观点。在这种情况下，谈判对手有被尊重的感觉，他就会认为反对这个方案就是反对他自己，因而容易达成一致，获得谈判成功。

（4）恰当地使用无声语言。商务谈判中，谈判者通过姿势、手势、眼神、表情等来表达的无声语言，往往在谈判过程中发挥着重要的作用。例如，你可以用微笑的眼神接触对方，有分寸、较含蓄、有些不可捉摸的笑最让对方吃不准你的意图。这样可以在谈判中达到争取更大利益的效果。

第五节　服务礼仪

服务礼仪是服务行业的从业人员给予服务对象的是一种心灵感受，也是服务企业文化的现实表现，更是员工个人品位、信心、仪态、形象、修养的具体反映。注重服务礼仪，按服务礼仪要求服务，是服务型企业从业人员的最基本要求。

一、良好的服务意识

服务意识有强烈与淡漠之分，有主动与被动之分。认识深刻就会有强烈的服务意识：有了强烈展现个人才华、体现人生价值的观念，就会有强烈的服务意识；有了以公司为家、热爱集体、无私奉献的风格和精神，就会有强烈的服务意识。

（一）服务意识的内涵

服务意识是发自服务人员内心的，它是服务人员的一种本能和习惯。它是可以通过培养、教育训练形成的。

（二）如何建立服务意识

西方认为，服务就是SERVICE（本意亦是服务），其每个字母都有着丰富的含义：

S–Smile（微笑）

服务从业人员应该对每一位顾客提供微笑服务。

E–Excellent（出色）

服务从业人员应将每一个服务程序都做得很出色。

R–Ready（准备好）

服务从业人员应该随时准备好为顾客服务。

V–Viewing（看待）

服务从业人员应该将每一位顾客看作是需要提供优质服务的贵宾。

I–Inviting（邀请）

服务从业人员在顾客消费时，应该显示出诚意和敬意，邀请顾客光临。

C–Creating（创造）

服务从业人员应该想方设法为顾客创造出热情的服务氛围。

E–Eye（目光）

服务从业人员应该始终以热情友好的目光关注顾客，使自己适应顾客心理，预测其要求，提供及时有效的服务，从而使顾客时刻感受到服务从业人员在关心自己。

由上可以看出，服务意识实际上是对服务从业人员的职责、义务、规范、标准、要求的认识，它要求服务从业人员时刻保持在顾客心中的真诚感。

在市场争夺趋于白热化的阶段，“服务”已经成为企业核心竞争力之一。然而很多服务行业的企业几乎天天强调要抓好服务质量，却不一定找到了开启“服务”之门的钥匙。而要掌握这钥匙，应强调以下几点：

（1）明确优质服务的标准。企业要以制度明确规范、细化适用于本企业的服务标准，制定员工服务手册。一本好的员工服务手册无疑是其工作的指路明灯，员工才因而能准确地把握自己的言行举止、着装仪表等。当然，管理人员以身作则，提醒员工们保持良好的服务意识与服务言行也是必不可少的。

（2）发自内心地为顾客服务。我在企业讲授服务方面的课程，有人问他什么是服务和服务意识。我的回答是：“恕，这个字是中国传统文化留下的精髓，从字面上看就是如心，如谁的心呢？一个员工若是为了怕被顾客投诉，或是害怕领导追查，再或者为了更高的薪水和职位，甚至只是为了保质、保量地完成工作，从而有优秀的业绩，那么他所做的并不叫真正的服务，也更谈不上有良好的服务意识！”真正的服务意识应该是在排除了遵守规章制度、满足领导考核标准和提高薪水三个目的之后，完全发自内心地为客人自觉服务的心理取向。试想，当你是客人，想不想别人为对你的服务是真心诚意的？你是领导想不想员工全心全意为自己为企业而努力？由心支配的服务，才是真正的服务。

虽然每个人都有不顺心的时候，但不能把烦恼带到工作中，要记住：微笑是工作的一部分，微笑是你的责任。有人说一个员工就是一个窗口，这话很有见地。员工的一言一行不只代表他自己，还代表一个单位的文明程度和服务水平。优质服务，必须从个人抓起，要把文明意识、服务意识“吃”进肚子里，融化到血液中，并自觉地表现在一言一行上。

总之，服务意识是指企业全体员工在与企业利益相关的任何人的交往中所体现的热情、周到、主动的服务意识。

在一家饭店用餐，享受了美味餐食和热情周到的服务，由于饭菜剩余，帮打包带回家，谁知刚出店门，脚下打滑，摔了一跤，餐盒落地，菜汁溅到衣服上，正在懊恼时，一位服务员扶起了我，还向我道歉，说因为酒店疏忽导致如此后果，让我甚感安慰。

对于一个企业来说，服务意识不仅仅是一线服务人和销售的员工所需要的，也应该是财务、采购、人力资源、工程维修、安全等部门甚至高层管理者所必备的。换句话说，企业的全部员工都应具有强烈的服务意识，而这恰恰是大多数时候被大多数企业员工所忽略的，其中包括为数不少的企业管理人员，甚至是决策者。

我们不应该仅重视那些为我们送来钞票的人，他们当然有理由让我们为其提供服务，但是我们的眼光应该更长远、更广大，因此，所谓顾客，不仅仅是那些你正在为之服务的人，还应该包括因同事缺位而需要服务的客人，甚至还有所有与公司有业务关系的供货商、代理商、对公司行使管理权的行政机关等。

他们虽然不是现实的消费者，却是企业潜在的顾客，所有与我们企业有接触的人都是企业服务判断者和宣传者。

顾客光顾沃尔玛的真实原因是：在沃尔玛，你能真正地感受到自己受到欢迎。

在沃尔玛公司《员工手册》上对员工服务提出了这样的要求：

——树立“顾客永远是正确的”观念，必须以使顾客满意的方式解决问题。

——克制自己，避免因感情影响工作，措辞上要谨慎，要用缓和的速度来说话，争取思考时间。

——牢记自己代表的是企业形象，绝不能抱着“不关我事”的态度。

——处理顾客的抱怨时不要拖延，而且处理抱怨的行动也要让顾客能明显地感觉到你的努力，以平息顾客的愤怒。

——向顾客道歉时要有诚意，绝不能口是心非，应该发自内心地关心顾客的需要。

——对顾客的抱怨要以婉转的语气，心平气和地加以解释，如果没有必要解释，不说为宜。

我们应该认识到这样一个问题：无论你的资格有多老，无论你的学历有多高，也无论你的能力有多强，身为一名企业员工，必须时刻提醒自己，要有服务意识，用服务意识来指导自己的工作，而不是缺乏约束，自私自大，否则的话，遭到淘汰也是必然的事。

有许多人认为，所谓的服务意识，只是在大的服务项目与服务范围内给予顾客应该尽到的服务责任，这是一种服务意识不够彻底的思想。在现实生活中，越是将我们的服务项目做到细致全面，我们就越可以获得顾客更多更好的印象。而这种印象，正是我们的企业长足发展的最佳激励。因为我们付出的热情和周到，是顾客在他们的日常生活中为我们进行口碑相传的最佳途径。

案例：

在麦当劳和肯德基，当顾客在收银台前排队时，如果哪一个柜台的人较少，而另一个柜台的人较多，人少的柜台收银员一般会主动招呼顾客到自己这边排队，从而减少顾客等待时间。在大型超市，比如家乐福，尤其在收银高峰期时，你可以看到一些穿溜冰鞋的年轻员工，在各个收银台前溜来溜去。如果发现某个柜台的人较多，就会邀请顾客到其他人较少的柜台去。如果需要，还会帮顾客拎拎包，抱抱小孩之类的。

二、高品质的服务态度

（一）服务态度含义

被服务者有两种需求，一个是物质需求，另一个是精神需求。服务态度的作用是能满足被服务者的精神需求或称心理需求，使其不但拿到合格满意的“产品”，而且还要心情舒畅、满意。服务态度的内容包括：热情、诚恳、礼貌、尊重、亲切、友好、谅解、安慰等。服务态度要注意的一个问题，就是不能把由其他因素带来的情绪表现给被服务者。

（二）高品质的服务态度

服务态度是反映服务质量的基础，高品质的服务是从优良的服务态度开始的。良好的服务态度，会使客人产生亲切感、热情感、朴实感、真诚感，高品质的服务态度主要表现在以下几点：

1. 认真负责

认真负责就是要急顾客所需，想顾客之所求，认认真真地为宾客办好每件事，无论事情大小，均要给顾客一个圆满的结果或答复。即使顾客提出的服务要求不属于自己岗位的服务，也主动与有关部门联系，切实解决顾客疑难问题，把解决顾客之需当作工作中最重要的事，按顾客要求认真办好。

2. 积极主动

积极主动就是要掌握服务工作的规律，自觉把服务工作做在顾客提出要求之前，要有主动地“自找麻烦”、力求客人完全满意的思想。做到处处主动，事事想深，助人为乐，事事处处为顾客提供方便。

3. 热情耐心

热情耐心就是要待客如亲人，初见如故，面带笑容，态度和蔼，语言亲切，热情诚恳。在川流不息的顾客面前，不管服务工作多繁忙，压力多大，都保持不急躁、不厌烦，镇静自如地对待顾客。顾客有意见虚心听取，顾客有情绪尽量解释，决不与顾客争吵，发生矛盾要严于律己，恭敬谦让。

4. 细致周到

细致周到就是要善于观察和分析顾客的心理特点，懂得从顾客的神情、举止发现顾客的需要，正确把握服务的时机，服务于顾客开口之前，效果超乎顾客的期望之上，力求服务工作完善妥当，体贴入微，面面俱到。

5. 文明礼貌

讲文明礼貌就是要有较高的文化修养，语言健康，谈吐文雅，衣冠整洁，举止端庄，待人接物不卑不亢，尊重不同国家、不同民族的风俗习惯、宗教信仰和忌讳，事事处处注意表现出良好的精神风貌。

案例：

因为此书图片需要时间紧，联系了小区一家叫“唯一”的私家儿童摄影工作室，前期与老板做了简短的沟通，虽然他们主要做儿童摄影的，但了解了我们需求后十分重视，从拍摄到后期修图的每一个细节都做了深入沟通。因为他们给了我好的服务体验，所以我愿意推荐身边有需要的人也到他家去拍摄。口碑效应比花多少钱做广告都更有效，就像顾客选择去“海底捞”吃火锅，大多数人是冲着他们的服务好的原因。

三、服务语言

语言是人们交流思想的工具。在服务工作中，语言是每个服务人员完成各项接待任务的重要手段，是提高服务水平，搞好文明服务的先决条件。服务人员在日常工作中，能不能使用文明语言，反映的不仅是员工的个人素质，更反映了企业的管理水平，再说大点代表国家形象。

服务用语关系到祖国的荣誉。中国是文明古国，礼仪之邦，素以语言文明，礼貌待客著称于世。世界各地的宾客来到中国，都大有亲自一观，亲身享受之愿，而且这些外宾在中国接触最多，时间最长的就是服务员。假如由于某一服务员说话不注意文明，服务不讲究礼貌而伤害了外宾的自尊心，客人马上就会对中国这个“文明古国”，“礼仪之邦”产生看法。尤其是饭店接待的宾客，多数是初次见面，并且一生只见一次的为多，所以万一因为语言不艺术被误解了，客人将永远记在心里。

服务用语直接反映着企业服务质量和管理水平。我们有时上街买东西，或和朋友一起到饭馆吃饭，总是把这些活动作为一种精神上和物质上的享受。这时，如果遇上一个说话粗野，不讲礼貌的服务人员，你就会闹一肚子气，认为这里的管理太差，以后再也不来了。许多事实表明服务质量的高低，是由服务员态度的好坏来决定的。服务员没办法把不合口味的饭菜变得香甜可口，却有可能把香甜可口的饭菜变得无滋无味，不管厨师的饭菜做得多么好，餐具多么高级，如果服务不好，客人是不会满意的。国外来宾，远离祖国，更希望在衣、食、住、行等方面都很舒适，心情上愉快欢乐，如果饭店的服务人员，在为宾客服务的过程中，使用文明的语言，笑脸迎宾，客人满意了，然后自觉不自觉地带到世界各地进行宣传工作。

服务用语直接影响着客户的情绪，比如酒店要达到宾客满意，需从饭菜质量，生活服务，设备使用，安全卫生等许多方面体现出来，这些工作件件都要通过服务员为宾客服务来实现。在服务过程中，假如服务员语言粗鲁，态度生硬，饭菜再好，设备条件再高级，也会引起宾客对饭店的服务工作提出意见。相反，如果服务员注意语言艺术能够灵活巧妙地运用，就是出现某些意想不到的问题，也可以弥补不足，取得好的效果。比如，外宾在餐厅里要了个清蒸鱼块，由于等的时间长了些，外宾表示不满，服务员走过去说："让您久等了，因为厨房为了让您吃到新鲜的清蒸鱼，厨师特用活鱼现宰割制作，所以耽误了您的时间，实在对不起。"外宾立刻露出笑容，并一再表示感谢。服务用语不讲艺术，往往又会事与愿违，比如一名服务员看到两位客人饭后闲聊，想照顾一下，说："要帮您买单吗？"客人以为催他们走，差点引起纠纷。以上两件事情虽然简单，却说明服务用语的重要作用。

服务用语也是服务员人格的表现。在日常生活中，有的人穿得很漂亮，整整齐齐；有的人不怎么讲究，普普通通；也有的人西服革履，文质彬彬。然而，不管怎么打扮，只要一听言谈话语，就很自然地表现出他是一个怎样的人。我们服务人员，上班后穿着很漂亮的工作服，如果说起话来不讲究艺术，很粗鲁，甚至带脏字，马上就会让人感觉这人没有教养。准确、优美的语言，不仅给对方以好感，自己也会从心里感到真正的美。相反，如果一位服务人员不会说话，你一出口就会得罪客户。我曾经有这么一个经历：一次去女鞋专卖店买鞋，试了十几双不合适，没买。出门前不好意思地对销售人员说了句"对不起"，销售人员当时没说什么，当我走到门口时，两销售人员说悄悄话，大意是说我买不起还试那么多。出于职业习惯，回过头，笑着对销售员说了句："美女，都说顾客是上帝，我看了没有买，就算你心里不舒服，要发牢骚，也等我走远点说呗。"人家回我："顾客是上帝啊，可是上帝是男的。"销售人员的回答看似很巧妙，但作为顾客的我听明白了一个道理，一家女鞋店只接待男顾客，因为上帝是男的。

1. 正确使用服务语言

在日常工作中，运用优美的语言，要涉及到服务知识，生活知识，文化水平，个人修养等许多方面。要善于掌握和运用语音、语调等语言艺术，分清讲话场合，受话对象等。下面简要列举几个使用服务语言应该注意的问题。

（1）要力求语意完整，合乎语法。有时服务员为客人服务，本来出于好心，但因为讲话意思不完整，不怎么合乎语法，反而使客人误解，不高兴。比如：服务员看到客人碗里饭吃完了，问："您还要饭吗？"有的客人到柜台买袜子，售货员问："您要男的要女的？"客人买完了东西，说："我给您捆起来。"这样的话中国人听起来如不仔细琢磨，也许还不至于有多大的反感，一些不讲究礼貌的话习以为常了。而外宾，特别是重归故土的海外华人，听起来就会反感，甚至误解，如果把这些话稍加完整改成这样说，效果就会不同了，“我再给您添点饭吧。”“您要买男袜，还是女袜？”“这样不好拿，我帮您把这些东西捆一下。”这样一来不仅客人听着舒服，而且显得服务员有礼貌，周到热情。

（2）要摆正服务员与客人的关系。有的服务员见到比较熟悉的客人，打招呼时往往随便用个“HELLO”，以为很亲切，殊不知，在英语里这是处于平等地位的熟人之间用的，而出自服务员之间就是显得不够礼貌，为了表示尊重客人，不妨用个“您好”，“早安”之类的问候语，就合于服务员的身份了。在需要提请客人让一下等麻烦客人的情况下，尤其要注意语言礼貌。比如：服务员上菜时，即便是客人等的时间不长，服务员也应该说一句“让您久等了”。这样即能使客人感到服务员有礼貌，又能达到叫客人让一让，免得外宾正在谈话无意中碰翻菜盘的目的。

（3）要语言简练清楚，注意场合，切忌喋喋不休。服务员和客人对话时，当该是礼貌文雅，清楚易懂，言简意赅，比如在接受外宾交办事项时，可以用“好的”，“明白了”。没必要表示自己热情，而加上一些无关紧要的诸如赞许之类的语言，这样容易使人反感，甚至误解，以为你还没有听懂他的意思，有时客人在思考问题，或是与朋友交谈，不喜欢别人打扰，如果这时服务员过分殷勤，在一旁喋喋不休，也会招来不快。

2. 语言、表情和行为的一致性

语言和表情都是用来表达思想和感情的，而行为则是如何实现自己所表达的思想感情。作为一个优秀的服务员，接待宾客时总是要把优美的语言与好的表情配合运用，同时以美的行为来博得宾客好评。否则，你的语言再美而与态度和表情不协调，还是会使对方不快。假如行为不美，就又成了“口是心非”了，同样要失去客人对你的信赖，要做好这些，应该注意如下几点：

（1）说话要注意举止表情。服务人员的良好修养，不仅寓于优美的语言，而且寓于温文尔雅的举止和神态。比如客人去餐厅进餐，服务员虽说了声：“您好，请这边坐。”可是脸上没有笑容，眼睛也不看人，这岂不让人怀疑服务员是否确有诚意吗？这是因为人们的心情不仅由语言来表达，还要由眼、嘴的表情，腿、手的动作来配合。相由心生，音由心起，如果不是出在诚心，话说得再漂亮，对方也会感觉出来，服务员的热情和微笑，往往可以弥补语言上的不足。日本新大谷饭店比喻“微笑是打动人们心弦最美好的语言”，“笑脸相迎将使工作生辉”，是很有道理的。

服务人员说话受话时，正确的举止表情应当是：面向客人，笑容可掬，目光停留在客人眼鼻三角区，不左顾右盼，心不在焉；要垂手恭立，距离适当，一般以一米左右为宜，标准站姿；要举止温文，态度和蔼，能用语言讲清的，尽量不用动作，尤其不能指手画脚。要进退有序，事毕要躬身后退后一步，然后再转身走开，以示对客人尊重，不得扭头就走，将背影留给客人。当然，这些都是最基本的要求，但又是获得良好的语言效果必不可少的知识。

（2）说话口齿清楚，音量适度，《弟子规》中有这么一句话：“尊长前声要低，低不闻，却非宜。”这就告诉我们服务人员说话，吐字清楚，嗓音悦耳，不仅有助于表达，而且可以给人以亲切感。相反，如果口齿含混不清，就会使人听了不舒服，甚至造成误解。此外，音量适度也很重要，对客人讲话的音量，以能清晰地送达客人耳边为准，过高或过低都不好，有的服务员在公共场所，不管不顾地大声讲话，震惊四座，往往使对方难为情。还有的人喜欢凑到客人耳边小声嘀咕，甚至把呵出的气喷到客人脸上，这些都是极不好的习惯，是不礼貌的行为，必须改正。我们也应当尽量避免与客人隔着很远打招呼、攀谈，看到客人从远处走来可以先点头示意，然后快步上前，遇到耳背的客人，可以略提高嗓音，简要作答。如有简介说明等文字材料，应尽量让客人自己看，免得打扰其他客人。

（3）保持口腔清洁。带着吃饭后牙齿上的菜末或是吃过葱姜蒜后的口气与客人交流是对客人的不尊重，同时也影响个人及企业的形象。

四、酒店服务流程

（一）前台接待流程

1）接待客人

当客人进入大厅，距总台两米远时，应目视客人，向客人微笑示意，并问候：“先生 / 小姐，您好！（早上好 / 下午好 / 晚上好）。”

（1）如正在接听电话，只需目视客人，点头微笑，示意客人稍候。

（2）如正在处理手头文件，应随时留意客人的到达。

2）确认客人是否预订

（1）如客人预订了房间，请客人稍等，并根据客人预订时使用的姓名或单位查找预订单，与客人进行核对。

（2）如客人未预订，有空房时，应向客人介绍可出租的房间的种类、价格、位置。等候客人选择，并回答客人询问。没有空房时，应向客人致歉，并向客人介绍附近宾馆情况，询问是否需要帮助，可帮其联系。

（3）如客人只是询问，并非入住，应耐心解答客人的询问，并欢迎客人光临。

3）入住登记

（1）持住宿登记单上端，同时持笔的下端，递给客人，请其填写。

（2）核实人证是否一致，对证件进行扫描并保存。

（3）核查住宿登记单是否填写齐全，如有缺项或不详的情况，应询问或根据证件补充完整。如客人无贵重物品寄存，请其在登记单的右下角签名。并记录下车牌号。

（4）确认付款方式（挂账、信用卡、现金）。

（5）将证件、房卡一起交给客人，并提醒初次到酒店的客人所住房间的大概位置。

（6）如有大件行李，可让行李员为其搬运。

（7）通知房务中心及总机房，将入住资料输入电脑。

注：1. 入住时，要解释清楚房价，特别是凌晨特价、钟点房价和后续住房价。

2. 会员卡、贵宾卡一般入住时出示有效，否则无效。（接待修改房价一定要注明原因，开房价变更单）。

3. 住宿登记单上，住几个人写几个人的名字，以便开门。入住时要询问客人住几天，以便刷几天的房卡，收几天的押金。同时，电脑上时间也要与此一致，以方便楼层。坚持姓氏称呼。

4. 一起入住的客人押金单分开写，登记单也要分开写。

5. 客人入住要主动询问客人是否要保密，电话查询要询问客人是否要转，不要告知房号。

6. 过生日的客人或 VIP 入住，要及时通知房务中心。

（二）接待团队入住程序及注意事项

1）准备工作：如一个房间需要两张房卡，要提前一天准备好房卡

（1）提前 1—2 天就做好预订工作，确保团队用房。

（2）同时抵店有两个以上团队时应先预排级别高的重点团队，再排用房数多的团队。

（3）同一团队的客人尽量集中安排。

（4）一时无房间预排时，可暂时等候，但最迟应在客人抵达前一小时排出房间。

（5）当班人员应清楚每个团队领队的名字及联系电话、单位和特殊事项。并做好和房务中心、销售部的沟通。

2）迎候客人

（1）当团队抵达时，根据客人信息查找该团预订单。

（2）根据预订单信息与客人核对人数、房间数、是否订餐等。内容无误后请其领队签单。特殊情况需要增减房间时，礼貌征询领队，并请其签字，然后通知房务中心和收银处做好相应变更。并礼貌征询领队团队的活动安排，以便为客人提供服务。比如，知道退房时间，楼层可以组织人力查房，以保证退房时不耽搁客人时间。

3）填单、验证、分房 ·

请客人填写住房登记单，如团队是挂账的可免去每人填单，由领队统一签单，统一清点房卡数，由领队分发给队员。

4）入住资料输入电脑，并通知房务中心及总机房是团队住房

该团领队的姓名及房号通知房务中心。

注：1. 将团队预订单交收银留存，特别是注明结账方式的单子。

2. 销售部送来的团队单必须确认入住时间、酒吧、长途情况，提前一两天通知房务中心。销售部的订房尽量给予满足（销售部领导有特殊优惠的权限）。团队免费房安排副楼。

（三）餐厅服务员工作流程

1. 餐厅服务员餐准备工作流程

（1）准时到岗，参加班前会，接受领班和经理对当餐的工作安排和布置。

（2）员工进岗后，做卫生定位摆台，如提前预订应按要求摆台。

（3）清理地面卫生和室内所属物品表面及死角卫生。做到地面无垃圾、无油垢、无水迹、无烟头、无墩布毛，每餐清扫一遍。

（4）检查台面，餐具有无破损、水迹、油迹、污迹，保持台面干净整齐。

（5）由领班领用餐中一次性物品，分配后注意妥善保管，归档码放整齐。

（6）安点立岗定位，准备迎客。

2. 餐厅服务员迎客工作流程

（1）当迎宾员将顾客领到该区域中时，服务员应微笑点头问好。

（2）拉椅让座，根据顾客人数添减餐具，递上菜单，示意顾客稍后，迅速沏茶倒水，示意顾客用茶。征求顾客是否点菜（如点菜当好顾客参谋，如不点菜示意顾客有事召唤）。

3. 餐厅服务员点菜工作流程

（1）翻开菜单，请顾客阅览，同时介绍本店的特色菜、特价菜、新推菜及酒水（看人下菜碟）。

（2）在记录顾客所点菜品、酒水时，写清日期、桌号、用餐人数、服务员姓名。

（3）顾客点菜完毕，请给顾客唱单，以确认顾客所点菜品，然后示意顾客稍后菜品上桌。

4. 餐厅服务员下单工作流程

在吧台下单，核对单据与预结联是否一致，如有问题迅速解决。

5. 餐厅服务员餐中服务工作流程

（1）迅速及时将顾客所点酒水及一次性餐筷送上餐桌，征求顾客意见，启瓶倒入杯中。

（2）巡视自己所管区域顾客的用餐情况，及时补充顾客所需。整理台面，上菜报清菜名，划菜核单，征求顾客意见，随时撤下顾客餐桌上的空餐具和用具。菜品上齐后应告知顾客："您点的菜上齐了，您还需要加添别的吗？"

（3）餐中推销，勤斟酒水，巡视餐台，如发现顾客酒水快用完或菜品不够时，应征求顾客是否加添。

（4）服务员有事暂时离开工作区域时，一定要向邻区的服务员打招呼寻求帮助。不要长时间离岗，办事完毕应迅速返回工作区域。

（5）随时巡查地面和台面卫生，及时清理以保持清洁。

6. 餐厅服务员结账工作流程

（1）顾客示意结账时，服务员应及时到吧台结算。顾客亲自到吧台结账，服务员应跟随，核对清单要准确无误。

（2）问清付款人，报清所消费的金额，双手递上账单，请顾客过目。顾客在看账单时发现疑问，服务员应马上核实，并耐心地做好解释工作。

（3）主动出示付款码。收到顾客付款现金，应双手接过，点清所收数目（收您 ××× 元，请您稍后付清或您的付款正好），到吧台找零后，在账单上签实付及姓名。回到餐桌，双手递给顾客找回的零钱（找您 ××× 元，请您清点并收好，谢谢！）；如顾客需发票，问请单位，如本店的发票打完或因机器故障无法给顾客开发票，应耐心向顾客解释，出具其他证明，示意顾客下次用餐时一起开发票。

（4）顾客离座拉椅，提示顾客带好随身携带的物品，并致欢送辞。

7. 餐厅服务员收台工作流程

（1）餐具应按档码放，不得大餐具摞小餐具。前厅用品和厨房用分开，使用规定的收台工具将餐具分别送到洗碗间和洗杯间。

（2）清整台面垃圾，擦净桌椅，及时摆台以便接下桌顾客。

（四）房务部服务员工作流程

1. 客房清洁流程

工作车准备

（1）清洁工作车，并按固定位置备齐布草、客用物品、清洁用品和客房清洁报表及客房用品每日消耗情况表。

（2）将工作车推到要打扫的房间门旁，挡住房门的一半，紧靠墙面，但不撞在墙上或把车停在走廊中央。

清洁客房次序

一般情况下应按下列顺序进行：

（1）挂“请速打扫”牌子的房间。

（2）VIP 房间。

（3）客人不在的房间。

（4）客人离店的房间。

（5）清洁客人在房内的房间，必须征得客人的同意。

（6）上日空房。

进房程序

（1）轻轻地按门铃三次，每次一下，并报自己身份“服务员”。

（2）用钥匙或房卡开门。

（3）房门开启三分之一时，再报一下自己身份。如房内有客人应答，在征得客人同意后方可进房。

（4）将房门敞开，进房清洁。

巡视检查

（1）进房后先将窗帘拉开。

（2）打开所有照明灯具，并检查是否完好有效。

（3）巡视门、窗、窗帘、墙面、天花板、地毯以及各种家具是否完好，若有损伤及时报告领班报修，并在客房清洁报表设备状况栏内做好记录。

（4）注意清洁客人离店的房间，必须仔细检查有否遗留物品，若有发现，应立即上报并做好记录，如系黄色书刊等立即通知服务中心上交保卫部。

（5）检查小酒吧

①若发现客人已使用过小酒吧的酒水和食品，并已填写了账单，应及时将账单第一、二联交服务中心。并由服务中心将第二联交前台收银，前台收银填杂项支出单给库房保管员，由库房保管员对照杂项支出单领出酒水。

②若客人使用了小酒吧的酒水和食品，未填账单，应代为客人填写，并签上自己的姓名，然后将账单第一、二联交服务中心，按同样顺序进行。

③随手把小酒吧的冰箱和物品清洁干净。

清扫垃圾

（1）将房内的纸屑、果皮等垃圾放入垃圾桶的塑料袋内。

（2）清洁烟具、烟缸内放少许水，将烟蒂浸湿后也倒入垃圾桶的塑料袋内。

（3）将装有垃圾的塑料袋放在工作车上的垃圾袋内。

（4）随手换回新的塑料袋，擦净废纸筒，并在筒内放好新的塑料袋。

清理脏布

（1）将客人放在床、椅等处的衣服用衣架挂好，吊入衣橱内（衣柜）。

（2）把床上的床罩、毛毯放在椅子或沙发上。

（3）换下床上的床单、被单、枕套，连同浴室内需要调换的四套巾（浴巾、面巾、小方巾和地巾）一起，记清数目后，放入工作车的布件袋内，发现有破损布件和毛巾，分开存放。

（4）同时取出有客衣的洗衣袋，检查后通知洗衣房交洗。

（5）从工作车上带进干净的布件。

（6）换下的脏布件待客房清洁工作结束后进行分类和清点，然后报告领班，领班填写布件洗涤单，然后通知专门人员送交洗衣房。

铺床

（1）铺床单：正面朝上，褶线居中，两边匀贴，床垫四角拉平包严。注意铺床时，不要用手梳理自己头发，防止头发掉入床单。

（2）铺被单：反面朝上，褶线与床单中线相叠，上端铺到床头顶端，下垂两侧匀称。注意铺床时，发现有破损的或未洗干净的床单和被单要及时更换。

（3）铺毛毯：

①毛毯上端距床头 25 厘米，两端下垂部分匀等。

②将床头长出毛毯的 25 厘米被单折回，作为被横头。

③在距床尾 25 厘米处，将毛毯连同被单向上折回 15 厘米，并铺理平整。

④稍用力把下垂两侧的毛毯连同被单塞入床垫下面包紧。

（4）套枕套：将枕芯塞入枕套，四角对准整平、拍松，发现破损或污渍要及时更换。

（5）放枕头：将两只枕头放在床头正中，正面朝上。单人床枕套口对向床头多功能柜，双人床枕套口互对。

（6）铺床罩：从枕头上方将全床罩住，两枕中间及枕下垫入床罩并均匀褶缝，除床头的一侧以外，床罩的其余三侧下摆匀称，不长过地面，转角铺理平整。

抹尘

抹尘顺序从左至右或从右至左以客床为中心而定，凡举手能触及的物件和部位都必须揩擦干净，在清洁时应注意和做到：

（1）用药棉和酒精清洁房内的电话机和副机。

（2）核对和校正电视机频道，检查多功能柜的功能。

（3）对紧贴墙面的床头板、镜子、艺术装饰挂件和踏脚板等物件清洁揩灰时，应用用剩的卷筒纸揩擦，避免污染墙面。

（4）在对各种物件揩擦干净以后，应随手将客人使用过的茶具、酒具和客用物品放到工作车上。

清洁浴室

（1）带好清洁用具。

小垫毯一块，放在浴室门口。

揩布四块：揩浴缸、墙面和浴帘一块；揩恭桶、地面一块；揩面盆、台面一块；擦镜子和镀铬五金配件干布一块。揩布应分开放置，防止交叉污染。

清洁剂和刷子两把：一把洗刷面盆、浴缸；一把洗刷恭桶。刷子应分开放置，防止交叉污染。

（2）清除垃圾。

把浴室所有脏物放入废物桶的塑料袋内，将塑料袋投入工作车的垃圾袋内。把其中如肥皂头等可以利用的物品集中放在清洁篮内。

（3）清洁面盆和台面。

将客人的物品移放至一边，清洁完后复位。

关闭面盆出水口，用清洁剂清洁整个面盆、皂碟和五金配件。

放水清洗面盆，打开出水口清洗下水口周围和盖子。

擦干面盆、皂碟和五金配件，擦清面盆、台面及污渍。

擦亮五金配件。

（4）清洁镜面及灯具。

①擦清镜框和镜面，擦去水迹和脏痕。

②清洁灯具和灯罩。

③擦清面巾架。

（5）清洗浴缸。

①关闭浴缸下水道。

②试开淋浴喷头，查看设备是否正常。

③清洁墙面及浴缸周围，擦去水渍和皂渍。

④用清洁剂清洁浴缸及皂盒。

⑤擦洗浴帘，除去污渍。

⑥放水洗净浴缸，清洗下水口和盖子，并擦干。

⑦揩擦浴帘架和浴巾架，擦亮浴缸五金配件。

（6）清洁马桶。

①用清洁消毒剂和刷子清洁马桶。

②放水冲洗，并查看有否漏水。

③用抹布清洗马桶周围、马桶坐圈和马桶盖。

④清洁水箱四周、水箱盖及开关把手。

⑤套上“已清洁消毒”字条。

（7）清洁墙面、门窗、排风口和地面。

①开启排风机，查看设备是否正常。

②揩擦墙面，除去污渍。

③清洁门窗、揩去浮灰。

④清洁地面，并擦干。

（8）补足客用物品。

补齐各种客用物品，然后关上窗户，拉好窗帘。

（9）吸尘。

①用吸尘器吸净地毯灰尘，从里向外，顺方向吸尘一遍。

②发现地毯有脏渍，及时并准确地用清洁剂清除，或通知专门清洗地毯的清洁工进行清除。

③吸尘时不要忽略床底和房间四周边角等部位，并注意不要碰伤墙面及房内设备。吸尘后，根据实际和需要，可以用空气清新剂喷洒客房，然后将房门轻轻关上，揩干净门把手。

④填写客房清洁报表及客房用品消耗情况表。

第六节　志愿者礼仪

志愿工作是指一种助人为乐、具组织性及基于社会公益责任的参与行为。不仅是个人仪表、仪容、言谈、举止、待人、接物等方面的综合体现，同时，更是个人道德品质、文化素养、教养良知等精神内涵的外在表现。

一、志愿者精神

志愿者精神是指一种互助、不求回报的精神，它提倡“互相帮助、助人自助、无私奉献、不求回报”。1994年12月5日，中国青年志愿者协会在成立大会中指出，“使奉献、友爱、互助、进步的青年志愿者精神在青年一代中发扬光大”。当前，“奉献、友爱、互助、进步”的志愿者精神已广泛为社会所接受。

1. 奉献

“奉献”指恭敬地交付、呈献，即不求回报地付出。奉献精神是高尚的，是志愿服务精神的精髓。志愿者在不计报酬、不求名利、不要特权的情况下参与推动人类发展、促进社会进步的活动，这些都体现着高尚的奉献精神。

2. 友爱

志愿服务精神提倡志愿者欣赏他人、与人为善、有爱无碍、平等尊重，这便是友爱精神。志愿者之爱跨越了国界、职业和贫富差距，是没有文化差异，没有民族之分，不论高低贵贱的平等之爱，它让社会充满阳光般的温暖。

3. 互助

志愿服务包含着深刻的互助精神，它提倡“互相帮助、助人自助”。志愿者凭借自己的双手、头脑、知识、爱心开展各种志愿服务活动，帮助那些处于困难和危机中的人们。志愿服务者以“互助”精神唤醒了许多人内心的慈善，使他们付出所余，持之以恒地真心奉献。“助人自助”帮助人们走出困境，自强自立，重返生活舞台。受助者获得生活的能力后，也会投入到关心他人、帮助他人、为社会做贡献的志愿活动中，这些志愿活动都涵盖着深刻的“互助”精神。

4. 进步

进步精神是志愿服务精神的重要组成部分。志愿者通过参与志愿服务，使自己的能力得到提高，同时促进了社会的进步。在志愿活动中无处不体现着“进步”的精神，正是这一精神使人们乐于付出，追求社会和谐的实现。

二、志愿者仪容仪表

仪表端庄、整洁，穿戴有志愿者标识服装，佩戴志愿者工作标识证件。

三、志愿者举止礼仪

应保持优雅的举止。

四、志愿者礼貌用语

1. 接待“五声”

（1）来有迎声。如：“欢迎您的到来！”

（2）问有答声。如：“去篮球馆请直走，那栋灰色建筑就是篮球馆。”

（3）去有送声。如：“请慢走，感谢您的支持！”

（4）关键时有提醒声。如：“请注意脚下台阶！”

（5）得到帮助时有谢声。如：“谢谢您的配合！”

2. 文明“十字”

您好、谢谢、请、对不起、再见。

3. 禁忌“四语”

（1）不尊重的蔑视语。如：“腿脚不方便就不要来呀！”

（2）缺乏耐心的烦躁语。如：“真烦人，你的问题可真多啊！”

（3）自以为是的否定语。如：“真没见过你这种连扫码都不会的人。”

（4）刁难他人的斗气语。如：“有本事你就不要问我呀！”

五、服务禁忌

（1）打招呼无论用点头、手势还是眼神，都应该看着对方的脸，面带微笑。

（2）切忌在双方相距太远的地方高声叫喊，尤其是在公共场所。

（3）向对方打招呼时，注意自己的举止。

Chapter five

第五章
沟通礼仪

第一节　沟通礼仪的内涵

有生命的存在就必然有沟通的存在。沟通的品质决定着生命的品质，沟通的品质离不开“礼仪”的加持。

有效的沟通无论是对个人的工作、生活，还是对组织的管理、决策，甚至是国家与国家间的睦邻友好、战略合作，以及国际争端问题的处理与解决都具有十分重要的作用。无论在正式场合还是非正式场合中，人们几乎无时无刻不在沟通。对于个人而言，一个人在生命的过程中都会期待、需要达成各种目标和愿望，而这些目标和愿望能否实现、能否顺利，往往都离不开他人和环境的支持与帮助。因此，有效沟通不仅是营造良好人际氛围的重要途径，还是释放和缓解压力、正确决策的重要工具。

难怪《智慧书》的作者葛莱西安在书中这样说过：“没有一个人类的活动像说话一样需要小心翼翼，因为没有一种活动比说话更频繁、更普通的了，甚至我们的成败输赢都取决于说的话。”这个决定成败输赢的话，它的关键点在哪里呢？其实就在这个“礼”，我们的古圣先贤早就指出：“失礼则人离，人离则众叛。人无礼不立，事无礼不成。礼的核心是敬，礼者敬人也。”敬是一种诚于内而行于外的个人态度的体现，可见态度是技巧的基础，技巧是态度的自然流露。

东方人说：“横看成岭侧成峰，远近高低各不同。”西方人说：“一千个人眼里有一千个哈姆雷特。”据有关专家统计，有关沟通的定义竟达100多种。可见沟通带有很强的主观性，所以对于什么是沟通，尽管表面是众说纷纭，但仔细分析后确是异曲同工。

一、沟通礼仪的定义

到底什么是“沟通”呢？英文有个词“Communication”的中文翻译常为“沟通”，从词源的探究上来讲，这个英文词是拉丁文“Communis”演变而来的，原意是“分享”或“建立共同的看法”。就人际交往和互动及社会功能性的角度来说，“Communication”译为“沟通”，非常能显示其内在交流、双向、共识的深层含义。它是人们分享信息、思想和情感的任何过程。这种过程不仅包含口头语言和书面语言，也包含形体语言、个人的习气和方式、物质环境——赋予信息含义的任何东西。

礼仪是人类文明的产物，是人们进行社会交往的行为规范与准则。具体表现为礼貌、礼节、仪表、仪式等，更是沟通的纽带和达成有效沟通的必备条件。

概括起来，沟通礼仪是人们在交往过程中，因为信息传递和被人了解的需求而体现出相互尊重的行为准则和规范。具体表现为语言、非语言、渠道、反馈。沟通礼仪不仅能调节人与人之间的关系，事情与事情之间的偏差，还能避免不必要的冲突和矛盾。

二、沟通礼仪中应遵循的原则

原则就是指经过长期检验所整理出来的合理化规范，是说话或行事所依据的法则或标准。沟通礼仪原则是指在沟通过程中，沟通双方应当遵循的行为准则或行为规范。在现实生活中，人们可能会有不同的世界观、人生观和价值观，在不同的生活环境甚至不同的文化背景下成长，可能会养成不同的生活习惯，造就不同的性格特点，具有不同的行为倾向。尽管如此，在沟通过程中评价沟通对象时，大多数人还是有相似的评判标准，那些多数人都赞同、经过实践检验的沟通行为准则，就形成了沟通的原则。

沟通礼仪的原则，是根据一定的伦理道德观念形成的。中国人的伦理观念比其他民族发展得早，而且比较完善。孟子描述的五伦关系就强调说：“父子有亲，君臣有义，夫妇有别，长幼有序，朋友有信。”就是说，父子之间有骨肉之亲，君臣之间有礼义之道，夫妻之间挚爱而内外有别，老少之间有尊卑之序，朋友之间有诚信之德，这些观念成为人际沟通的行为准则延绵至今，影响深远。西方的先哲亚里士多德也曾说："一个独立生活的人，他不是野兽，就是上帝。"可见任何一个人都需要沟通，人生的巅峰与低谷，成功与失败，掌声与暗淡——无一不给我们提供着如何沟通当中智慧的指引。

美国人本主义心理学家马斯洛，提出了著名的需求层次学说。他把人的需求由较低层次到较高层次依次分为：生理需求、安全需求、社交需求、尊重需求和自我实现需求五大类。而沟通礼仪的运用可以帮助自己及他人较好地满足这五类的需求。（见图 5-1）

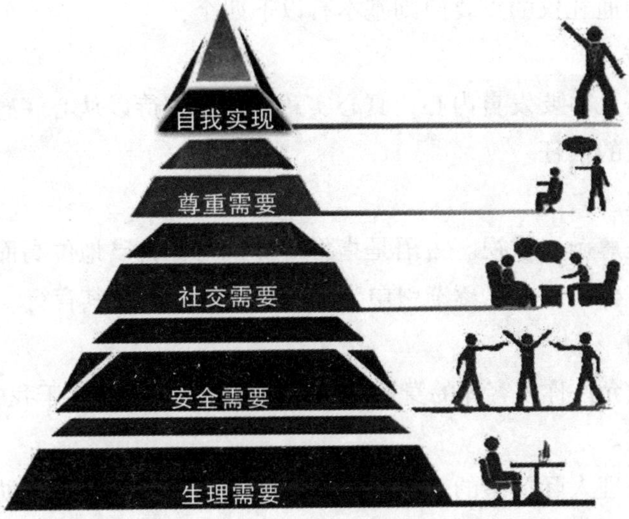

图 5-1

彼得·德鲁克（Peter Drucker）被《商业周刊》称为"当代不朽的管理思想大师"，《经济学人周刊》更断言德鲁克为"大师中的大师"。德鲁克在考证企业的沟通时提出了以下四项基本沟通原则。

（1）沟通是理解力。在沟通时，无论采用何种媒介，第一个必须回答的问题是："这个沟通在接收者的理解范围之内吗？他能收到它吗？"只有那些被理解的东西才能被沟通。

（2）沟通是期望。人们喜欢听他们想听的话。他们排斥不熟悉和威胁性的语言。只有通过理解听众的兴趣和期望，才能使他们从新的角度来看待某个问题。

（3）沟通创造要求。沟通总是要求接收者成为某种人、做某些事或相信某些话。换句话说，沟通通常请求接收者付出注意、理解、洞察、支持、信息和金钱。可能最重要的是沟通需要时间，时间是当代最有价值的概念。企业在任何沟通前必须问自己："我为什么要在这上面花费时间？是什么鼓励其他人把他们最宝贵的时间留给我，他们在结束时相信物有所值吗？"

（4）沟通和信息是不同的，实际上，它们大部分是相对立的。在人类的历史中，有过大量的沟通的事实，但留下记载的却微乎其微。

因此，沟通礼仪的重要原则基本有以下四个：

（1）真诚。

真诚就是凡事要发自内心，真心实意，坦诚相待以从心底感动他人而最终获得他人的信任。

（2）尊重。

尊重就是尊敬、重视。古语是指将对方视为比自己地位高而必须重视的心态及其言行，现在已逐渐引申为平等相待的心态及其言行。

（3）接纳。

接纳是我允许你以客体的身份，以你那独特的结构存在于我的内在。

（4）友善。

友善是处理人际关系的基本准则，公民基本道德规范。帮助他人，减少争执矛盾也是友善的一种表现。

三、沟通礼仪的要素

人与人之间和谐相处，是构建社会主义和谐社会的主要内容之一。和谐、融洽的人际关系，能够给人们提供一个良好的社会心理环境，从而提高生活和工作质量。因此，在日常工作和生活中，每个人都应该主动协调好自身与他人之间的关系，为自己、也为他人创造一个欢畅、愉悦的环境。

沟通礼仪是一个促进交换信息的工具。

沟通礼仪是一个感知和传递情感的载体。

沟通礼仪是一个加深建立关系的纽带。

沟通礼仪是一个协助解决问题的润滑剂。

因此，沟通礼仪有四大基本要素：

（1）时间（Time）。

（2）场合（Occasion）。

（3）对象（Object ）。

（4）事件（Event ）。

这四大要素决定了你用什么方式、什么态度、什么情感去和对方沟通。

值得注意的是沟通礼仪是与时俱进的，具有时代性的特点。社会在不断发展，但无论如何请谨记《论语》中的话，“礼之用，和为贵”。沟通礼仪的重要作用就在这个“和”字，和谐、和睦、和合。若无法避免意见不统一，各自主观差异大的情况，就更要遵循“和而不同”的原则，做到求同存异，争取共赢。

第二节　沟通礼仪的分类

沟通是一个完整的过程，而不仅仅局限在信息本身，要了解沟通发生的过程，尤其是沟通发生的各个环节，才有助于理解礼仪是如何帮助我们真正优化和改善沟通效果的。

沟通过程由七个要素组成，包括信息发送者、信息、通路、信息接收者、反馈、障碍和背景等。沟通发生之前，信息发送者将信息进行编码（转化为信号形式），然后通过媒介物（即通道）传送至接收者，由接收者将收到的信号转译（解码）回来（反馈）。这样，信息的意义就从一个人传给了另一个人。此外，信息传递过程还会受到背景和一些噪音的影响。这七个要素之间的相互关系，见图 5-2。

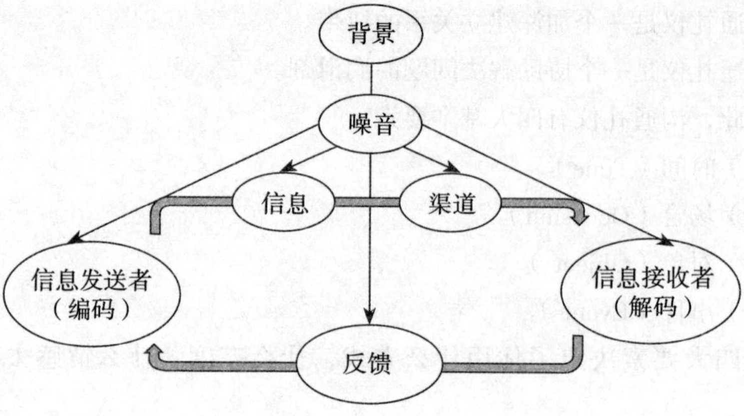

图 5-2 沟通过程模型图

【案例】

法国大作家大仲马，一次独自一人旅行德国。饥肠辘辘之际，入一小镇乡村酒店就座，欲点菜就餐，奈何不会说德语，手头又无今日常用的翻译 App。苦无良策，急中生智，即索取一纸，绘一蘑菇，示之侍者。

侍者乃一急性人，见图即恍然大悟状，连连点头称是，未顾及大仲马还在用手势比画，即如旋风一般消失，飞奔而出。

大仲马暗自得意，自觉不仅文章了得，画画也不错。然而久候不至，未免又生疑惑。

此时，侍者风风火火冲进门来，变戏法似地从身后拿出一棍状物，只听“叭”的一声，打开一把雨伞，洋洋得意。大仲马吃了一惊，即摇头苦笑，自叹画技太差，怨不得人。

从上面的案例可以看出，有效沟通具备的几个要素，信息通过渠道，用语言以及非语言的方式发送出去，而所有的渠道，包括语音及非语言都可能产生噪音，造成沟通不畅。因此，需要不停互相反馈，才能得到有效沟通。

一个人每天花 60% ~ 80% 的时间在“听、说、读、写”等沟通活动上。根据信息载体的不同属性，沟通整体表现为言语沟通及非言语沟通两个维度。如下图 5-3 沟通的分类。

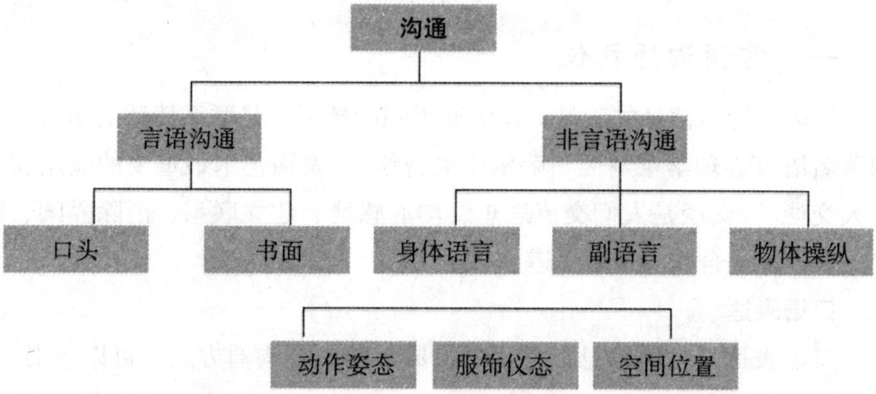

图 5-3　沟通的分类

言语沟通

言语沟通是指语词符号实现的沟通，可分为口头言语沟通与书面言语沟通。口头言语沟通是借助言语实现的沟通，平时的交谈、讨论、开会等都离不开口头言语的沟通。书面言语沟通是指借助书面文字材料实现的信息交流，如书信往来、文件传达、政令发布等。

非言语沟通

在沟通过程中，非言语沟通传递了大约 55% 的信息。非言语沟通的实现包括体态、动作等身体语言，声调、表情等副言语，以及环境布置、辅助仪器使用等。非言语沟通其实是很重要的沟通方式，但往往受到人们的忽视。

良好的沟通能力是构成事业基础的一个要项。能简明、有效地表达自己的意思，又能清楚地了解别人的用意，就会拥有最好的机会。而如今的社会第一次变成了“过度沟通”的社会，我们发出的信息一年比一年多，然而收到的信息却一年比一年少。 人们比以往任何时候都显得焦虑和不安，在面对面沟通中，在网络的评论区，你都能感受到这一点。

人生幸福就是人情的幸福，人生的幸福就是人缘的幸福，人生的成功就是人际沟通的成功 。

——美国保德信人寿保险公司总裁 Robert Beck

一、言语沟通礼仪

言语是传达信息的工具，是沟通思想的桥梁，是联系情感的纽带。美国著名语言心理学家罗西·萨尔诺夫曾说："说话艺术最重要的应用就是与人交谈。"交谈是人们交流思想、沟通感情、建立联系、消除隔阂、建立关系，促进合作的重要渠道。

口语表达

口语表达是传递信息最常用、最灵活的一种沟通方式，可以一对一、一对多、多对多。优点是快速传递和及时反馈，把误解的可能性降到最低，其缺点是失真的可能性较大，造成沟通不畅而缺乏效果的局面。为了达到良好的沟通效果，必须注意敬语、谦语、雅语等的使用。首先，要准备充分，明确哪些话该说，哪些话不该说；说到什么程度，重点是什么，哪些话先说，哪些话后说。做到心中有数。同时还要注意非言语方法的运用准备。其次，要主题明确，不管是面谈、会议讨论甚至是演讲，凡是比较正规的口头沟通都需要有明确的主题。主题不明确交流就难以深入，沟通的受众无法顺利接收到你想传递的信息，自然就无法有良好的反馈，进而难以达成共识。再次，语言还要简洁生动，语气、语调要恰到好处。因为同样一句话，不同的语气、语调，所表达的意思和取得的效果也会完全不一样。最后，口语表达还要谨慎和留有余地，同时还要善于倾听。留有余地是懂得分寸的体现，也为以后的进一步沟通或接触留下空间；倾听是为了更好地理解对方传递的信息，接下来有针对性地表达自己的意见和建议。

二、交谈礼仪

（一）把握交谈礼仪的基本原则

交谈礼仪中要坚持做到"四度四避"原则。即有尺度、有风度、有温度、大度；避免谈及隐私，避免浅薄，避免粗鄙，避免忌讳。

（1）有尺度。就是有分寸，是语言得体、有礼貌的首要问题。在人际交往中，谈话要有尺度，讲分寸，清楚自己的身份，适当考虑措辞，哪些话该说，哪些话不该说，哪些话应该怎样说才能达到友好的交谈目的，是讲究交谈礼仪时应该注意的。同时还要注意讲话尽量客观，实事求是，不夸大其词，不断章取义。讲话尽量真诚，同时配合以非语言要素，要在背景知识方面知己知彼，要明确交际的目的，要选择好交际的体式，用言语和行动恰当表现。

（2）有风度。就是在与人交谈时，多运用文明用语。文明用语不仅可以向别人表达感激的心情或歉意，沟通人与人的心灵。更重要的是能够建立起融洽的人际关系，如在得到别人的帮助时，应真诚地说一声“谢谢”。如果你不说一声“谢谢”，只把感激之情埋在心底，对方难免会产生一种不快的感觉，他的劳动没有得到肯定，或认为你不懂礼貌。同样，在打搅别人、给别人添麻烦时能真诚地说一声“对不起”，对方的气就会削弱大半。可见，恰当地使用文明用语是建立融洽的人际关系的第一秘诀。另外，注意使用一些“添加语言”，如“实在对不起”“真是不好意思”“打搅您一下”“麻烦您一下”“领导，对不起，我能打扰您一下吗”等，把这些语言添加进去，后面语句的语气就会变得委婉。人际交往中，多使用“添加语言”，人际关系会变得更加融洽、和谐。

（3）有温度。在生活中有温度的沟通常常是能将心比心的体现。交谈中懂得“对方思维”，站在对方的角度去理解他（她），肯定他（她），不仅更有助于提高沟通质量，而且会让彼此情感间的链接更为深厚。说话有温度体现在以下几方面：一是不要高声。二是不要语速太快。语速快了，别人听不明白，而且给人听了像吵架的感觉。同时，语速太快会影响思路。三是不要抢话。别人正在说话，你突然打断别人自己说，是不尊重别人的表现。四是要耐心等待别人说完。无论别人说得如何没有道理，无论别人的观点如何刺耳，无论你的见解多么高明，你都要耐心地等待别人说完。五是不要指手画脚。指手画脚是把自己的想法强加给对方，这种不适感会让人觉得不悦，产生抵触情绪。

（4）大度。在彼此的交谈过程中，难免有意见不统一，各持己见的时候为了达成最大的共识，就应该能够给对方空间，自己能接纳不同的想法，婉转而坚定地表达自己的意见，这就是“和而不同”的体现。切不可一言不合就恼羞成怒，气愤不已。有道是“学问深时意气平”，一个人内在涵养深厚了，学识具足了，一定能恰到好处地把握自己的情绪，外界的一切因素都很难影响其内心。而且“腹有诗书气自华”。准确、缜密的语言，头头是道，能够说服人；清新、优美的语言，饱含激情，能够打动人；幽默、机智的语言，妙趣横生，能够感染人。这些都来源于头脑中的广博知识。那种不学无术的油腔滑调、油嘴滑舌算不上好口才，那种不着边际的、没有什么实际意义的夸夸其谈也不是好口才。只有那种以丰富的知识为坚强的后盾，能够给人以力量、愉悦之感的谈话才是真正的好口才。

（5）避隐私。隐私，顾名思义，隐蔽、不公开的私事。这是一种与公共利益、群体利益无关，当事人不愿他人知道或干涉的个人私事，以及不愿他人侵入的个人领域。在交谈过程中，不能窥探他人隐私，不能触及别人隐私、隐痛或伤及别人的自尊心。说话要坚持"六不问"原则，也叫不问个人隐私原则，即不问年龄、婚姻、住址、收入、经历、信仰等。

（6）避浅薄。浅薄是指不懂装懂，讲外行话，或者言不及义。话语单调，词汇贫乏，语句不通，白字常吐。如果与浅薄者相遇，有教养、有知识的人听他们谈话，无疑会感到不快。社会是知识的海洋，我们每个人都不可能是"万能博士"或"百事通"。我们应当学有专攻又知识渊博，但总有不如他人之处，总有不懂某种知识之处，要谦虚谨慎，不可妄发议论。

（7）避粗鄙。常言道："言语是一个人学问、品格的衣冠。"一个相貌堂堂、看上去高贵文雅的人，如果一开口就说出粗俗不堪的话，那么别人对他的敬慕之心就会马上烟消云散。其实，这些人中的相当一部分并非学问不好、品格不好，只是在追求语言的新奇和俏皮的过程中，不知不觉地染上了那种难以更改的坏习惯。要成为一个举止优雅的人，就要在日常生活中有意识地调整、训练自己的言谈举止，不断提高自己的文化素养。

（8）避忌讳。人际交往其实就是语言艺术。一个人口才好、说话流利，善于表情达意，就能达到社交成功的目的。但也有人虽能言善辩，却没有一个知心朋友，大家见了他都敬而远之。"茕茕孑立，形影相吊"，终日孤零零地独来独往，其原因往往就在于他虽然伶牙俐齿、巧舌如簧，但是不知谈话的要领和忌讳。所以，在交谈中，要注意管好自己的口，用好自己的嘴，要知道什么话应该说，什么话不应该讲。不知道所忌，就会造成失败；不知道所宜，就会造成停滞。俗语"打人不打脸，揭人不揭短"说的就是这一道理。

总之，说话可以体现一个人的身份、修养和受教育的程度，因商交谈时，一定要注意文明优雅的语言，对下列这些语言，是绝对不能用的。

脏话：有的人讲话总是口带脏字，骂骂咧咧，这种人非但不文明，而且自我贬低，显得低级无聊。

粗话：有些人总想显示自己的粗犷，出言必粗。如把姑娘叫“小姐”，把有名的人叫“大腕”，把吃饭叫“撮一顿”等，好讲粗话的人，也非常不文明，而且有失自己的身份。

荤话：说荤话者喜欢把绯闻、男女关系等事挂在嘴边，说话“带色”，这种人不光显示了自己的无聊，而且也不尊重交往对象。

黑话：是指流行于黑社会的行话。有的人为了显示自己见过世面，显示自己的霸气常常喜欢讲一些黑话，以此来吓唬人。事实上，这种人显得匪气十足，令人反感，很难让人产生信任的感觉。

气话：即说话时闹脾气，泄私愤，寻报复，指桑骂槐。在交谈中说气话，不仅不利于交往。而且易得罪别人。在与人交谈前，如果对对方有不良情绪时，最好不要开口讲话。

怪话：有的人说话，总是怪里怪气，或耸人听闻，或黑白颠倒，让人不能辨其话的真伪。这种人往往想以自己的“怪”来征服别人。但结果却让人产生厌烦和不信任的感觉。

（二）交谈时多用敬语、雅语、谦语

交谈语言的总体要求是，礼貌、文明、准确。十字礼貌用语常挂嘴边（您好、请、谢谢、对不起、再见）。

1）语言要有礼貌

在人际交往中，少不了问候、称呼等一些礼貌之词，下面我们介绍三个方面的社交专用语。

礼貌用语

问候的语言：“早上好！您早，晚上好，晚安。”

致谢的语言：“谢谢你，多谢了，十分感激。”

拜托的语言：“请多关照，承蒙关照，拜托。”

慰问的语言：“辛苦了，受累了，麻烦你了。”

赞赏的语言：“太好了，真棒，美极了。”

谢罪的语言：“对不起，实在抱歉，劳驾，真过意不去，请原谅。”

同情的语言："太忙了，不得了啦，这可怎么是好？"

挂念的语言："身体好吗？怎么样，还好吧？"

理解的语言："深有同感，所见略同。"

祝福的语言："托你的福，老天保佑，你真有福气。"

礼貌称呼

称别人的父母、儿女、亲戚时，加上"令"或"尊"字，"尊翁""令堂""令郎""令嫒""令侄"等。

称别人的年龄时，用"贵庚、尊庚，芳龄、高龄、高寿"等。

称别人的姓名和字时，用"贵姓、大名、尊讳、尊字"等。

称别人的住处时，用"尊府、府上、尊寓、华居"等。

称别人的意见时，用"高见"等。

称别人的神态、相貌时用"风采"等。

称别人的亲属去世时，用"作古、谢宾客、仙游、仙逝"等。

社交专用语

初次见面说"久仰"，好久未见说"久违"；

请人批评说"指教"，求人原谅用"包涵"；

请给方便用"借光"；请人帮忙说"劳驾"，

麻烦别人说"打扰"，向人祝贺道"恭喜"；

求人解答用"请问"，请人指点用"赐教"；

看望别人用"拜访"，宾客来到用"光临"；

陪伴朋友用"奉陪"，中途先走用"失陪"；

等候客人用"恭候"，请人勿送用"留步"；

欢迎购买用"光顾"，归还原物说"奉还"；

对方来信叫"惠书"，老人年龄称"高寿"；

自己的诗画送人看，常道"齐正"或"雅正"；

每事办完道"谢谢"，别人寻求谅解称"没关系"。

2）言语要准确

在交谈中，只有做到语言准确，才能够真正实现双向沟通的目的。下面的问题应引起重视。

发音准确：一是发音标准，不能念错字，让人误会和笑话。二是吐字要清晰，不能含含糊糊，使对方难以听清楚。三是音量、语气要适中。

内容简明：在交谈中，语言要力求简单明了。避免尴尬地没话找话说。讲话还要注意中心，避免节外生枝、任意发挥、不着边际。

行话隐语少用：有些青年喜欢讲貌似流行的行话、隐语。若在场者有听不懂的第三方，容易造成误会和隔阂。再者，冒然用有的字词而又说不出所以然，还会适得其反有失身份。

土语慎用：若交谈对象里面有非家人、非乡亲的时候，要特别注意避免使用他们听不懂的方言和土语。以免产生被排挤或冷落的误会。这就是对对方的不尊重。

外语勿乱用：在非涉外场合中，非特殊情况，应该避免乱用外语，以免让人觉得说话的人好卖弄或虚伪。

三、演讲礼仪

1）准备充分

准备充分包括资料准备、仪容仪表准备以及心理准备三方面。

（1）材料准备。演讲前的充分准备，包括提前准备好演讲需要的稿件PPT等，提前现场预热，熟悉环境，调试设备。做到胸有成竹，尽在掌握。马克·吐温说："构成生命的主要成分，并非事实和事件，它的主要成分是思想的风暴，它一生一世都在人的脑中吹袭。"

（2）形象及心理准备。演讲过程，最忌讳紧张。一紧张可能导致忘词，说错话，词不达意，达不到演讲的效果。所以当你上场之前就该做好心理建设，可以预想成功，可以深呼吸，可以自我心理暗示。良好的形象可以让自己增添信心，减轻心理压力。莎士比亚说："一个人的穿着就是他的教养、品位和地位的真实写照。"穿上衣服不是为了掩饰什么，而是表达，最精确地诠释自己的魅力。在正式的演讲场合中，推荐和主题相关、具行业特色的服装。若不知道该如何选择，那就选择着正装（如西装、中山装等），只要按照规范穿着，这是最不容易出错的穿着。可能有人会有疑问，乔布斯演讲时，穿的就是T恤牛仔，那不行吗？所以特别想温馨提醒，个性很多只适合某个个体，想想个性与个体背景以及场合的匹配，就一定能做出最优选择。

（3）如约守时。要提前合适的时间到达现场，避免让听众等的现象，守时可以提升别人对你有好感。守时是人与人交流最基本的规则之一，切记一旦被破坏，很多事情就会被破坏。守时也是对自己的要求，是对自我品质的培养。列宁曾说："一定要准时。浪费别人的时间是谋财害命，浪费自己的时间是慢性自杀。"

（4）目光语的运用。在演讲的时候，应该照顾到前后左右的人，应该用坚定且友善的目光时常散点柔视，这会让演讲的过程更显得是交流的一部分，更加体现对现场听众的重视。

（5）肢体语言的合理运用。演讲的过程中要适时加入肢体语言及动作，加强演讲的生动性以及和听众的互动性。

2）情感至诚

演讲时，你真的投入感情了，自然就有感情了。首先你要感动你自己，才能感动别人。还有就是注意一下朗读速度。重音的技巧上，抒情的地方，可以加大音量，速度慢下来；叙事的地方，可以降低音量，加快速度。

（1）演讲作品真实生动。演讲作品真实生动是有感情演讲的基础，一份连演讲者自己都半信半疑的演讲作品怎么能真实地、饱含感情地呈现在听众面前。再者，一份有虚假成分，有水分的演讲作品也容易引起听众的质疑。

（2）演讲作品情感丰沛，一份本身就生动的演讲作品会使演讲者演讲起来更容易讲出感情。或许有人会问："一份与上面所说正好相反的演讲稿能不能有感情地演讲出来呢？"或者说："一份虚假、不生动的演讲稿能讲出真情实感吗？"当然也能，世界上没有绝对的事情。但是，这需要超级演说家才能办到，大多数人达不到这个境界，或者这个水准。

（3）理解演讲作品。演讲者要把作品的思想感情准确地表现出来，需要通过字里行间，理解作品的内在含义，挖掘出演讲作品的灵魂。在理解作品内涵时首先要清除障碍，搞清楚文中生字、生词、成语典故、语句等的含义，不要囫囵吞枣、望文生义。其次，要把握作品创作的背景、作品的主题和情感的基调，这样才不会把作品念得支离破碎，甚至歪曲原作的思想内容。演讲时千万不能“挤”情、“造”性。听众是敏锐的，他们不会被虚情假意所动，朗诵者要唤起听众的感情，使听众与自己同喜同悲同呼吸，必须仔细体味作品，进入角色，进入情境。

（4）自己融入作品。在理解、感受作品的同时，还需要自己融入作品，就像演员一样，首先读懂剧本，然后入戏，到最后不知自己是在戏里还是戏外。

3）内容深刻，言之有物

《大英百科全书》的编委会主席莫提默·J. 艾德勒在著名的《如何听如何说》一书中强调，50多年来，他一直从事各种正式讲课，既包括大学课堂里的讲课，也包括各式各样的公开演讲。由此，得出了一条重要体会，那就是千万不要给听众讲太过浅显的东西。如果你讲浅了，那么，他们不爱听你讲就不足为奇了，因为他们何必要再听你讲那些自己早就明白、了解的事情呢，千万要敢于讲一些超出听众水平的内容。通过你言语中所流动的激情，通过你所展示出来的能量，通过你运用肢体语言把极抽象的概念完好再现。你应该能够让听众展开思想的翅膀，尽量向上伸展，达到他们从未达到过的认识高度。假如你说的话有些超过了他们的水平，他们听不懂，这并没什么坏处。对他们来讲，讲深了，会让他们觉得有一种向上攀登的满足感（即使他们意识到，有很多东西都没能听懂），这可要比你给他们讲浅了，让他们感到傻傻地坐在那里、一无所获、浪费时间强得多了。

当然，这并不是说让你的演讲艰涩难懂，而是要给听众有益的思想，就要有针对性，做到难易平衡。更厉害的是把最难懂的部分能够形象生动、明白准确地表达了出来。

4）勿忘致谢

当你完成演讲时，别忘记那些给予你帮助的人，帮助你顺利完成演讲，帮助你在台上闪光，帮助你成就自己的人。所以那些坐在台下的人，那些台前幕后的工作人员，那些支持你的家人朋友，那些喜欢或者不喜欢你的人，都在帮助你做成更好的自己。别把别人的付出当成理所当然的，致谢礼仪还是情感付出的一种表现形式，它传递了你内心深处的感激之情，也延续了你与他人的交往感情。只要你是真心表达你的感谢，那么这些致谢的言语就会因为你的真情而充满生命力。它们将成为对方的宝贵记忆，有时也会成为对方生活中的一个鼓励和动力。

（1）要及时而主动地表示感谢，以示真诚。

（2）要根据不同的对象，选择恰当的途径和方法。

（3）要掌握好感情的度，力求做到合理与恰当。

四、书面沟通礼仪

在现代社会，无论科技发达到何种程度，人们都在使用各种载体的书面沟通形式，如微信的文字、脸书上的记录以及评论。在商务活动中，书面沟通更是常被采用的沟通方式。

与口头沟通方式类似，良好的书面沟通也是一种相对比较困难的沟通方式。要写出好文章需要技巧、理解以及丰富的创造力，而且它的反馈不如口头沟通那么及时。尽管如此，人们在工作和生活中还是经常采用书面沟通的形式。同时，书面沟通也比口头沟通更加正式，无论是人际交往或是公司公务往来，很多时候都要用书面沟通的方式来确认很多事宜，并且有利于沟通内容的长久保存。在下列情境中，更加有必要使用书面沟通。（见表 5–1）

表 5–1 口头沟通、书面沟通和论文写作的特点比较

特点	口头沟通	书面沟通	传统论文写作
正式程度	一般或极低正式	兼顾正式性和创造性	比较正式
使用人称	第一人称、第二人称	第一人称、第二人称	尽量少用第一第二人称
友善程度	友善	友善	无明确界限
个性化程度	个性化、针对谈话对象	个性化、针对沟通对象	侧重学术性
措辞	词句简短，口语化	词句尽量简短、避免口语化	大量采用技术性术语以及行业缩写
句子和段落	场合决定句子随意性	短句、要求分段落	长句和长段落
语法	不太讲究	语法规范	语法规范
视觉效果	场合决定视觉	讲究视觉效果	讲究视觉效果

五、文字信函礼仪

书信一般分为两大类，一类是写给亲朋好友的信件，称为私人信函，另一类则是事务信函（包括公函）。

1）公务信函

公务信函，是指公务文书的起草与修改，是撰写者代机关立言，体现机关领导意图和愿望的信函。现代公文，主要指党政机关在实施领导和行政管理过程中形成的具有法定效力和规范体式的文书，是进行领导管理和公务活动的重要工具。也泛指各级各类机关、社会团体、企事业单位制订、使用的公务文书。

符合党和国家的方针、政策、法律、法令和上级机关的有关规定。

情况属实、观点明确、文字精练、条例清楚、层次分明、标点正确。

人名、地名、数字、引文要准确。日期一般要写具体的年月日。

数字，除部分结构层次序数和词组、惯用语、缩略语、具有修辞色彩语句中作为词素的数字必须使用汉字外，一般用阿拉伯数字书写。

公文的作用

（1）领导指导作用。

（2）联系公务作用。

（3）宣传教育作用。

（4）凭证依据作用。

2）商务信函

商务信函是商务沟通的重要工具。

（1）信函是商务文书的最主要形式。

（2）商务信函关系到形象问题。

（3）信函是商务沟通的重要工具。

商业函件分为：① 致谢函；② 查询函；③ 结账清单；④ 求职答复函；⑤ 公司管理制度的写作结构；⑥ 年度工作报告；⑦致谢函。

3）私人信函

私人信函是要彼此间传递情感、交流思想的重要载体。私人书信又称“一般书信”，是个人在日常生活中使用的书信。

它可用来互通音信，联络感情；也可用来交流思想，互相学习；还可用来协商问题，办理私事。内容细大皆宜；篇幅长短不限；语言雅俗共存，表达灵活自由，既可叙述、描写，又可议论、抒情，是一种应用广泛、畅所欲言的实用文体。其格式包括称呼、正文、结尾、署名、日期五个部分。称呼写于首行顶格，后用冒号。必须既能表明关系，又能显示尊敬、亲热等情感。正文始于次行，须空两格，转行顶格。一般先写问候语，紧接着询问对方近况，然后再写双方共同关心的事情。若事情较多，应一事一段，使对方一目了然，最后应有几句简洁、自然的收束语。结尾一般都是祝颂语。祝颂语要因人、因时、因事恰当选用，切忌乱套。结尾的"此致""即颂""祝"等字眼一般紧接正文，而"敬礼""秋安""健康"等应另起一行顶格写，后面一般不用标点。署名写于结尾下一行的后半部分。给亲朋好友写信，名字前面应加恰当的称谓，以照应开头的称呼。日期写在署名的右下方。私人书信不管是邮寄还是面呈，都应用信封。信封正面分三行分别写明收信人的地址、姓名（姓名后空两格写"同志""先生""小姐""女士"等字样，再空两格写"收"或"启"）、寄信人的地址和姓名。左上方和右下方分别写清楚收、发信人住地的邮政编码。托人面呈的信，一般在上方写"请面交"等字样，中间写收信人的姓名，下边写"×× 托"就可以了。

曾国藩是中国近代史上最显赫和最有争议的人物，其生前毁誉参半，著名革命家章太炎对曾国藩的评价最为客观，称曾国藩"誉之则为圣相，谳之则为元凶"。

青年时代的毛泽东对他这位赫赫有名的同乡评价甚高，他在 1917 年致友人的信中说："吾于近人，独服曾文正。"蒋介石更是把曾国藩奉为终生学习的楷模，并来自从《曾国藩家书》中摘录出许多语录，诵读参悟。

唐浩明先生在 20 年的研究过程中所发现曾国藩的一个不同于一般政界人物的地方，即人格修炼和事功同时建立，相互促进。孔子在《论语》中说"古之学者为已，今之学者为人"。他的"为已"，不是今天讲的自私自利，而是提高自身的修养。孔子的"为人"，也不是今天讲的为人民服务，而是指治理、管理别人，即事功。可见在孔子时代，已经很明确地有这样的概念，即治学有两个方面的目的——"为已"和"为人"。在这两点上，曾国藩都做得比较好，不同于其他的政治人物。关于他的“人”和“事”：他怎样在事功的建立中完善自己的人格修炼，又怎样通过人格修炼来促使事功的完成。从《曾国藩家书》中我们可以窥见不同于常规意义上的一般的私人信函。不仅有对长辈的孝敬、对兄弟的手足情深，更蕴含自己独特的，对事对人的智慧以及坚定的立场和深入的分析。曾国藩的家庭教育思想，主要体现在他写给儿子纪泽、纪鸿以及诸弟的家书中。

曾氏家书行文从容镇定，形式自由，随想而至，挥笔自如，在平淡家常事中蕴含真知良言。尽管曾氏著作流传下来的太少，但仅一部家书足以体现他的学识造诣和道德修养，从而赢得“道德文章冠冕一代”的称誉。并成为中国历史上不可或缺的一个精神偶像。

六、请柬书写礼仪

1）请柬的样式

请柬一般有两种样式：一种是单面的，直接由标题、称谓、正文、敬语、落款构成。一种是双面的，即折叠式；一为封面，写“请柬”二字，一为封里，写称谓、正文、敬语、落款等。

2）请柬的结构

（1）标题。双柬帖封面印上或写明“请柬”二字，一般应做些艺术加工，即采用名家书法、字面烫金或加以图案装饰等。有些单柬帖，“请柬”二字写在顶端第一行，字体较正文稍大。

（2）尊称。顶格写清被邀请单位名称或个人姓名，其后加冒号。个人姓名后要注明职务或职称，如“××先生”、“××女士”。

（3）正文。另起行，段前空两格，写明活动的内容、时间、地点及其他应知事项。

3）敬语

一般以“敬请（恭请）光临”“此致敬礼”等作结。“此致”另起行，段前空两格，再另起行，写“敬礼”等词，需顶格。

4）落款和日期

写明邀请单位或个人姓名，下边写日期。

5）请柬的尺寸

在传统的请柬中主要分三种形式：正方形、长方形、长条形。这些产品的外形和尺寸都有一定的比例和大小。过大或过小都会给视觉和感官造成不适。大了蠢笨不精致；小了，不大气，不稳重。

（1）正方形

尺寸范围在 130mm × 130mm 至 150mm × 150mm，在国外通常在卡内增加副卡（如：路线卡、回复卡、项目卡，等等）。副卡一般可以做到 100mm × 100mm 左右。

（2）长方形

尺寸范围在 170mm × 115mm 至 190mm × 128mm，大小要随比例改变，要符合黄金分割。如有副卡不宜太大。

（3）长条形

尺寸范围在 210mm × 110mm 至 250mm × 110mm，大小要随比例改变。打开方式只适合横向和单边打开。

七、新媒体沟通礼仪

1）微信礼仪

微信已经越来越深地融入生活，它不同于电话、短信、BBS、QQ 等其他社交工具的特质，但也在改变我们的交流方式，新的社交礼仪因此应运而生。

“问完‘在吗？’请赶紧说事。”

不像 QQ，微信已经取消了在线这个概念，微信是一直在线的，有很多人特别不喜欢看见别人问“在吗？”，其实“在吗？”是 QQ 时代的遗物。在 QQ 时代，想看看对方是否在线，会礼貌地问一句“在吗？”表达“你现在方便不方便说话的意思”。一般问“在吗？”的，关系都比较疏远，而且暗含着托人办事的意思，这容易造成一种煎熬。尤其问完“在吗？”很久不说话，也许你只是在等对方回复，但是对被问的人来说，就有一种等待的未知压力。

“发语音前请先征得同意。”

发语音之前，最好先考虑一下身份、地位是否合适。如果是下属向领导汇报工作、乙方向甲方通报进展、晚辈向长辈问候，最好用图文的形式。一般情况下，人的阅读速度是比听东西快的，而且微信语音又不能快进，所以更占用时间。有些人口头表达能力欠缺，会造成语音中出现大量“水词”，不如老老实实打字。如果遇到特殊情况，比如开车，或者双手受伤，那就先跟对方说清楚，再语音。

“说完晚安后慎玩朋友圈。”

一般来说，在微信上互道晚安，并不是说马上就睡了，而是不太方便聊天。互道晚安之后，在朋友圈遇到这就很尴尬。还有在别人的朋友圈下面评论聊天，会让人家有删掉这条朋友圈的冲动。

“承诺不首先使用表情包。”

当一个人使用表情包的时候，谈话就已经到了比较尴尬的阶段。所以，有个约定俗成的说法——“承诺不首先使用表情包”。当大家都觉得无话可说，又觉得贸然结束不好意思的时候，就可以使用表情包了。一旦开始使用表情包，那聊天就即将尴尬又不失礼貌地结束。

（1）不要在别人忙时聊个不停。

不在别人忙的时候发送太多信息，这是一种礼貌。通常如果聊天对方看到信息没有立刻回复你或者回复“晚点再说”时，一可能是话题他不感兴趣，二是他在忙。

我们面对面和人交流时，当他突然有事要打断和你的谈话，都会说：“不好意思，我有点事情要办，我们下次再聊。”微信聊天也是一样，当别人很有礼貌地表示：“回聊。”此时你应该注意分寸，客气地说：“可以，那我们下次再说。”最不恰当的做法是，你已经知道对方在忙，却一直自说自话，不顾他人感受。

这样的做法，既是给他人带来困扰，也让自己在对方心目中的良好形象瞬间倾塌。

不要去质问为何他不回复你，无非两种情况：不想回和没空回。不想回的我们不需要强求，说明缘分已到；没空回的，等有时间一定会回头来找你。

不要聊个不停，也适合在微信群的做法。我们每个人都有很多微信群、家庭群、朋友群、工作群，要把握在群里说话的度。你可以做你们群里的话题引导者和气氛活跃者，但一定不能一天 24 小时都在“狂轰滥炸”。

你感兴趣的事情其他人不一定感兴趣，更重要的是大家都有那么多微信群，如果每个群里都是“聊得停不下来”的人，生活会变得嘈杂，工作也会受到影响。微信聊天，需要这样一种分寸感。懂得察言观色，才会让人看到你内心潜在的礼仪。

（2）尽量回复他人的信息。

如果别人给你发了消息，而你又比较有空，那么最好及时回复。即使对方发的内容你完全没有兴趣，也要适当地、礼貌地回复。不要故意不理别人，可以通过减少回复的积极程度或者找个理由表示出你不太想聊的意愿，给对方一个台阶下。

如果你很忙没有及时看到消息，可以等方便的时候向对方解释。我们在对待及时回复这件事上其实是一样的，换位思考一下，等待回复的是你自己的话，你当然也希望就算没什么可聊的，至少给我一个态度。

另外，及时回复消息可以说是工作当中最主要的一种礼仪了。有一个词叫“有问有答”，当别人提出问题，我们最好都给他提供一个回答。举个很生活的例子，当你和你的上级发微信请病假时，你发送完信息上级迟迟不回复你，那这假到底算请了还是没请？你会很紧张，收不到回复其可能最终你还会拖着病回去上班。

小时候长辈时常教导我们，别人和你说话的时候你要回人家的话，这是礼貌。是的，微信中别人和你发消息你尽量去回复，这也是一种礼貌。

（3）把握好发微信的方式和时间。

科技在进步，微信的聊天方式也是各式各样。从最开始的纯打字，文字消息，到语音和视频消息。交流越来越畅通，但随之也呈现出很多问题。

不合时宜的语音信息，无处不在的视频邀请，千奇百怪的表情达人。

虽然微信交流方式很丰富，但需要针对人群去做到心中有数。

别人在工作或者忙事的时候，能打字还是尽量打字。试想如果对方在开会或者在上课，并不方便听语音，而文字总是一目了然，也节省阅读时间。换成是你，在工作时连着收到四五条时长 1 分钟的语音信息，是不是也会很崩溃？微信群里一排排未读的语音信息，是不是很无语？

慎用语音聊天功能，也别随便发起视频通话。不是每一个人都随时等候着你，毕竟要工作、要赚钱，大家都很忙。就算是空余的休息时间，想要视频聊天也请先征求一下对方的意见再发起邀请。

会发微信的人，不只懂得发消息的方式，也会考虑周全发消息的时间。很多人的作息时间是很规律的，早上 8 点前起，晚上 11 点前睡，不是特别紧要的事情，最好是注意一下发微信的时间。无论是太早还是太晚，都有可能打扰到别人的休息。

微信聊天，我们需要自觉去完善自己的礼仪。礼仪周全不需要我们花钱，但却比什么都要值钱。

2）社交媒体礼仪

（1）朋友圈礼仪。

朋友圈更多是情感交流，不是营销平台。建议不要发太多和工作内容相关的事情，虽然会被同在朋友圈的老板视为勤力，但是朋友圈内的其他人并不都是老板或上司。可以广告，比例适中，最好软广，不要太硬。保险业的朋友们要想到虽然您是呕心沥血地为朋友福禄着想，但他们可能不领情，就当这些人不值得拯救吧，别整天发保险理财重要性了。身为老板，似乎发工作信息是天经地义，但也要想到，朋友圈并不都是客户和员工，还有一部分人叫做朋友。

微博已经承载了新闻播报的功能，所以你不需要担当主播的角色，除非那些新闻特别紧要，你非要分享给朋友们不可。“心灵鸡汤”也要适量，毕竟人喝多了鸡汤后会倒胃口。段子，就交给冷笑话精选吧，你订阅了，你的朋友们可能也订阅了，不需要你做“二传手”。

不要随意拉别人进微信群，除非是为对方解决问题起见。要想到你的朋友们被你莫名其妙地拉进群后，他们有可能立刻会接到很多要求加为朋友的验证请求，而有些人并不愿意和很多陌生人建立联系。

看到朋友发的一些内容，可以适当点赞或评论，当然点赞要注意内容，不要别人发一条悲伤的消息也点赞，此时，评论安慰即可。

当所发微信有朋友评论，点击在那条上面，回复框会出现：“回复 ×××：“多用这种方式回复，如此，其他参与回复的朋友，不会收到与自己无关的消息提醒。虽然人都希望被别人注意，提醒也是一种方式，但是，对朋友形成打扰未必适当。

不喜欢一个人在朋友圈中的信息，不需要删除，点击其头像，出现详细资料页，再点击右边的三个点，出现“设置朋友圈权限”，选择“不看他（她）的照片”就可以了，注意尽量不要选择“加入朋友圈黑名单”，否则对方会明白你把他加入了黑名单，因为在他那边看来，你的所有相册都显示已被删除。人情社会，面子上总要照顾到，删除了对方后，对方发消息给你时，会提示需要验证。对方会恍然大悟，有可能恼羞成怒，于是你们生活中的交情也破碎了……

尽量不要刷屏，不要让朋友打开朋友圈看时，都是你发的内容，朋友受不了的话，可能会含泪设置为“不看你的照片”。

（2）微信群礼仪。

每个群都往往是特殊的人群，有的随意，有的就需要照顾一下同群的感受。如果每天广告、刷屏而导致别人的不满甚至退群，这个不太合适。

群交流如果是两个人对话较多，不要当着大众的面持续交流，可以加进通讯录私聊，避免扰众。

微信群交流尽量用文字，不用语音，因为没有多少人会点开语音听你讲什么。

在群里尽量不要发太长、需要几屏才能看完的文字，这样别人要想看其他人说什么，就需要费力越过你发的文字才行。

（3）微博礼仪。

多和朋友互动，有喜欢的微博一定评论加转发。

最好先关注别人再发表评论，尤其是那些反对的意见。那些因为一个关键字在网上成天搜索，看到不同观点就搁人家微博下面放一炮，这是很失礼的行为。至少在关注别人之后才有交流的必要吧？

“互粉”的人取消关注对方后，最好也把对方移除“粉丝”，这样对大家公平一些。

最好不要在自己微博里发岁月静好，而在别人的微博下评论时无理谩骂。

（4）其他注意事项。

①别人给你看手机的照片，不要自己不断前翻后翻。

②别人在手机上输密码时要避过不看。

③和朋友吃饭，不要一直看手机。

八、非语言沟通礼仪

非语言沟通形式是最古老的沟通形式，早在人类诞生以前就产生了，如各种动物的沟通都具有自己的非语言表达形式。远古时代人类会用结绳记事，它是摆脱时空限制记录事实、进行传播的一种手段之一。它发生在语言产生以后、文字出现之前的漫长年代里。很多文字在早期都具有明显的符号特征，如汉语中的象形文字。不过与动物相比，人类的身体语言、表情等更加复杂。现在，人类已经创造了非常发达的标志符号体系。比如，人们设计的很多几乎通行全球的标志符号，如交通标志、危险符号等。

非语言沟通，就是指用语言以外的，即非语言符号系统进行的信息交流。这种形式一般表现为视觉——动作符号系统（动作、表情、体态语言等）、目光接触系统（眼神、眼色）、辅助语言（说话的语音、语气、语调、节奏、轻重等）、空间运用（身体距离）以及标志符号等。

曾经的热播美剧《LIE TO ME》（对我撒谎，你试试）的灵感来源于行为学专家 Paul Ekman 博士的真实研究以及畅销书 *Tellig Lies*（说谎）。本剧根据真人真事改编，剧中的侦探 Paul 博士能够发掘深埋在人类脸部、身体和声音里的线索，然后将犯罪调查中的真实与谎言昭示天下。他是世界领先的侦探专家，是一个研究面部表情和随机肢体语来探索你真实想法的科学家。在剧中当犯罪嫌疑人不经意地耸肩、搓手，或者扬起嘴唇，Paul 就知道他们在撒谎。通过对脸部表情的分析，他可以读懂一个人的感情从隐藏在心底的憎恶，再到嫉妒，通过表情、体态、身姿洞察人的内心。

（一）非语言系统的特点及在沟通中的作用

人们常常认为沟通主要是言语沟通，即用语言表达自己的观念、思想、情感。事实上在生活中常常存在“此时无声胜有声”的现象，非言语的沟通更能生动、直观、真实地反映人们的思想。优雅的谈吐、得体的衣着、和谐的体态等能传递给人美好的形象，给人留下较好的印象。在人际交往中非言语沟通的正确运用，是传播正能量，体现对别人看重、尊重的重要途径，而学会察言观色是人际交往中重要的能力。

人们在日常交往中往往会发现，有时非语言沟通可以起到语言文字所不能替代的作用，即使是在沉默中，一个人的手势、表情、眼神、笑容等都可以说话或传情达意。所以，非语言沟通不仅是利用语言进行信息交流的一种补充，而且是一种人与人之间的心理沟通，是人的情绪和情感、态度和兴趣的相互交流和相互感应。

1. 非语言沟通有以下四个特点

（1）非语言沟通的文化性特点。

许多非语言沟通是在儿童时期，由父母和其他相关群体传递的。在经历了某种特定社会的成长过程，人们接纳了自己所在文化群体的特性和风格。当人们第一次相遇时，中国人通过点头来传递信息，或是轻轻握对方的手。美国人把目光接触看得很重，身体接触局限在有力地握手上。然而，波兰男子在第一次遇到一位女子时，他可以吻她的手。有些国家可能通过拥抱来反映他们的关系。在奥运会上，当中国运动员穿着红黄颜色且有五星标识的服装，站在领奖台上时，就明白地告诉人们："我是中国人。"

有些少数民族，在本地区隶属于自己的文化群体，从他们所穿的服装就能辨别是什么民族；学校定制统一的校服，不论在哪里，实际上是在告诉人们："我是某某学校的学生。"

值得注意的是，男女的非语言沟通也是有区别的。在公共场合中，男人坐姿比较松散，有几个男人时，男人与男人通常是分开坐。而女人的坐姿是女性化的，两腿并拢；若有几个女人则常常是挤在一起。

（2）非语言信息在很大程度上是无意识的。

若一个人感冒了或是生气了，别人就能通过表情判断出来，如从你的声音、姿势等脸色感觉出来。别人在对你做一种评价时，即使你不说一个字，通过你的表情就可以知道你的感觉。

我们通常意识不到自己的非语言行为。如当我们与不认识的人在一起的时候，站的距离就比较远。我们举起拳头有力地挥动几下，就表明你决心已定。

（3）非语言沟通表明的情感和态度。

面部表情、手势、形体动作及使用目光的方式，都向他人传递了我们的情感和情绪，人们能从我们的面部发现情感和情绪，包括愉快、悲哀、惊讶、恐惧、愤怒和是否感兴趣。研究表明，通过一个人说话的声音可以准确地识别他的情绪。

（4）与语言沟通相比非语言沟通更加直观、真实。

例如，一位作风专断的主管一面拍桌子，一面宣称从现在开始实施参与式管理，听众都会觉得其言辞并非这位主管的本意。在礼节性拜访中，主人一边说“热烈欢迎”，一边不断地看手表，客人便该知道起身告辞的时间已到。事实上，在语言只是一种烟幕的时候，非语言的信息往往能够非常有力地传达“真正的本质”。扬扬眉毛、有力地耸耸肩头、突然离去，能够交流许多具有价值的信息。

2. 不难发现非语言的作用非常重要

（1）非语言信息替代语言信息的暗示作用。

例如在谈话中，你的老师或老板怎样暗示你结束谈话呢？可能是从椅子上站了起来，或是整理桌子上的文稿等，这些都是向你传递结束了的信息。在宴请餐桌上领导传递给他的下属一个眼色，这位下属接受传递来的信息，马上站起来向宴请者敬酒，并表示感谢。

（2）非语言信息具有加强语言含义的作用。

如一个人与某人谈问题时说“真对不起”，并且用拍对方的肩膀或拥抱对方的动作来加强这种信息。向朋友说自己星期天必须要去登山时，可能就会配合自己的语言，向朋友使用习惯性的比画动作说到登山；异性约会对对方有好感的时候，他的身躯是前倾的。

（3）非语言信息表达情感态度。

人类的各种情感都可以通过面部表情反映出来，面部表情的变化能够真实、准确地反映感情并传递信息。一个会心的微笑，一副怒目横眉的面孔，一个悲痛欲绝的表情，一个喜眉笑眼的动作，向他人传递了喜怒哀乐的情感。

表现情感最显著、最难掩饰的部分，不是语言，也不是动作，而是眼神。古语有云：“巧笑倩兮，美目盼兮。”眼睛是心灵的窗户，目光的接触也是灵魂的接触。读懂对方的眼神，也就是读懂了他的内心。

眼神能够自由地沟通彼此的心灵，能够创造无形的、适宜的情绪气氛，使两颗心相互进行神秘地、直接地窥探。透过眼神可以看出一个人是欢乐还是忧伤，是烦恼还是悠闲，是厌恶还是喜欢。从眼神中有时可以判断一个人的心是坦然还是心虚，是诚恳还是伪善：正眼视人，显得坦诚；躲避视线，显得心虚；乜斜着眼，显得轻佻。眼睛的瞳孔可以反映人的心理变化：当人们看到有趣的或者心中喜爱的东西时，瞳孔就会扩大；而看到不喜欢的或者厌恶的东西，瞳孔就会缩小。

在实际生活中，我们不仅要观察体会对方的眼神，也要善于利用自己的眼神表情达意。在与人沟通时，我们应该目光专注以表现出对对方的尊重和对其所说内容的重视。说话人与听话人目光对视可起到感情和情绪微妙沟通的作用。但是，目光专注也不能死盯着对方，那样会被认为是不礼貌，甚至是侵犯。

手势语作为无声非语言符号是非语言沟通中重要的表达方式，具有极强的表情达意的功能，表达的信息丰富多彩。

（4）否定语言含义。

否定语言含义是指在沟通中非语言与语言所传达的信息内容相反。即语言沟通的内容与人们的真实意图、想法不一致。例如，两人发生了冲突，其中一个说："我希望您别生气。"另一个回答："我才不生气呢！"不过提高音调，带着不屑眼神，或嘴角紧闭，握着拳头。当某人在争吵中处于劣势时，却颤抖地说道："我怕他？笑话！"但不难看出，说话者的嘴唇在颤抖。

（5）非语言沟通的种类。

美国心理学家艾伯特·梅拉比安经过研究认为，在人们沟通中所发送的全部信息仅有7%是由语言来表达的，而93%的信息是非语言来表达的。非语言沟通的具体形式有副语言沟通、身体语言沟通、空间距离及物体的操纵等。其中55%是通过面部表情、形体姿态和手势传递，38%通过音调传递。在非语言沟通中，沟通双方相互作用的本质是十分明显的，没说一个字，你就能通过衣服的选择、面部表情、姿势或任何其他非语言信号来沟通。仅仅是走在路上这一种简单行为，你也在发出信号，并从不相识的过路者那里得到信号。你在想"多漂亮的大衣，不知道是在哪里买的？""她是住在我们小区，真想多了解她。""他的个子真高，可能是一个运动员"。当别人看到你时，他们也可能同样在对你进行评价。

非语言沟通是人们借助语言之外的其他各种沟通方式来传递信息的

一种沟通方式。尽管语言是人们主要的沟通工具，但是非语言的信息往往也是重要的沟通工具的一方面，在语言沟通过程中，如果同时运用非语言沟通将大大丰富沟通所传递的信息，提高沟通的效率；另一方面，在沟通中，有时人们甚至完全不需要利用语言，而只需要通过姿态、眼神、表情、仪表和服饰等非语言信息，就能很有效地传递有关信息。下面我们重点介绍身体语言、辅助语言以及空间使用。（见表 5-2）

表 5-2　非语言种类及线索

非语言种类及线索	表达方式或示例
身体动作	面部表情、手势、眼神、接触、和身体其他部位的任何动作
个人身体特征	身段、体形、姿势、体味或呼吸味道、身高、体重、头发
辅助语言（与语言有关）	沉默、间断、说话速度、笑声、打哈欠
空间使用	座位的安排、谈话的距离
物质环境	家具和其他物品、内部装饰、整洁、照明和噪音
时间	早到和迟到、等待、时间知觉差异、时间利用差别

3. 身体语言

1）身体语言也称为形体语言或肢体语言，包含以下几个方面

（1）有象征意义的动作。有象征意义的动作是指能够直接说明含义的形体动作。路边想搭车的旅客，伸手招呼是“请停车，我要搭车”的象征。伸开“V”字形手指象征着胜利。上下点头是同意，左右摇头是不愿意。在我们的社会中，绝大多数人都知道这些动作象征的含义，并通过它去传递一些特定的信息。象征动作在不同的文化间通常是不能通用的。如在乒乓球双打比赛时，给对方伸出一个手指，这只有他的搭档才能明白它的象征意义。

（2）说明性动作。说明性动作是加重或强调词语的含义。如果某人问你的衣箱有多大，你会用词语描述，并用手势说明它的尺寸。如果某人给你指路时，她指向前面的路，并在适当的地方做向左或向右的手势。说明

性动作有助于使沟通更加准确。如果某人告诉你他钓了条大鱼，通过他用手比画，你就对这条鱼的大小有一个概念。他可以告诉你鱼长多少厘米。但通过手的说明性动作，你会知道得更加准确、形象。然而，不是所有的说明性动作都用手势。如，老师在黑板上，就用下画横线来说明这段内容是很重要的。

（3）情感表露。情感表露是通过面部和形体动作来展示情感的激烈程度。如果你走进教授办公室，教授说："我看出你的心情不好。"他在对你表露出来的有关情感的非语言暗示做出反应。你可能用形体姿势表明："我不同意你的观点，我要和你辩论。"

2）身体语言的具体表现形式

（1）肢体语言与脚语

肢体语言。主要是四肢动作所传递的信息，我们这里主要介绍手部语言、握手与脚语。

①手部语言是肢体语言中最核心的部分，包括手势语言和握手姿态。

常见的手势语言有：手掌朝上，表示真诚、顺从，不带任何强制性和威胁性；手掌朝下，压抑或控制，带有强制性和支配性；不断搓手掌，冬天御寒，平时表示情绪紧张不安，急切期待某件事情的心情；紧握其余手指，伸出食指指向对方，不满对方的所作所为而教训对方，带有威胁性；两手手指相互交叉，拇指相互搓动，表示无聊、紧张不安或烦躁等情绪；两手手指架成耸立的塔形，一般用于发号施令或意见，倒立的尖塔形通常用于听取别人的意见。

②握手姿态。握手中一方所使用的力量、姿势和时间长短都传递不同的信息。常见的握手类型有：支配性与谦恭性握手。手心向下，传递支配性信息，地位显赫的人一般采用这种方式；手心向上，传递顺从态度，愿意接受对方的支配以及谦虚恭敬的态度；双方都想处于支配地位，双方手掌都处于垂直状态，同事之间、朋友之间、社会地位相当高的人之间握手一般采用这种形式。

③脚语：脚语能表达某个人独特的心理。通过心理学家的研究发现一个有趣的现象：人体中越是远离大脑的部位，其可信度越大。脸距离大脑中枢最近但最不诚实。我们与别人相处，总是注意他们的脸。而且我们

也知道，别人也以相同方式注意我们。所以，人们都在借一颦一笑撒谎。再往下看，手位于人体的中间偏下，诚实度也算中庸，人们多少会利用它说过谎。可是脚远离大脑，绝大多数人都顾不上这个部位，于是，它要比脸和手诚实得多。

就好像人体语言的所有其他信号一样，脚的习惯动作也表达着自己的语言。在我国丰富的语言词汇里，有许多描述脚语的形容词。这些形容词与其说是描写脚步的轻、重、缓、急、稳、沉、乱，不如说是描述人的内心或稳定或失衡，或恬静或急躁，或安详或失措的状态。人的心情不同，走路的姿势也就不同。人的秉性各异，走起路来也有不同的风采。脚语是一种节奏，是为情绪打拍子的，如同舞场的旋律。“暴跳如雷”是自然界的快节奏和重节奏。“春风得意马蹄疾”也是一种快旋律的节奏，直接反映出人内心的状态。

脚语除反映人的情绪外，可以反映人的性格，人的脚步尽管因地因事而异，但是每个人都有自己固定的脚语。这样我们就能解释一种现象：对于熟悉者，你不用问是谁，仅凭那或急、或轻、或重、或稳的脚步声，就能判断出个十之八九了。

（2）面部表情

面部是所有非语言沟通形式中最重要、使用最频繁、表现力最强的部位。眼睛、嘴巴、眉毛等面部器官都能准确地传递人们的感情、想法和目的。人们通过面部器官的不同组合可以表达出超过 25 万种不同的面部表情。面部表情是指通过眼部肌肉、颜面肌肉和口部肌肉的变化来表现各种情绪状态。面部肌肉松弛表明心情愉快、轻松、舒畅，肌肉紧张表明痛苦、严峻严肃。一般来说，面部各个器官是一个有机整体，协调一致地表达出同种情感。当人感到尴尬、有难言之隐或想有所掩饰时，其五官将出现复杂而不和谐的表情。

口部肌肉的变化也是表现情绪的重要线索。伤心时嘴角下撇，欢快时嘴角提升，委屈时噘起嘴巴，惊讶时张口结舌，愤恨时咬牙切齿，忍耐痛苦时咬住下唇。鼻子也能表达一定的情绪状态，厌恶时耸起鼻子，轻蔑时嗤之以鼻，愤怒时鼻孔张大，鼻翼抖动；紧张时鼻腔收缩，屏息敛气。

我国心理学家林传鼎的实验研究证明：口部肌肉对表达喜悦、怨恨等情绪比眼部肌肉重要；而眼部肌肉对表达如忧愁、惊骇等情绪则比口部肌肉重要。

（3）微笑表情

隆涅，德国生物学家，一生从事人体生理机能的研究。他是一位幽默大师，“一天中最大的损失，是没有笑过一声”是他的个人名言。

隆涅在他 92 岁高龄的时候，获得了由国家颁发的荣誉奖章。在颁奖仪式上，隆涅并没有发表那些千篇一律的获奖感言，他只是操起了老本行，又谈起了人体机能结构。隆涅说：“现在，坐在台下的你们和我一样，都不再是年轻人了，对咱们来说，长葆青春的方法只能是延缓衰老。所以我们需要节省精力，让自己看起来更有精神。”大家都觉得他的获奖感言别具一格，非常有兴趣知道他接下来将要说什么。隆涅接着说道：“你们知道吗？当你皱一下眉头的时候，有 30 多块肌肉会被一起带动，而你笑一下只需要动 13 块肌肉，从这个数据上的比较，我们可以看出来，笑一下消耗的能量要比皱眉头要少得多。当你皱眉的时候，你的肌肉是紧缩的，而当你微笑的时候，你的肌肉是舒展的，肌肉长期舒展，不容易长皱纹。所以，在座的各位朋友，为了永葆青春，请经常微笑吧！”他的话刚说完，在场的科学家们全都笑了起来。

笑容是一种令人感觉愉快的面部表情，它可以缩短人与人之间的心理距离，为深入沟通与交往创造温馨和谐的氛围。因此，有人把笑容比做人际交往的润滑剂。在笑容中，微笑最自然大方，最真诚友善。世界各民族普遍认同微笑是基本笑容或常规表情。真正的微笑应发自内心，渗透着自己的情感，表里如一，毫无包装或装饰的微笑才是真正的社交通行证。

（4）眼神（目光语）

我们用眼睛传递着很多信息，虽然没感觉到眼睛的运动，比如对他人的兴趣。在课堂上的厌烦或在得到了想要的礼物时的兴奋。人的眼睛是最善于传情的，不同的眼神可以表达人的各种不同的情绪。例如，高兴时“眉飞色舞”，气愤时“怒目圆睁”，恐惧时“目瞪口呆”，悲伤时“目光呆滞”等。所以，人们称眼睛是心灵的窗户，能够最直接、最完整、最深刻、最丰富地表现人的精神状态和内心活动，眼睛不仅能传达感情，而且可以交流思想。人们之间往往有许多事情只能意会，不能或不便言传，在这种情况下，通过观察人的眼神可以了解他的内心思想和愿望，推知他们的态度：赞成还是反对、接受还是拒绝、喜欢还是不喜欢、真诚还是愤怒等。

一个人的眼神很重要，可以传递各种不同的信息。年轻人想要做自己的事，仅从那种自信的目光中就可以看得出。情人和恋人的眼神里充满着火辣辣的光芒。有些能表现出咄咄逼人的气势。透过视线的活动看心态，人的视线活动的方式也反映着人的心态。一般认为，目不转睛地注视对方谈话的人较为诚实。但不一定是自始至终盯着不放。相反，视线的移开，其情况又如何呢？一般认为初次见面时，先移开视线者，其性格较为主动。另外，谈话中，有意处于优势地位的人，认为一个人是否能占上风，在最初的几秒即能决定。当视线接触时，先移开目光的人就是胜利者。相反，因对方移开视线而耿耿于怀的人，就可能胡思乱想，以为对方嫌弃自己，或者嫌自己谈不来。因此，无形中对对方的视线有了介意，完全受对方的牵制了。正因为如此，对于初次见面就不集中视线跟你谈话的挑战型对象，应特别小心应付。不过，同样是撇开视线的行为，如果是在受人注意时才移开视线，那就另当别论了。一般而言，当我们心中有愧疚，或有所隐瞒时，就会产生这种现象。一位建筑家，曾经画过一幅皱着眉头的眼睛抽象画，镶嵌在透明板上，在悬挂期间，偷窃率大大降低。虽然并不是真正的眼睛，但对那些做贼心虚的人来说，却构成了威胁，极力想避开该视线，以免有被盯梢的感觉。

目光的种类大致分为仰视、俯视、斜视、扫视、打量。而在人际交往过程中，体现相互尊重的目光语是平视。《弟子规》里面记有：“长者立，幼勿坐；长者坐，命乃坐。”意思是长辈或者级别、年龄较尊的一方坐的时候，年纪较轻、地位较低的通常是不坐的，当尊者请你就坐时，你才能入座。其中不仅体现的是尊长的美德，还有背后的相互尊重的目光语——平视的体现。

（5）目光的回避

很多时候目光的回避，也是表达一种尊重。如服务过程中，客户输入密码的时候，他人无意做出欠雅行为的时候，他人穿着欠得体的时候，适时目光回避能有效保护他人隐私，避免尴尬的场面。

（6）着装

着装打扮也是向外界传递信息的一种手段。衣着华丽的人往往自我展示欲强，爱出风头；衣着朴素者往往缺乏自信，容易与人发生争执；喜欢时髦服装的人内心常常有孤独感，情绪容易波动；不理会时尚的人喜欢以自我为中心，标新立异；服装嗜好突变的人，说明想改变生活方式，也有逃避现实的成分；对流行不狂热，又不会置之不理，改变衣着也是渐渐实行的人，表明处事中庸，情绪稳定，富有理性，一般不会做什么出格的事。

哈佛商学院的一位教授接到非洲土著人的请柬，邀请他到非洲讲授部落的竞争力战略。教授为了表示对土著人的尊敬，于是准备了好几套西服上路。土著人为了表示对文明国度知名教授的尊敬，准备按照部落至高礼节欢迎他的到来。

讲课的第一天，教授西装革履地出现在土著人面前，讲了一整天，一直在冒汗。为什么呢？原来土著人以最高礼仪在听课——男女全部都一丝不挂，只戴着项圈，凡私处也只遮盖着树叶，在下面黑压压地站成一片。

第二天，教授的讲课同样也是一个冒汗的过程。为了入乡随俗，教授也脱得一丝不挂，只戴了个项圈，私处也只遮盖着树叶。但是土著人为了照顾教授的感情，吸取了头一天的教训，于是全部西装革履。

直到第三天，双方做了很好的沟通，台上台下全穿西装，竞争力战略才顺利地传授下去。

沟通是一个双向动态的反馈过程。这种反馈并非一定要通过语言表现出来，接收者也可以通过其表情或目光、身体姿势等形式将信息反馈给传递者，从而使发送者得知接收者是否接收与理解其所发出的信息，并了解接收者的感受。同时我们也认识到不同背景、不同文化、不同国家的人沟通的习惯、习俗是不一样的。

（二）辅助语言礼仪

辅助语言是由伴随着口头的有声暗示组成的。我们表达方式所体现的含义与词语本身所体现的含义一样多。一位母亲用一种温和的声音告诉孩子去打扫他的房间，而两个小时过去了，房间仍然保持原样，这时母亲说："如果你再不立即打扫，看你爸回来怎么收拾你！"听到这样的口气，这个孩子赶紧行动。

你的声音非常与众不同。研究发现当人们戴上蒙眼布去听演讲时，听者能区分出演讲者的民族背景、教育水平、性别，年龄判断误差不超过5岁。

辅助语言包括说话速率、说话音调、说话音量和说话质量这些声音特点。当这些因素中任何一个或全部被加到词语中时，它们能修正其含义。据研究者估计，沟通中39%的含义受暗示的影响，即不是词语的本身，而是它们的表达方式。

（1）速率。人们说话的速率能对接收信息的方式产生影响。研究人员研究了人们每分钟120~261个字之间的说话速率。他们发现，当说话者使用较快的速率时，他被视为更有能力。当然，说得太快，人们跟不上，说话的清晰度也可能受到影响。

（2）音调。调指声音的高低。音调可以决定一种声音听起来是否悦耳。如果声音低的人演说，会被人认为是没有把握，是害羞。如果声音高一点，并能够抑扬顿挫就更能引起听众的注意。

（3）音量。信息的含义可以受到音量的影响，即说得响亮的程度。如果合乎说话者的目的，且不是不分场合地任何时候都使用，声音响亮是美妙的。柔和的声音也有同样的效果。想要保持课堂安静，有经验的老师，知道什么时候该提高或降低音量。

（4）声音补白。是在搜寻要用的词时，用于填充句子或做掩饰的声音。像“嗯、啊、呀”以及“你知道”这样的短语，都是表明暂时停顿以及搜寻正确词语的非语言方式。我们都使用过声音补白，但不停地使用或当它们分散听众注意力时就会产生问题。

（5）质量。声音的总体质量是由所有其他声音特点构成的，即速度、回音、节奏和发音等。声音质量是非常重要的，因为研究人员发现声音有吸引力的人被视为更有权力、能力和更为诚实。然而，声音不成熟的人可能被认为能力差和权力低，但更诚实和热情。

（三）空间距离礼仪

人与人之间的空间距离传递着一种安全感，都有在自己身体周围保持自己专用空间不受别人侵占的心理。人与人之间的关系不同，沟通过程中相应的空间距离也不同，文化专家爱德华·豪给出了以下研究结果：常见的有 4 种类型：亲密距离，0.5 米以内，适合家庭成员和亲密朋友之间；私人距离，0.5 ~ 1.5 米，非正式交谈一般在这个距离，适合朋友和熟人之间的距离；社交距离，1.5 ~ 4 米，非个人事务的谈话沟通，适合商务活动、社交聚会等；公众距离，超过 4 米，谈话内容不涉及个人私事，声音较大，手势夸张，适合公共演讲、讲课、文艺演出等。

第三节　沟通礼仪的策略

在人们的相互交往过程中，沟通由始至终，贯穿其中，发挥着最重要的作用。心态、方法、机会都会对沟通质量产生影响。《礼记·大学》："物格而后知至，知至而后意诚，意诚而后心正，心正而后身修，身修而后家齐，家齐而后国治，国治而后天下平。"原意是：通过对万事万物的认识、研究后才能获得知识；获得知识后，意念才能真诚；意念真诚后，心思才能端正；心思端正后，才能修养品性；品性修养后，才能管理好家庭和家族；管理好家庭和家族后，才能治理好国家；治理好国家后，天下才能太平。这给我们一个启示，对事情要精于钻研，探究内里，才有可能把握到真正的脉络，沟通也是这样，如果认为能说会道就是沟通的制胜法宝，那么就大错特错了。

有效的沟通过程是一个完整的双向沟通，包括接收信息（聆听）、发送信息（表达）和有效反馈三个关键环节，又被称为"信息三部曲"。

那么在沟通中，什么技能与策略才是真正有效的呢？

研究机构对 500 家公司的一项调查中，59% 的被调查者回答他们对雇员提供沟通方面的培训。研究表明，多数公司的雇员把 60% 的时间花在倾听技巧上的兴趣是有意义的。研究还发现，在良好的倾听技能和工作效率之间存在着直接的联系。接受倾听能力训练，接着又接受计算机训练的雇员，比没有接受倾听能力训练的雇员工作效率要高得多。

研究数据还显示，人们用在四种沟通技能，即听、说、读、写上的时间分别占 53%、16%、17%、14%。显然，我们花在听上的时间最多，但听却是被教得最少的一种技能。

像任何技能一样，倾听必须要学和练。研究者在对 450 名商业专业的毕业生的“工作中需要什么沟通技能”进行问卷调查时，他们回答说倾听是获得成功的最重要技能；当问到在大学中什么沟通技能最应该教时，排在第一位的是倾听。

一、有效倾听礼仪

国际倾听协会给倾听的定义是：“倾听是接收口头及非言语信息、确定其含义和对此做出反应的过程。”良好的倾听是亲密联系的核心，当我们能留心倾听时，对方会感到被证实而增强信心。当我们增强了他人的信心时，也强化了自我。所有的研究都证明，无效的倾听行为是相互关系成功的最大障碍。

因为不是所有的倾听都有融洽彼此关系的作用，倾听也有积极和消极之分。有效的倾听常常是人际沟通中的润滑剂，但是却被很多人所忽略。事实上，缺乏有效的倾听，是导致人际产生误解、隔阂的重要原因，也是导致客户投诉的重要原因。

积极的倾听是指倾听者全神贯注，在倾听的过程中有呼应、有回复，并调动自己的知识、经验、情感，大脑跟随运转。而消极的倾听是麻木懈怠的，大脑根本不会配合运转，甚至充耳不闻。这两种状态，客户是可以轻易识别出来的。

（一）有效倾听的方法

“三 A 原则”是人际沟通过程中需要掌握的重要原则，也是建立沟通基础的一个重要基石。因为在沟通中，态度远比技巧更为重要，态度是无法隐藏的，它会始终在交流语言中流露出来。

“三 A 原则”是美国学者布吉尼教授提出来的。就是三个以“a”开头的英语单词，其中文意思就是“接受对方（Accept）”“重视对方（Appreciate）”“赞美对方（Admire）”。

1. Accept：接受对方

我们需要面对沟通的对象非常广泛，这也使得其中必然有些人是自己欣赏并喜欢的，但有些沟通对象的不良行为也会使人产生厌倦和反感的情绪。而要想做好沟通，首先就要理解对方的情绪，拥有宽容、豁达的胸怀及良好的态度。

从态度上能够接受对方，因为根据250原则，一个人的背后可能是250个相关的潜在的资源，他可能关乎到你未来的发展。接受一些彬彬有礼的人肯定没问题。而这里所说的“接受”更强调的是尽可能接受每一个和你沟通的对象，而不是接受某一个类人。要接受客户，就需要全面认识客户，能够经常换位思考去理解对方，不轻易对对方说否定的话，不与对方争执。要记住：与人争斗，你可能是永远的输家。

真正受欢迎的人一定是严于律己、宽以待人的人。因为沟通过程当中一定会流露出一个人的道德修养和思想境界，一个人行为规范非常重要，而若要走进他人的内心，就必须言行一致、表里合一。

由于人的出身、背景、学历、性别、地位、社会经验各不相同，因此在与他人沟通时的表现也各不相同，一个真正优秀的沟通者是不会过多计较对方表现的，而是把注意力放在如何更好地与之沟通上。

“夫仁者，己欲立而立人，己欲达而达人。”有仁德的人，自己想有所作为，同时也让别人有所作为；自己想飞黄腾达，同时也让别人飞黄腾达。凡事都能够将心比己，推己及人。“己欲立而立人，己欲达而达人”是孔子的一个重要思想，也是实行“仁”的重要原则。如能够“推己及人”也就做到了“仁”，这是儒家道德修养中用于处理人际关系的重要原则。忠恕要求根据自己内心的体验来推测别人的思想感受，达到已及人的目的。“恕”是由孔子最早提出的，并为恕下过这样的定义：“其乎，己所不欲，勿施于人。”(《论语·卫灵公》)

在沟通过程中，每个人都有自己想要的，每个人都有自己内心的诉求。正是因为这样，就更要求我们自己能够尽可能接受对方，理解对方，这是良好沟通的基石。

2. Appreciate：重视对方

重视对方，这是沟通过程中需要掌握的第二个沟通原则。在与他人交流中唯有加以重视，才能找到合适的沟通渠道。如果你不愿意关注对方的想法和意愿，那么极有可能所有的沟通都与对方的想法背道而驰，只有自己发自内心地重视他人，才能够受到对方的重视。

【案例】

温莎公爵以“不爱江山爱美人”闻名于世，很多女性都为他的绅士风度所倾服。所谓绅士风度并不是说他英俊潇洒，而是他善解人意，尊重他人的风度更赢得了人们的赞誉。

19世纪的印度成为英联邦成员后，英国王室要举行一个盛大宴请活动来招待印度特使。当时还是王位继承人的温莎公爵奉命主持，出席宴会的人都是上流社会的绅士淑女。席间宾主你来我往、杯光盏影，气氛热烈，这时服务人员为每位宾客奉上了一个精美小巧的玻璃器皿，水面上还漂着美丽的玫瑰花，特使看了非常高兴，觉得英国人就是讲究，端起玻璃器皿，把水一饮而尽。这样的情景让作陪的一些英国皇室成员目瞪口呆。玻璃器皿里的水是洗手指用的，而印度特使却喝了。有个侍者正准备上前提醒，温莎公爵却用眼神制止了。他不动声色地一边和特使们聊天、一边若无其事地端起自己面前的洗手水大方地一饮而尽，一场看似尴尬的场面被化解了。温莎公爵为他人设身处地着想，用自己对他人的尊重体现了自己应有的风度，不动声色地维护了印度特使的颜面。

尊重他人就是尊重自己，有人总是认为自己不被人重视和认可，其实或许正是自己狭隘的想法禁锢了自己与他人沟通的空间。良好的沟通是需要较高的综合素质才能出色呈现的，每一个行业中都会有出类拔萃的人，是否被人尊重，首先取决于自己。从内心接受了对方之后，就需要重视对方，也就是尊重所有的沟通对象。

马斯洛的需求层次理论（Maslow's hierarchy of needs），亦称基本需求层次理论，是行为科学的理论之一，由美国心理学家亚伯拉罕·马斯洛于1943年在《人类激励理论》论文中所提出。马斯洛理论把需求分成生理需求、安全需求、社交需求、尊重需求和自我实现需求五类，依次由较低层次到较高层次排列。

我们看到被尊重是每个人最重要的需求之一，能够使人情感上获得满足。一定要重视和尊重对方，在人际交往中一旦缺乏对对方有针对性的尊重和交流方式，沟通的失败就难以避免了。

3. Admire：赞美对方

用欣赏的眼光看着对方，用微笑的表情温暖对方，用由衷的话语赞赏对方是人际交往中最能打动人心的语言。

赞美说起来是一个很简单的事情，但做起来却很难，它需要赞美者有双敏锐的眼睛，这样才能使赞美的内容不会空洞无物；它需要赞美者有宽容的心态，这样才能在每个人身上都发现优点；它需要赞美者有发自内心的认可，这样才能使赞美不变成敷衍或平淡的白开水，确实有打动人心的力量。

赞美是发自内心的对于美好事物表示肯定的一种表达方式。适当对对方的赞美能够迅速拉近之间的距离，为接下来的沟通交往奠定良好的基础。

有人认为赞美还不简单，不就是说好听的话嘛？是的，得体的赞美如同一束火苗，会激发被赞美者的热情，也会给彼此带来好心情。但是真正得体的赞美却也是不容易掌握的，一些空洞、乏味、言不由衷、缺乏事实依据的赞美，常常会使被赞美者心生疑窦，或是产生不满。因为有些不切实际的赞美，与辱骂对方没什么两样，过于虚假泛泛的赞美也会让说赞美话的人都觉得又假又空，说这样的赞美话时表情也会不自然的。因此，赞美也要遵循以下原则。

（1）态度真诚。虚伪的表情和乏味的语言都是赞美的大忌，这样虚假的面具会被接受赞美者一把撕掉的。因此赞美对方时，首先要有诚恳的态度和真挚的情感，每个人身上都有优点，你需要做的是发现优点，言之有物地予以赞美。

（2）有针对性。对所有人都一律夸奖“您真漂亮”，年轻女性听了可能会很开心，而成熟男性听了恐怕就会大为光火，说一个成熟的男性漂亮在他看来就是在贬低他的才华。每个客户的年龄、性别、职位、身份都不尽相同，绝不可能有哪句话可以打动所有人的心。赞美他人是需要理由的，不能依靠臆想或凭空制造一些内容来赞美对方，这个内容一定是对方身上存在的，并且最为重视的，这样的赞美才使人更加容易接受，这样的赞美顾客才能从内心深处感受到你的真诚。

（3）细致具体。最不被人喜欢的赞美是那种空洞无物的赞美。比如

"你真美"，这句话似乎用在年轻女孩身上比较适合，但如果你对一个姿色平庸的女孩说这句话，她恐怕会以为你在嘲笑她。相反，如果你通过观察说"你清脆的声音特别好听"可能她就会很开心。因此要善于发现对方身上最微小、最不起眼的优点，这样的赞美反而会给对方以惊喜。而赞美的内容越细致，就越证明你的用心观察。对方就会有被重视的感觉，也会由此感到你的真挚、亲切和可信，彼此关系也必定会融洽愉快。

掌握沟通的原则也就掌握了沟通的核心，再加上你真诚的内心，恰如其分地表达，这样的沟通方式必然在与他人的交往中能使人感到如沐春风，温暖感人。

（二）有效倾听的策略

在人际沟通中倾听是准确获取信息的行为方式，是促进对话的重要因素，也是向说话者表达尊敬的行为方式，因而是听者赢得对方欢迎的途径。然而，倾听并不是轻而易举能够做好的。有效的倾听还应该按照下列要求进行。

（1）保持倾听的主动性，包括主动寻找对话的价值和意义，主动思考谈话中蕴涵的问题，并从谈话中或自己的知识经验中寻找答案。

（2）倾听过程中要注意捕捉对方的非言语信息。沟通中的很多信息是通过面部表情、身体动作表达出来的。比如，一个人对你讲话的内容如果不感兴趣，他往往会通过皱眉、身体后仰、目光转移，或摆弄手边的东西来表达。

（3）延迟评价与判断，保持一种开放的态度，关注谈话者发出的信息整体，而不要根据最初的几个语言点过早做出消极的判断。

（4）抵制分心，可通过记录、标注重点等方式克服噪音、疲倦、他人影响等分心因素的干扰。

（5）重述和确认谈话者表达的内容和意义。适宜的语句是"你的意思是说……？"或者在听完对方的一个表述后，询问："我是不是可以这样理解你？"

（6）向讲话者提供积极反馈。积极反馈是促进对话，提高沟通效率的重要方式。积极反馈包括通过注视、会意地点头、会意地微笑、询问或追问下一步的问题等，也包括直接通过语言、掌声表达认同、鼓励和赞扬。

（三）从倾听中获益

希腊有句谚语："我们在路上遇到的每一个人，都有我们不知道的知识。"听是一种容易获得新信息的活动，你越是能听得投入而不加批判，就越能体现你的沟通能力。我们怎样才能更好地从关注他人说话的内容中学习到知识，从他人的说话中获取灵感呢？还可以选择以下策略：

（1）不要详述你是同意还是不同意。当别人与你谈话时，你不需要几秒钟就得出一个观点。听不会强迫你选择站在哪一面。你的注意力应集中到信息本身上，而不是去判断对与错或好或坏，你不必认为你对对方所说的必须有所反应，也不必关注讲话者的感想和观点，让这些信息处于安静状态，而不是使对话变成争论。

（2）对你不熟悉的题目要特别注意。你听取不熟悉的信息总是很缓慢。如果你想边听边学，就要让讲话的人知道什么题目对你来说是新的，以及你想知道些什么。如果跟不上对方，就要防止他讲得太快，大多数讲话者会欣赏你这种好学的态度，而且会因为你想要理解他们的东西的欲望而感到受宠若惊。他们很可能会为了使你满意而把他的想法表达得更准确、更清楚。

（3）把你获得的新信息与你已有的旧知识有机结合起来。当你从他人那里得到知识时，要把新的与已熟悉的联系起来。如一个销售员描述一辆新车时，把它与你已见过或驾驶过的车相比较。一个经理解释工作过程中，应与其他过程相联系。在你的头脑中想象个记录，摘录下人们对你讲的内容，把它们置于一些目录中。例如，事业问题、一些东西的功用、购物地点等。把别人说的话分门别类，你就能在头脑中整理编辑你的数据。不断比较和对比不同的思想。这不仅使你成为一个更好的倾听者，而且会帮你记住更多的别人的话。

（4）听清全部内容。大多数人在谈自豪感时每分钟说 100 ~ 150 字，但是我们的思维更快，我们的耳和脑对语言的反应速度大约是说话的 4 倍。这也就是给我们留下许多时间去与说话人争论策划反驳的言语，演习如何去表达我们要说的内容，或者不去理会那可能把我们误入歧途的结论。由于我们的思维有如此多的空余空间去徘徊，我们就会更容易明白为什么我们在“听”上会遇到如此多的麻烦，而只有不断地听，才能不漏掉任何也许在日后对你有帮助的东西。

听清全部内容，也就是随时都听，这听起来容易。但是要警惕！我们的思维有着很大的漫游空间，这会使你分散注意力，并使你的意识背叛你的要求而被打断。当一个讲话者缺乏吸引力时，集中精力就变得更加困难，也变得更为重要。

更糟糕的是我们把压力或其他的思想包袱带到我们的谈话中，过去的事或对未来不断扩大的忧虑看起来似乎都比现在要说的重要。你的焦虑可能会压倒你听的耐心和学的决心。所以当他人与你谈话时，不要思前想后。

当你错过了某些信息，你自己的表达能力将随之下降，因为假设你知道说话者的内容或你的心里存在一些成见而减少了你的注意力。一旦你认为你抓住了信息的主旨，你的头脑的思维将变得混乱和多样。

注意力难以集中，在你接听电话时可以证明。在电话交谈期间，你可以发现你自己在同时从事四种不同活动：看电视、想起以前的电话、担心即将到来的约会、在本子上记下自己的一些事。

（5）捕捉要点。尽管一般情况下，人们的说话和谈论，并不都是金玉良言，而是有许多平常的、复杂的，甚至多余的东西。但对处处留心的人来说，往往能在用心倾听别人谈话的过程中，获得某种宝贵的知识和信息，从而触发自己的思考，产生灵感的火花。

（四）有效倾听的障碍

尽管人们已经认识到倾听是沟通的核心，但在听、说、读、写四种沟通技能中，听是练习最少的技能。因为缺乏练习和某些习惯问题，人们在沟通中存在很多倾听障碍。Golen 对有效倾听中的障碍进行了分析，见表 5–3。

表 5-3

要　素	障　碍
懒惰	如果内容复杂或困难就不听，如果要花太多时间也不听
思想封闭	拒绝保持一种宽松和协调的环境。拒绝涉及讲话者的观点并从中受益
固执己见	公开或不公开地表示与讲话者意见不一致或与讲话者争辩
不真诚	倾听时避免目光接触。只注意谈话内容不注意讲话者的感情
厌倦	对讲话者的主题缺乏兴趣，对讲话者不耐烦，倾听时走神或用某事搪塞
疏忽	注意讲话者的怪癖或表达，而不是信息。被办公设备、电话、其他谈话等噪音弄得心烦意乱
S., Golen.A Factor Anulysis of Barries to Effective Listening.The Journal of Business Communication 27.Winter 1990.P32	

另外，在沟通这个大背景下，还有诸多更客观的因素障碍了沟通的进行和效果，见表 5-4。

表 5-4

障碍类型	内容及形式
语言障碍	语音差异造成隔阂
	语义不明造成歧义
	语言结构不当造成费解
	专业术语或暗语造成误解
习俗障碍	不同的礼节习俗带来误解
	不同审美习俗带来冲击
	不同时空习惯带来麻烦
观念障碍	封闭观念排斥沟通
	僵化概念窒息沟通
	极端观念破坏沟通

续表

障碍类型	内容及形式
角色障碍	年龄不同形成的“代沟”
	行业不同形成的“行沟”
	职位不同形成的“位沟”
个性障碍	自卑、嫉妒、恐惧、报复、逆反、猜疑、孤僻

二、有效表达礼仪

有个人请客，看看时间过了，还有一大半的客人没来。主人心里很焦急，便说：“怎么搞的，该来的客人还不来？”一些敏感的客人听到了，心想：“该来的没来，那我们是不该来的咯？”于是悄悄地走了。主人一看又走掉好几位客人，越发着急了，便说：“怎么这些不该走的客人，反倒走了呢？”剩下的客人一听，又想：“走了的是不该走的，那我们这些没走的倒是该走的了？”于是又都走了。最后只剩下一个跟主人较亲近的朋友，看了这种尴尬的场面，就劝他说：“你说话前应该先考虑一下，否则说错了，就不容易收回来了。”主人大叫冤枉，急忙解释说：“我并不是叫他们走哇！”朋友听了大为发火，说：“不是叫他们走，那就是叫我走了？”说完，头也不回地离开了。

三、有效的积极反馈礼仪

美国沟通教育专家唐·加博尔在《5分钟和陌生人成为朋友》这本书当中提出的Soften原则。Soften的本义是“使……变得柔和”，蕴涵着是柔软的、软化、舒服的意思，也可以理解为软化僵硬的关系。沟通就是双方相互表达自己的意愿，了解自己不知道的“盲区”信息。运用Soften原则就能轻松营造和谐的沟通环境，加深彼此的理解程度，有效提高彼此沟通的效果。

Soften法则是指导我们沟通过程中的要素，每个字母代表一个要点。

Smile（微笑）：微笑是接纳对方的标志，让人觉得安全与舒服，消除对方的警戒心。微笑一定要发自内心。著名诗人施皮特勒曾经说过："微笑是具有多重要意义的语言。"的确，微笑是一种世界共同的语言，它以自己独特的方式表达出许许多多美好的内涵——宽容、关切、热情、智慧……微笑是一种宽容、一种接纳，使人与人之间心心相通。

Open（开放）：身体打开，袒露你的诚心。两人的交谈，常取决于姿势，张开双臂表明你有全身心的接纳和坦诚无私的胸怀，双手交叉于后或抱于胸前都让人感觉你的警惕与隔阂。其实 Open 展示开放的姿态，还有一层内在的含义，就是接纳对方的观点，或许很多时候没有绝对的对错，有的只是彼此立场不同，所以能够接纳对方不同的思想、不同的观念，就能填平沟通的沟壑，让交流更加顺畅。

Forward（前倾）：身体微微前倾，拉近你跟他们的距离，表示你在听他们的讲话，并且很有兴趣，这不仅是对对方的一种尊重，而且可以激发对方继续表达的意愿。

Touch（接触）：大家见面时或分手时握手、拥抱，身体的接触是展示友好与热情。情人们交谈激动时，总不免要握住对方的手。

Eye（眼神）：眼睛是心灵的窗户，眼神的交流，往往更显默契与内心的表达，尤其是言语难以表达自己的内心时，此时无声胜有声，眼神的作用是巨大的。

Nod（点头）：来而不往非礼也，有说无答难继续。点头不仅表示你在专注地听他们说话，还能表示你理解他们了，并同意他们的观点。心理学家研究结果：聆听者每隔一段时间向说话人做出一个点头的动作，不仅能激发说话人的表达欲望，而且可以使他们比平时健谈三到四倍。

第四节　场景沟通礼仪运用

4 月 7 日晚，EMC 大中华区总裁陆纯初回办公室取东西，到门口才发现自己没带钥匙。此时他的私人秘书瑞贝卡已经下班。陆纯初试图联系后未果。数小时后，陆纯初还是难抑怒火，于是在凌晨 1 时 13 分通过内部电子邮件系统给瑞贝卡发了一封措辞严厉且语气生硬的"谴责信"。陆纯初在发送这封邮件的时候，同时传给了公司几位高管。结果瑞贝卡以一封咄咄逼人的邮件进行回复，并让EMC中国公司的所有人都收到了这封邮件。这件事在网上吵得沸沸扬扬。形成几千人转发的局面。一些网友称瑞贝卡为“史上最强女秘书”。

我们从这件事情上能感受到上下级之间剑拔弩张的紧张关系，除了不同文化背景的差异导致的沟通问题外，我们还要重视不同职级之间的沟通策略及应对方法。对此我们一定要积极思考，找到自己需要注意改进的重点。

一、职场沟通礼仪

（一）懂得向下沟通，赢得尊重与爱戴

职位上虽有差异，但人格上都是平等的。责任和权力并不是炫耀和得意的资本。所以，在与下属建立良好关系时，要经常换位思考，帮助下属。这其实也是帮助自己，因为下属的积极性发挥得越好，工作就会完成得越出色，也使自己获得了更多的尊重。最重要的就是掌握好强势和低姿态“亲民”的度，能够与下属顺利沟通，达成信任和理解。

1. 适时让下属了解事情的全局

安排工作时要讲清目的和全局，而不仅只是告诉他“你现在该做什么”。有些管理者认为“下属干好当前的工作就行了，没有必要了解事情的全局，因为我才是整体调度者”，这种观念是错误的。如果你的下属不了解事情的全局，他们只能完全按照你的意图去工作，不敢越雷池半步。工作中遇到的任何问题，他们都要向你汇报，因为他们不知道如何处理是正确的。长此以往，你的下属会成为你的“跟屁虫”，工作能力不会有任何长进。

让下属了解事情的全局，并且了解其他员工是如何配合的，这非常有利于工作效率的提高。只有了解了全局，下属才会明白这些事情的做事原则，在一些细节上能够灵活处理。你不仅多了一个好参谋，而且他们的工作劲头也会很足。

2. 命令明确

在给下属布置工作时，还要把你的工作命令讲明确。如“这件工作要求什么时候完成”“完成的标准是什么”等，都要讲清楚。命令明确为分

清职责提供了条件。当工作中出现问题时，很容易分清是管理者的责任还是下属的责任。这样可以防止相互推诿，减少工作中的管理矛盾。另外，它为客观评价下属的工作提供了前提条件。

3. 奖惩分明

每个人都希望得到别人的重视，每个人都希望得到别人的赞扬。赞扬是最廉价、最神奇的激励方式。有时，语言上的赞扬比物质上的奖励要有效。当然，物质上的奖励也不可缺少，并且不能吝啬，谁都知道“重赏之下，必有勇夫”的道理。惩罚有时也是必要的，但一定要让受罚者感到心服口服，这样惩罚才有意义。三国时期的曹操之所以兵威将广，手下人才济济，就是因为他对下属赏罚分明。

4. 关心下属

人是有感情的动物。下属虽然在职务上隶属于上司，但在人格上是与上司平等的，应该得到上司的尊重。仅有尊重是不够的，作为上司，更应该关心下属，因为掌握了人心，也就拥有了一切。如果把它看成投资，那么这种投资应该是稳赚不赔，而且回报率要远远高于其他投资。

5. 一视同仁

对待下属的另一个关键之处在于一视同仁。虽然领导工作各有依靠，手下能力各有不同，但在表面上不能表现出明显的远近亲疏。“人治”无法从根本上杜绝感情上的偏好，制度是解决这一问题的法宝。首先要制定一个公正、公平的制度，并公之于众，要求大家做到的同时，自己也应该带头做到，不折不扣地执行。

（二）与上司沟通有方法，持续发展有保障

高质量履行自己的职责，完成工作任务是赢得与上司良好关系的前提。恰当处理与上司的关系，能博得上司的好感、赏识和帮助，有利于自己做好工作，取得进步。那么在与上司的交往过程中需要注意哪些礼仪呢？

1. 尊重和拥护

人的能力有强有弱，上司也是一样。但无论什么样的上司，都需要下级的尊重和拥护。有些上司能力平平，成绩寥寥，没有引以为豪的地方。但不要因此就认为这样的上司是不中用的人，他一定拥有某种优点，所以他的上司才会提拔他。总之，不论他是否值得你敬佩，你都必须尊重、拥护他。这种类型的上司会强烈地希望得到部下的尊重和拥护。如果下属能够对外宣传上司的优点，一旦传到了他的耳朵中，他就会更加严格地要求自己，更加关心部下。千万不要背后议论上司的私事，更不能向别人抱怨或说上司的坏话。

2. 摆正位置

作为职场中的一员，首先应该摆正自己的位置，踏踏实实地做好本职工作。在工作中，并不是越卖力、越积极就越好。任何事情有一个“度”的问题，否则就是“越位”。拍板是上司的事，不能不顾自己的身份，随意替上司拍板。即使上司征求你的意见，也要站在上司的角度充分思考，并以建议的口吻说出自己的看法；有些应该由上级出面的工作，千万不要抢着去做，从而造成工作越位；有些场合应当突出上司，作为下属，不应表现得过于积极。

3. 热心帮助

上司也有上司的苦恼，他们可能会因为工作头绪繁多而忙得焦头烂额，可能会因为事业发展阻力太大而停滞不前，可能会因为家庭纠纷而沮丧不已。大多数下属遇到这种情况时会表现出逃避的姿态，他们觉得上司办不了，自己也帮不了。其实，只要你说出一句“我来帮帮您”的话语，上司就可能会感激不已。

4. 适度赞美

对于上司，尤其那些自恃头脑聪明、交际广泛、认定自己是一位了不起的人物的上司，对于这样的上司要适度恭维。在赞美时，要找准确实需要增光添彩的闪光点，最好郑重地讲给第三者听。这种赞美，不管是当着上司的面，还是在上司背后讲，都能起到很好的效果。虚心请教也是明智的做法，但要做得真诚，不留痕迹。总之，赞美上司应讲究方法，一定要适度，而且也要看上司的个性和风格。如果无论哪个上司、不分场合一味地恭维，其效果可能适得其反。

5. 积极靠拢

有的上司在官场上一帆风顺，他们从一个级别晋升为一个较高级别，甚至越级提拔，往往只用了很短的时间。他们之所以提拔快，往往是因为有着与众不同的优势，或者能力特强，或者功绩卓著等。他们对待下属往往有这样的心理：一是敢于提拔；二是乐于提拔；三是对于需要提拔的下属有苛刻的要求。因此，对这类上级可要积极靠拢，诚诚恳恳与他们做思想上的交流，认真地执行他们做出的决定，严格地按照他们要求去办事。

与上司相处，尤其应该慎重，应该知道相处的“六禁忌”：忌锋芒毕露、忌唯唯诺诺、忌表里不一、忌不分彼此、忌夸夸其谈、忌牢骚满腹。

（三）平行沟通重善意，职场通行少阻碍

这里的同事关系是指非直属同事的关系。与同事相处得如何，是融洽、和谐，还是经常发生摩擦，这会直接关系到自己的工作、事业的进步和发展。要想处理好同事关系，在礼仪方面应该注意以下几点。

1. 尊重同事

相互尊重是处理好任何一种人际关系的基础。同事关系不同于亲友关系，亲友之间一时的失礼可以用亲情来弥补。同事之间的关系是以工作为纽带的，一旦失礼，创伤难以愈合。所以，处理好同事之间的关系最重要的是要尊重对方。

2. 关心同事

同事的困难，通常首先会选择亲朋帮助，但作为同事，应主动问询。对力所能及的事应尽力帮忙，这样会增进双方之间的感情，使关系更加融洽。

3. 不背后议论同事

每个人都有隐私。隐私与个人的名誉密切相关。背后议论他人的隐私，会损害他人的名誉，引起双方关系的紧张甚至导致恶化。

4. 物质往来一清二楚

向同事借钱、借物，应主动给对方打张借条，以增进同事对自己的信任。有时，出借者也可主动要求借入者打借条，借入者应予以理解。如果所借钱物不能及时归还，应每隔一段时间向对方说明情况。在物质利益方面无论有意或者无意占对方的便宜，都会降低自己在对方心目中的人格。

5. 主动道歉，化解误会

同事之间经常相处，误会在所难免。如果出现失误，应主动向对方道歉，征得对方的谅解；对双方的误会应主动向对方说明，不可小肚鸡肠、耿耿于怀。

6. 学会拒绝

职场相处中，同事有求于己是常有的事，当力所不及时，应认真对待而不能马虎应付，要学会拒绝的礼仪艺术。那种简单的否定——不，不行，不去，做不到等，留给同事的是一种冷冰冰的感觉，不利于和谐相处。

在职场上，拒绝要讲究方法，要做到既能表达拒绝的目的又能保持正常的同事关系。

职场禁忌要谨记：职场中，有的人“同事缘”很一般或相当差，其原因就是同事交往中，不注意自身的言谈举止、处事方式等。主要表现在以下几个方面。

（1）充当长舌人。

职场中，有的同事常常充当长舌人的角色。长舌人喜欢挖空心思探寻他人隐私，背后议论同事私事，到处说闲话、传谣言，挑拨同事间的关系，爱传播小道消息，搬弄是非，制造紧张气氛。长舌人在职场中是得不到他人的好感和信任的，长舌人是同事交往的雷区，莫做长舌人。

（2）使用“硬性”语言。

同事交往中，不要轻易使用“肯定不行”这种语言，这是对同事所言的断然否定，会招致对方的反感，同事交谈中尽量少使用“批评性”的语言，它会伤害对方的自尊，从而导致对方的不快和怨恨，交谈中的语言不宜出现“责难”语气，可能会招来对方的反唇相讥。“硬性”语言是雷区，同事交往中不宜使用。

（3）勿置身“小圈子”。

职场中，有时会出现各种各样的“小圈子”。圈内人会对圈外人有一种排斥心态，这种排斥心态在同事中引起的第一个心理反应就是反感，没有人会从内心接受排斥的结果成为小圈子中的人，也就同时疏远了圈外更多的同事，最终会在同事之间产生对抗关系。不要置身“小圈子”，它是隔阂同事的雷区。

（4）交往失度。

职场中，要做好分内之事。随便分担他人的工作，会有越俎代庖之嫌；与同事随便交心，自己的言行可能就会成为他人的把柄，说一些过分体己的话，也会让人觉得幼稚；与同事有过多的金钱往来，容易造成金钱纠纷，这是最麻烦，也是最不好处理的事情，一旦处理不好，就可能伤及正常的同事关系。失度是雷区，同事交往时不要失度。

（四）跨部门沟通

1. 什么是跨部门沟通

跨部门沟通是指在同一组织内不同的部门间的沟通。每一个组织都是一个有机的运作体，每一个部门都会与其他部门有交流和协作。在完成工作的过程中，会涉及跨部门的事务。

2. 跨部门沟通的常见问题分析

跨部门沟通是管理沟通中的一种，是为达到一定的管理目标而进行的沟通，但它又不同于一般的管理沟通，是组织结构中处于同一个层级上的个人或群体之间的沟通。

（1）分歧型。

意见分歧在企业中是很常见的，部门之间考虑问题的出发点不同，对工作内容和方法的意见也就不完全一致。比如，销售部门为完成任务希望投入更多的经费进行市场推广；财务部门可能从成本控制的角度出发限制这种业务拓展活动；而设计部门通常有一种“技术情结”，倾向于在产品设计中采用最先进的技术，往往使新产品过于复杂。

（2）回避型。

回避型指部门之间某些工作环节出现问题以后，双方出于某种考虑（如不愿意多承担责任，不愿意部门的利益受影响等）彼此都装作没看见。这种装糊涂的结果使工作被耽误，公司整体运作效率低下。

（3）矛盾冲突型。

矛盾冲突型是跨部门沟通障碍比较严重的一种情况，往往由于跨部门沟通中小的分歧或摩擦没有及时解决，日积月累到一定程度而形成。

3. 跨部门沟通的障碍

跨部门沟通中出现的障碍主要来自两个方面：个人和组织。

1）跨部门沟通的个人障碍

（1）个人认知偏误。认知，指人类认识客观事物，获得知识的活动。包括知觉、记忆、言语、思维和问题解决等过程。按照心理学的观点，人的认知活动是人对外界信息进行积极加工的过程。每个人的认知程度都是有限的，而且也不相同。某些人对某些事情带有偏见，这些偏见开始时是对某个部门或某个人的抱怨，时间长了就造成了认知的偏误。例如，有些员工认为人力资源部的工作总是很清闲的，这是一种偏见。它可能是由于不熟悉其部门工作而造成的。又或许是以前在某一段经历造成的，但事实上并非如此。认知的偏误就有可能造成了部门间沟通的障碍。

（2）语言障碍。语言是沟通最重要的工具，语言没有阶级性。但企业中会有来自不同阶层和社会群体的人，也会有来自不同国家和地区的人。这些因素会造成语言在使用上的差异。而语言差异的存在，就导致了沟通的障碍。例如，跨国企业中，部门人员由不同国家的人组成，部门内和部门间沟通都会有语言障碍产生的可能。

（3）情绪的变化。情绪是从人对客观事物所持的态度中产生的主观体验。德国冯特认为。情绪可从愉快—不愉快、紧张—放松和激动—平静三方面做出描述。对客观事物持肯定态度时，就会感到愉快、满意等；持否定态度时，就会感到憎恨、恐惧、愤怒或悲哀等。情绪的变化会影响部门间的沟通。例如，当财务部在年末忙得抽不出空来的时候，人力资源部要求其进入企业内部信息系统对部门员工绩效考核作出评价，并提供相关资料。财务部员工在焦虑、急躁的情绪中接收到信息，有可能对人力资源部产生厌烦心理，任务布置上的重要信息没有给予充分重视，往往导致不能及时完成人力资源部交代的工作。

2）跨部门沟通的组织障碍

（1）职能和权责划分不明确。组织部门间分工不明确、部门职责划分重叠、部门间权利、利益不清，是导致跨部门沟通存在问题的主要原因之一。职权不明确容易引致企业中出现责任推诿、任务延误、工作内容重复的情况。

（2）组织架构不合理。在传统工业经济下形成的企业组织结构大多是直线型的职能组织，管理层级众多，名目繁多的部门与科室“叠床架屋”，公司机构庞大。这样庞大的机构运转困难，沟通效率低，于是导致部门之间的联系减弱，公司的制度越来越多，“文牍主义”盛行，会议多、文件多，事事请示，层层批示，沟通问题由此而生。如某制造企业，公司下设部门，部门下有科室，每个科室只有科长、副科长，没有科员。这种明显的组织架构的不合理，致使部门间沟通不畅顺，有时候制造部门通宵赶工，赶完后发现原来市场营销部已经改了计划。赶工的产品只能积压在仓库。

（3）组织气氛不和谐。一个组织的气氛对信息接收的程度也会产生影响。一个具有开放办公政策、组织气氛相对和谐的企业，部门间的沟通效率会有所提高；在一个封闭的办公政策、组织气氛紧张的企业，部门间的沟通会相对减少，不利于信息的传递。

（4）组织信息系统不完善。组织信息系统是企业部门间沟通的重要渠道，如果沟通渠道不畅，沟通双方掌握的信息不对称，就会产生跨部门沟通问题。比如，某企业在制订生产计划时，计划部门与销售部门的意见不一致，原来计划部门的数据来源于上级的规划，而销售部门的数据来源于市场需求。由于掌握的信息不一致，分歧在所难免。

3）跨部门沟通的对策

针对个人或组织方面的原因而造成的跨部门沟通障碍，以下提出六个方面的建议，希望能帮助提高企业内跨部门的沟通效率，改善运营效率。

（1）培训与指导——提高员工沟通技能。提高员工沟通技能，包括改善员工口语表达能力、书面表达能力以及有效的倾听能力。在企业内部沟通中，大家往往急于表达而疏于倾听，以致使关键信息有可能会在交流中遗漏掉。人们互传信息时，专注倾听并予以适当的反馈，那么沟通的有效性就会有所提高。这可在组织内部通过培训、引导、鼓励来实施。跨部门沟通必须保持简洁性，宝洁公司的“一页备忘录”一直都备受推崇，备忘录这一古老简便的交流方式至今仍为许多公司沿用，而宝洁公司的主管认为多于一页的备忘录是无益而有害的。

（2）轮换岗位——了解各部门运作。岗位轮换，可以使员工了解不同部门的运作情况，更好地接收部门间传递的信息，员工本人也懂得换位思考，理解其他部门的工作难处，更好地协助他们的工作和完成自己部门的工作。很多成功的公司如 IBM、摩托罗拉、西门子、爱立信、华为等都已经在公司内部或跨国分公司之间建立了岗位轮换制度。绝大多数企业的组织结构是以职能（部门）为基础的，以部门利益为出发点就成为大多数部门管理者与员工的必然选择，部门之间的协作与沟通成为企业管理的难点。部门之间的不配合极大地降低了企业的运作效能。跨部门的轮岗一方面可以使管理者和员工亲身体验其他部门工作的艰辛与内涵，从而能站在更高的角度上思考与处理问题，形成换位思考；另一方面可以融通相互之间的人际关系。中国的文化传统重视人情，人情在，相互之间的沟通就会顺畅得多。

（3）制订明确职责说明书——明晰部门职责。部门间权利、利益不清的问题，企业应该对每个部门的部门职责制订说明书，清晰划分部门职能与个人责任。让部门在工作中有章可循，有理可依，避免重复做事或无人对工作负责。

（4）调整组织机构———减少不合理层级。对过多的层级部门进行重组、整合和简化，有利于部门间工作的交接和交流。传统的科层制组织结构已不能适应现代市场竞争的需要，组织部门间协作的扁平化组织结构有助于提高组织对环境的适应性和应变性，降低组织跨部门沟通协调的成本。

（5）优化企业流程——提高沟通速度。建立科学的流程管理，优化繁复和无效率的流程，减少不必要的审批程序，使部门与部门间的活动更方便。比如某企业的客户更改申请，除了前台操作员接受申请，他还要将申请送往部门领导、分公司领导、总公司技术部、总公司领导层层审批，致使更改操作迟迟未能实现。

（6）倡导企业内部民主开放的沟通氛围——提供沟通环境。企业文化是企业战略最强的执行力。要使企业内部的沟通畅通无阻，培育民主开放的企业文化必不可少。例如在有些企业，所有管理者办公室的门都是绝对敞开的，任何员工在任何时候都可以直接进去与任何级别的上司平等地交流。还提出“让我们交流”的口号，鼓励人们面对面、全方位地交流。正是这种交流化解了员工的怨言，肯定了个人的尊严，对部门间的迅速有效的沟通起了重要作用。

（7）建立信息化沟通系统——提高沟通效率。企业信息化管理是以管理信息系统 MIS（Management Information System）为主导发展起来的，但它更强调的是沟通方面。一个管理信息系统应当提供四种主要的信息服务：确定信息需要、搜集信息、处理信息、使用信息。企业建立完善的信息系统，便于各部门间的信息查阅、整理，减少了沟通时间，提高了沟通效率，从而节省了沟通成本。

（五）和谐人际关系十准则

卡耐基说过："和谐的人际关系是一笔宝贵的财富。"那么，我们怎样才能拥有这笔财富呢？换言之，我们应如何来奏响人际关系的和谐乐章呢？下面是人际交往中应当遵守的十条基本原则，也是和谐的交际不可或缺的十大要素。

（1）平等：生活在现实中的每一个人，无论职务高低、知识多寡、贫富差距、身体强弱、年龄长幼、性别不同，在人格上都是平等的。因此，在人际交往中我们绝不能把自己高论一寸，把别人低放一尺。有意与对方"横着一条沟，隔着一堵墙"，给别人一种"拒人于千里之外"之感。如果在交际中出现以权压人、以势压人、恃强凌弱，把自己看得高人一等，把别人看得一钱不值，那就根本不可能有人人平等，不可能有和谐相处的人际关系。

（2）尊重：渴望受到尊重是每个人的基本心理需求。我们不仅要尊重他人的人格、他人的个性习惯、他人的权利地位、他人的情感兴趣和隐私，还要尊重彼此存在的外显或内在的心理距离，不要轻易地去突破它、破坏它，否则就是对对方的冒犯。自尊心是人的心灵里最敏感的角落。其实，做到尊重别人并不难，有时只需要一个微笑、一句问候、一声敬称、一双善于倾听的耳朵、一张不刨根问底散布流言蜚语的嘴巴，就会给别人的心情带来阳光和温暖，也会为你自己带来真挚的友谊与和谐的交际。

（3）沟通：央视著名节目主持人白岩松曾说："每个生命都需要表白。"与表白如影随形的便是人际的沟通。只有沟通，才能让别人了解自己，同时自己也才能了解别人；只有沟通，才能不断增进彼此的理解，从而减少或避免一些不必要的误会和摩擦。沟通需要主动，一味地等着别人与自己沟通，等不来"好人缘"。能沟通不等于会沟通。善于沟通者知道根据不同的对象、场合，采取不同的交际方式，懂得"到什么山，唱什么歌"。

（4）宽容：天下没有两片相同的树叶，也没有两个完全相同的人。俗话说："尺有所短，寸有所长。"人与人要和谐相处，就要有求同存异、相互谅解、不求全责备的宽广胸怀。在与人交往时，对他人的要求不要过分，不要强求于人，而要能让人时且让人，能容人处且容人。人非圣贤，孰能无过？一旦对方犯了错误，我们也不要嫌弃，应给他提供改过的宽松条件，原谅别人的过失，帮助别人改正错误。“海纳百川，有容乃大。”古语又说：“水至清则无鱼，人至清则无徒。”人们总是喜欢与那些宽容、厚道的人交朋友，正所谓“宽则得众”。

（5）欣赏：希望得到别人的注意和肯定，这是人们共有的心理需求，而欣赏正是满足这种需求的一种交际方式。人际关系大师卡耐基说：“避免嫌弃人的方法，那就是发现对方的长处。”因此，在交际时我们应抱着欣赏的心态来对待每一个人，时时留心身边的人和事，多发现别人的优点和长处。赞美是欣赏的直接表达。有道是“良言一句三冬暖”，一句真诚的赞美往往可以给别人也给自己带来好心情。学会发现别人的长处并由衷地赞美吧，这是促进人际关系和谐的润滑剂。

（6）换位：所谓“换位”，就是要善于从对方的角度和处境认知对方的观念，体会对方的情感，发现对方处理问题的个性方式。只有设身处地地多为别人着想，才能够最大限度地理解别人，从而找到相处的最佳途径、解决问题的恰当方法。孔子有言，“已所不欲，勿施于人”，意思是自己不想要的，不要施加到别人身上，说的就是这个道理。正如一位哲人所说：“你希望别人怎样对待你，你就先怎样对待别人。”因此，交际中只要少点自以为是，多一点换位思考，就会少一些误解和摩擦，多一些理解与和谐。

（7）弹性：一个人的人际关系不和谐，原因可能是多方面的，其中往往与他的交际方式太死板、不留余地有关。因此，我们需要在交际中建立一个“弹性隔离带”，使自己、对方甚至双方都能获得更大的回旋空间，以减少或避免一些不必要的摩擦或伤害。例如，在答应别人时，不要总是那么言之凿凿，一旦自己因客观原因无法兑现，岂不给对方以“言而无信”的印象；在拒绝别人时，不要总是那么生硬地一口回绝，不妨先答应考虑下，给自己留点回旋的 空间，以便到时候进退有据。

（8）诚信：“人而无信，不知其可。”诚信是无形的名片，关乎一个人的形象和品质。在现实生活中，不少人“一切向钱看”，不讲诚信，连自己的亲朋好友都敢蒙骗，由此使人际信誉度降低，严重地损害了人与人之间关系的和谐。只要我们每个人都以自己的实际行动恪守诚信，相信诚信之火定能成燎原之势，到那时和谐的人际关系何愁不能建立？

（9）合作：当今社会，人与人之间的竞争日益激烈，但这并不意味着合作变得可有可无。相反，随着社会分工的精细和工作内容智力成分比重的增加，许多工作不再依靠个体力量来完成，而要依靠团队合作来实现。合作是人际交往的基本准则。一位善于交际的人必定是善于合作的人。在合作基础上竞争，在竞争基础上合作，是人际交往的基本态势。所以，在人际交往中，我们应给予对方多一些支持，少一些拆台；多一些协商，少一些固执；多一些沟通，少一些封闭。

（10）互惠：现实生活中，人与人的关系，之所以会出现不和谐的音符，产生一些矛盾和摩擦，其中就与一方的利益受损有关。因此，要有效化解矛盾，消除摩擦，就不能太自私，“吃独食”，而应坚持“互惠”，追求“双赢”。在交际时，只要我们肯让自己先退一步，肯把对方的面子给足，肯在自己的底线上留有一定的弹性，肯与对方利益共享，共谋发展，那么就一定能取得沟通的最佳效果，也一定能使人际关系变得更加和谐。

二、医患沟通

在这个模块将对沟通的“冰山底座”做剖析，希望每一位读者能够深刻意识到沟通不再是一堆技巧、技能，更重要的是请记住沟通是一种人格，折射出人性的光辉。在当下，沟通训练正在技巧化倾向（技术思维惯性），不得不说使得医患之间的信任遭遇前所未有的挑战。

古希腊著名医学家希波克拉底曾说：“医生有三样东西可以治病，一是语言，二是药物，三是手术刀。”

《黄帝内经》灵枢篇第 29 篇《师传》篇记载着：“人之情，莫不恶死而乐生。”

“告之以其败，语之以其善，导之以其便，开之以其所苦，虽有无道之人，恶有不听者乎！”“告之以其败”，指出疾病的危害，引起患者的注意和重视，使患者对疾病有正确的认识。“语之以其善”，告诉病人与医生配合，听从医生的劝导，增强战胜疾病的信心。“导之以其便”，劝导病人安心调养，并提出治疗的具体措施。“开之以其所苦”，就是解除病人的恐惧、畏难等消极心理，积极主动与疾病作斗争。

由此可见医患沟通真的不是技巧的堆砌，而是内心的慈悲和仁爱。

被誉为医学麦加的百年梅奥，是全球最有影响力和最具价值的医疗服务品牌之一。虽然梅奥诊所位于偏远的明尼苏达州罗切斯特，但它依然能够得到大量的捐赠，招收优秀的医疗人才，维持医疗综合实力持续排名全美前三名，吸引世界各地的政要，富人前来就诊。比如，美国总统福特、里根、老布什、约旦前国王侯赛因都曾来此就诊。根据最新的排名，约翰霍普金斯是全美最佳医院，梅奥是第二，而且梅奥的位置很偏远，但为什么很多有条件选择大医院就诊的病人还是要选择梅奥诊所呢？

我们从梅奥的标准 LOGO 去感受一下：

图 5-4

标志上有三面盾牌，左边的代表医学研究，右边的代表医学教育，中间的也是最大的盾牌，连接着左右。它代表着对患者的关爱和医治：尊重病人，同情病人，把病人不仅仅是当成病人，更是当成一个有尊严的人。

有患者这样肯定梅奥："梅奥和霍普金斯相比，虽然从技术层面讲霍普金斯排名第一，梅奥第二，但是我却要说梅奥的医生总是把病人放在第一位，所以在我的心中梅奥是第一。"

"有时，治愈；常常，帮助；总是，安慰。"这是长眠在纽约东北部的撒拉纳克湖畔的特鲁多医生的墓志铭，既神圣，又质朴。治愈、帮助、安慰，对于医学和医生来说，是沉甸甸的 6 个字！

"去治愈"需要丰富的科学知识和实践积累。"治愈"是"有时"的，不是无限的，这里的分寸把握很精细。医学不能治愈一切疾病，不能治愈每一个病人。而患者也不要盲目相信医学的"本事"，对医学产生不切实际的幻想。就算治愈了，医生也应该客观地评估其成效。事实上，绝大多数医生都追求精湛的技术水平，试图做一个真正能"治愈"的人。这也是医学的人文性使然。

给病人以帮助，是医学的经常性行为，也是医学的繁重任务，其社会意义大大超过了"治愈"。技术之外，医生常常要用温情去帮助病人。从古至今，一切医学技术都是对身处困境的人的帮助。通过医学的帮助，人们才能够找回健康、保持健康、传承健康。

安慰，是一种人性的传递，是在平等基础上的情感表达。安慰也是医学的一种责任，它饱含着深深的情感，决不能敷衍了事。如何学会安慰病人，坚持经常安慰病人，是一个大课题！

这句铭言明确了医学是饱含人文精神的科学。抽去医学的人文性，就抛弃了医学的本质属性。

在北京协和医院收治了一位聋哑病人，手术前，28 岁的麻醉科医师邱飞龙专门用一个晚上手绘了一幅手术麻醉流程图……（见图 5–5）

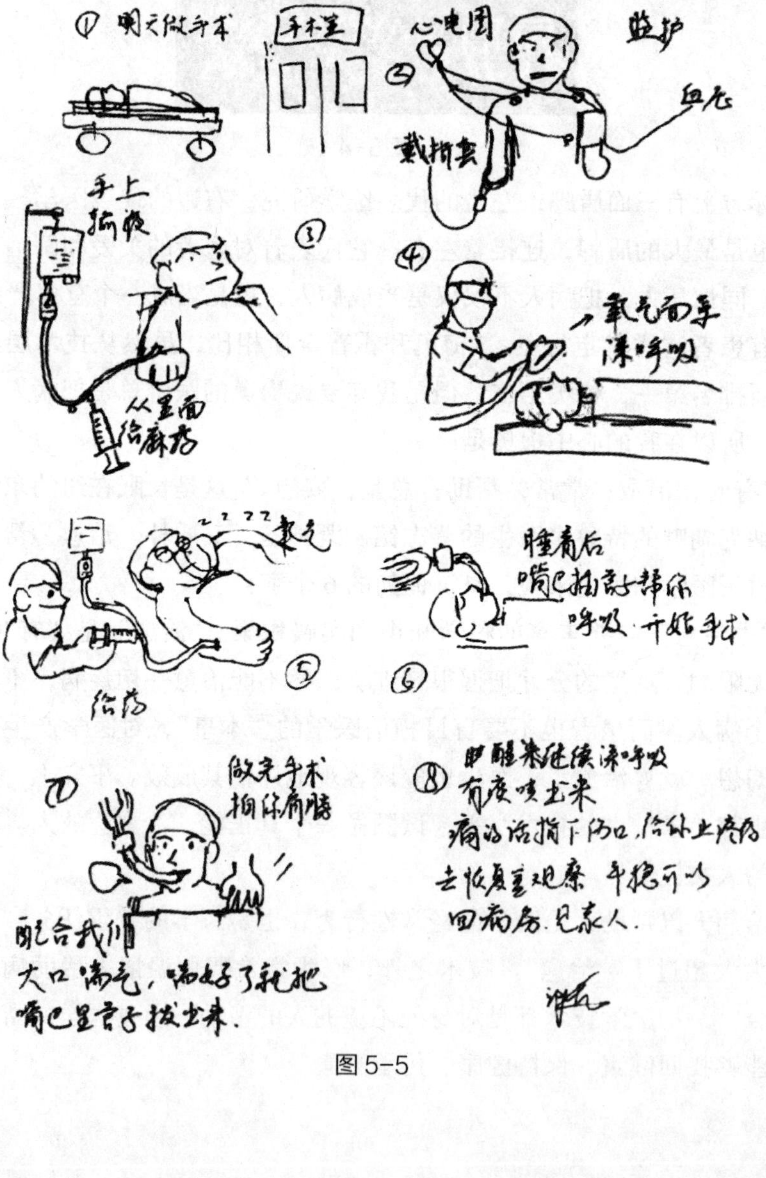

图 5–5

“非典”“新冠肺炎疫情”，无数的医护人员践行着身上沉甸甸的使命，哪有什么岁月静好，无非是有人替你负重前行。所以“己所不欲，勿施于人”，我们每个人都曾经渴望他人的理解帮助，那我们不妨力所能及地先给予。

三、医患沟通重要环节

（一）倾听

倾听是医患沟通中最重要的执业技能，以美国巴尔的摩市的医疗机构为例列出了医患沟通过程中倾听的技能要点。见表 5-5。

表 5-5

技能点	解　释
1. 不要轻易把患者的话打断。让他把话说完	当患者能够自由表达自己时，他会感到更放松，更可能向医生提供重要信息。实际上这往往会节省时间，而不是浪费时间
2. 注意跟踪并探索患者在谈话中露出的有意义的线索	患者在说话时会流露出一些对了解其内心世界或真正病情很有价值的线索。比如说到某个敏感话题时欲言又止、不好意思等时需要医生有技巧地进行追踪并帮助患者表露更多、更真实的信息
3. 在患者说话时给予支持性反馈信号	可以用“嗯……嗯……”或“请讲下去”或点头等向患者表示你正在注意听他说话
4. 以开放式的方法对患者发问	让患者自由发挥的问题有助于从患者那里获得更多的信息和观念。患者只能回答“是”或“否”的封闭性问题只能得到有限的信息
5. 运用反应性的回答	简单重述患者传递的信息是一种很有效地与患者建立良好关系的方法，它可以向患者传递来自医生的接受与肯定
6. 检查自己理解得准确与否	不时地以自己理解的方式来表述患者的意思，向患者确认自己的理解是不是准确

（二）提问方法

提问是沟通过程中的必要环节，当倾听者对谈话者所讲内容有不理解、不明白或者想确认某些事实或意义、想知道更加具体的内容，或者需要医生给出必要的解释时，需要通过提问达到目的。为了达到上述目标，提问者该遵循以下原则。

（1）如果提问是为了澄清不理解或没有听明白的信息，使用的句式最好是“你（您）能再说一遍吗？”或者“请您再具体说明一下”“请您举个例子”。

（2）如果提问是为了确认某些事实或意义，可以使用下列句式：“您这句话的意思是……吗？”“你刚才是说你以前去过好几家医院，是哪几家呢？”这些句式通过重述来访者刚刚说过的话，使双方表达的信息相互呼应，沟通即成为一个连贯而流畅的过程。

（3）如果提问者对来访者的情况了解很少，则尽可能使用开放式提问。比如，“你现在感觉怎么样？”这是一种开放性的提问，提问者不限定回答者的回答方向，回答者可以根据自己的情况自由回答。如果问“你现在感觉哪里不舒服？”则是一个开放性较低的问题，患者必须告知特定的部位才是正确答案。如果问“你下腹部是不是感觉不舒服？”则是一个完全封闭的问题，回答者只能做“是”或“否”的选择，这样的问题就限定了回答空间。

（4）提问中要尊重对方，不要使用“诘问”或“责备”的语气。“你怎么不早点来看，非要等病到这种程度才来？”这类明显带有责备意味的语句实际上等于告诉患者你或你的家属要对病情负有直接的、全部的责任，进而会提高患者的内疚感和恐惧感，并使患者害怕面对医生。

（三）提供反馈

反馈是信息沟通道路的枢纽，只有通过反馈，沟通才称得上一个双向互动的过程。人们所提供的反馈既包括对对方信息的应答反应，也包括由对方藏语引发的个人思考和感受，还包括对、错等评价性的信息。在有效的沟通过程中，反馈具有以下特征：

（1）反馈是积极而有建设性的，如认同与赞赏、修改意见、补充条款重点提示等。

（2）反馈中如果包含否定性的信息，就一定要做到“对事不对人”。比如“你漏掉了一个检查项目……”，这是针对事情的反馈，“你太马虎了……”或“你怎么这么不负责任，老是丢三落四的……”这是针对人的反馈。前者指出了错误内容，明确了修改方向，听者会带着抱歉、自责和感激的态度马上填补漏掉的项目；后者则会导致沟通对象产生自我防御、抵触或者对抗，以证明自己不是一个马虎的人，或者不是一个不负责任的人。

（3）反馈要针对谈话者说出内容中的相关信息，而不要扯得太远。

（四）肢体语接触

前章已经提到，身体姿势是情绪表达的方式之一，人在不同的情绪状态下，会展现出不同的身体姿势，高兴时“捧腹大笑”、恐惧时“紧缩双肩”、担忧时“坐立不安”、愤怒时“暴跳如雷”。另外身体姿势还具有信息传递功能，一位女士笔挺地站着，两手交叉抱在胸前，她所发出的信息可能是她是一个高控制欲的人或“我在怀疑你的处理！”“我不在乎你！”身体姿势所传递的情绪和信息在医患沟通过程中非常重要，在医疗和人际沟通中，肢体接触也具有非常重要的意义。

（1）首先，肢体接触可以促进人类的肌体活力。蒂凡尼·菲尔德（Tiffany Field）发现，对早产儿按摩可以引起婴儿高达47%的增长，这意味着肢体接触可以促进婴儿茁壮成长。

（2）其次，肢体接触可以减轻疼痛和精神压力。有一项研究观察了30名婴儿，在他们被割破足跟采集新生儿血样的过程中，有些婴儿由妈妈抱着，处于全方位、皮肤对皮肤的接触状态。其他婴儿则被裹在摇篮里实施手术。比较发现，那些抱在妈妈怀里的婴儿哭叫的次数比对照组少82%，他们脸上的苦相少65%，他们在手术过程中心率的速度也较慢。最近的一些研究报告，肢体接触能够影响人类的下丘脑－垂体－肾上腺（HPA）中枢——身体的精神压力系统。吉姆·柯安（Jim Coan）和里奇·戴维森（Richie Davidson）在一项实验中把参与者分为两组，实验组由恋爱伙伴用肢体接触他们的手臂，控制组只是独自躺在仪器中。让实验参与者等待一次痛苦的烦躁音（用以掩令人烦躁的杂音）的突然爆发——当他们躺在核磁共振成像扫描仪中给脑、胃照相时突然发出一个产生精神压力的刺激，结果发现，控制组在等待刺激的紧张阶段引发了大量的杏仁体活动，这意味着面对威胁，他们身体精神压力系统高度活跃。但实验组的参与者没有表现出杏仁体反应、肢体接触关闭了大脑中的威胁开关。

（3）肢体接触可以促进信任与合作。罗伯特·克兹班（Robert Kurzban）进行了一项非常有趣的实验，他把一个参与者放到了“囚徒困境”博弈游戏中，这个游戏给予参与者机会与另一个与他一起玩游戏的人进行竞争与合作。当他们即将开始游戏时，实验人员轻轻地用肢体接触了一下参与者的背部，结果这一碰触神奇地创造出一种信任与慷慨的气氛。这个似乎没有什么意义的动作却改变了整个游戏的框架，将竞争变成了合作互助。

（4）最后，肢体接触可以传达怜悯、爱和感恩之情。达契尔、克特纳Dacher Keltner）等人在一系列研究中发现人们可以通过在前臂上一秒钟的接触来传播的情感，爱、感恩和怜悯同愤怒、厌恶和恐惧一样都可以通过肢体接触被准确地传达和识别。

（五）共情技能

共情原是心理咨询要求的技能，后来被看做是所有良好沟通的必备技能。人本主义心理学家罗杰斯（Rogers，C.R.）将其解释为能体验他人精神世界就好像那是自己的精神世界一样。它与我们平常所说的“同情”有所区别，同情更多是一种情感反应。而“共情”中包含了更多的理智成分，是一种能够理解并分担对方精神世界的负荷的能力。

准确的共情应包含以下两个步骤：

（1）准确地感受患者的体验，能够从患者的角度来看问题；

（2）能够向患者表达你对他的理解。需要特别强调的是医生对患者的理解应该发自医生内心与患者内心的联结，而不是其他的外在参照物或来自患者的客观信息。比如：“看你现在的样子（来自患者的客观信息）好像你特别难受。”这样的表述就没有共情的意义。

人际沟通是通过一种或多种信息媒介，对事实、想法、信念、态度需求和情感进行传递和接受，并产生反应的过程。沟通过程需要多重要素参与，其中有意义的编码和解码是沟通中的关键要素。沟通技能的训练需要重点训练言语技能、识别非言语信息含义的技能，掌握提问、反馈的技巧，学会表达同情，能够运用肢体接触表达情感。沟通技能是医师的必备能力，在医学领域，建立和维持人际关系、收集和共享信息、解释病情。讨论治疗方案、解决疑难问题、给予安慰、缓解痛苦和悲伤。做出基于事实的最佳决策等都需要沟通。所以沟通教育是当前医学教育中的重要组成部分。

四、政务沟通

在《礼记·表记》中，先人教导我们做人要“不失足于人，不失色于人，不失口于人。”这句话的意思是做人要做举止不失体统，仪表不失庄重，言语要谨慎的人。

作为公务人员，谨慎的言语足以使人信服。同时，又树立了良好的公务形象。

在“言语足以使人信服”方面，习近平主席为我们做了最好的榜样。

研读十八大以来习近平同志的系列重要讲话，常常觉得他的语言平实中蕴涵着大智慧，通俗中揭示出大道理。不仅让人觉得亲切，而且感到其中蕴涵着一种透彻、直指人心的力量，给人一种拨云见日、豁然开朗的感觉，具有很强的亲和力、感染力和震撼力。

一曰有“魂”。语言是表达思想的工具。讲话要立得住，有分量，首先要有明确的观点，旗帜鲜明地表明提倡什么，反对什么，绝不含糊其词。这就是讲话的魂，是个带根本性的问题。研读习近平的讲话，贯穿其中的一条红线就是马克思主义信仰、共产主义理想、中国特色社会主义信念，通篇闪耀着信仰的光辉、真理的光辉。他指出“信仰问题是头号问题”，“丢失共产党人信仰就变成功利主义者”，“理想信念是共产党人精神上的‘钙’，精神上‘缺钙’就会得‘软骨病’”。他还用陈望道翻译《共产党宣言》的故事告诉大家信仰的味道、信仰的力量。同时，对于党内和干部队伍中存在的问题，他敢于“唱黑脸”，敢于亮剑。比如，他经常列举干部队伍作风方面存在的突出问题，可谓毫不留情；讲到现在社会上浪费现象以及奢靡之风方面存在的问题，可谓痛心疾首；讲到一些干部特权思想、特权现象严重，可谓直指病根。特别是对党内存在的腐败现象，他更是疾恶如仇，敢于与之进行坚决斗争，强调“苍蝇、老虎一起打”，出“重拳”，用“重典”。正是因为他信仰坚定、党性纯洁、勇于担当，才使得他的语言有底气、有定力，具有振聋发聩的力量。

二曰有“势”。古人论文，讲气，气贯长虹，力透纸背。毛泽东也论文，他不以泉比，而是以黄河来比：“文章须蓄势。河出龙门，一泻至潼关。东屈，又一泻至铜瓦。再东北屈，一泻斯入海。……行文亦然。”品读习近平的讲话，一种摄人心魄的气势扑面而来。这种气势首先表现在语言的气势上。比如，他这样阐述中国梦："中国梦是历史的、现实的，也是未来的"；"中国梦是国家的、民族的，也是每一个中国人的"；"中国梦是我们的，更是你们青年一代的。"这种气势又表现在坚定的历史自信上。比如在南京大屠杀死难者国家公祭仪式上的讲话中，他向世界这样展示中国的力量和形象："今天的中国，已经成为一个具有保卫人民和平生活坚强能力的伟大国家，中华民族任人宰割、饱受欺凌的时代已经一去不复返了，中国人民正在意气风发地沿着中国特色社会主义道路，为实现'两个一百年'奋斗目标、实现中华民族伟大复兴的中国梦而奋斗。中华民族的发展前景无比光明。"这种气势还表现在对事物规律的把握上。比如，他用"国家好，民族好，大家才会好"这样朴实无华的话，来阐明每个人的前途命运与国家和民族的前途命运紧密相连；用"同样一桌饭，即使再丰富，8 个人吃和 80 个人吃、800 个人吃是完全不一样的"来讲述现实国情；通过概要讲述世界社会主义波澜壮阔的发展历史，深刻阐明开创中国特色社会主义道路不易，所以我们要倍加珍惜，等等。这些讲话既平实又深刻，具有很强的历史纵横感和现实深邃感，体现一种大气、一种张力，闪烁着理性的光芒，澎湃着势不可当的力量。

三曰有"情"。习近平长期在基层工作，对中国的国情有着深刻的了解，与人民群众有着密切的联系。所以，他的讲话中透着真情实感，让人从中感到温暖，增强信心。这种情，一方面表现在澎湃的家国情怀上。比如，他寄语各族群众特别是青年一代："生活在我们伟大的祖国和伟大时代的中国人民，共同享有人生出彩的机会，共同享有梦想成真的机会，共同享有同祖国和时代一起成长与进步的机会，有梦想，有机会，有奋斗，一切美好的东西都能够创造出来。"另一方面，表现在他的细致入微上。比如，在与普通群众的交流中，他笑呵呵的一句"你比我大，我叫你大姐"温暖无数人心。又比如，他用拉家常的方式与干部谈心，要求大家"少出去应酬，多回家吃饭""少吃腻滑食物有好处"，又好似邻家大哥、自家长辈，让人如沐春风。再比如，谈到城镇化建设，他要求，"要让居民看得见山，望得见水，记得住乡愁"，直抵百姓心坎，滋润群众心田。还有，他在看望河北省正定县塔元庄村干部和乡亲们时，抑制不住重回故地的喜悦，对乡亲们说："这里我很熟悉，当年下乡就骑自行车来。今天就是来听大家拉家常的，看看乡亲们，接接地气，充充电。"有道是："感人心者，莫先乎情。"要把话讲得入耳入脑，关键要带着感情，发自内心，方能感动人、打动人。

四曰有"趣"。习近平的讲话、文章虽然讲的都是治国理政的大问题、大道理，但却不板着面孔，不搞说教，而是娓娓道来，生动有趣，让人在轻松愉快中茅塞顿开。这不仅仅是他的讲话风格和语言特点，更是一个大国大党领袖对自己的事业、力量和韬略有充分信心的表现。他善于讲故事，让故事来表达自己的观点。尤其是在国外访问时的多次演讲中，他讲的许多故事充满人情味，深深打动人心。在坦桑尼亚演讲时，他讲了一对中国年轻人如何热爱非洲的故事；在刚果演讲时，他讲了三位中国华侨冒险救出 12 名刚果邻居的故事；在哈萨克斯坦演讲时，他讲了冼星海在阿拉木图创作的故事，特别是他讲述的中哈两国人民交往的两个故事，一个是半世纪后儿子找母亲，一个是哈萨克斯坦留学生无偿献血，感人至深、催人泪下。人们从这些故事中自然而然地受到感染、得到启发。他善于运用生活中的语言叙事说理，赋予"家常话"以全新的意蕴。他用"鞋子合不合脚，只有穿鞋人自己才知道"，说明一个国家的发展道路合不合适，只有这个国家的人民最有发言权；用"发扬钉钉子的精神"阐述政贵有恒的道理，要求真正做到"一张好的蓝图一干到底"；用"打铁还需自身硬"，强调领导干部率先垂范、以上率下的极端重要性；用"人生的扣子从一开始就要扣好"，形象地阐述青年时期价值观养成的重要性；用"中国人喜欢茶而比利时人喜爱啤酒"，说明不同文明既各具特色又能够包容互鉴；他引用哈萨克斯坦谚语"吹灭别人的灯，会烧掉自己的胡子""力量不在胳膊上而在团结上"，倡议通过对话合作促进各国交流和地区安全。这些语言源于生活、源于群众，朴实自然接地气，既生动有趣，又深入浅出，让人一听就明白，体味其中蕴涵的深刻哲理和事理。

五曰有"典"。人们在写文章和讲话中，往往喜欢用典故来强化表达力，增强说理效果。实践证明，典用得好，形象恰当，能反映出一个人的精神品格和人文素养。读习近平的讲话，随处可见他用典之巧、用典之活的例子，他在外事活动的多次演讲、发言、会谈和署名文章中，援引了大量的中华古典词句，不仅向世人深刻阐述了中国和平发展、合作共赢的理念，而且充分向全世界展示了大国领袖的博学、睿智、包容、亲和的人格魅力。比如：他用“志合者，不以山海为远”，阐明中国和澳大利亚虽然远隔大洋，但历史和现实的纽带将两国紧紧连在一起，成为好朋友和战略伙伴；用“兄弟同心，其利断金”，倡导中国和新西兰携手合作，谱写中新关系发展新篇章，更好造福两国人民；用“既以为人，己愈有；既以与人，己愈多”，表明中国与斐济双方完全能够将彼此发展战略对接起来，优势互补，做合作共赢、共同发展的好伙伴；用“春种一粒粟，秋收万颗子”，阐明中国与太平洋建交岛国一道努力，求友谊之真，务合作之实，结共赢之果，圆发展繁荣之梦。习近平讲话中的精辟用典，丰富多彩，蔚为壮观，读来贴切、精当，赋予中华典籍以新的时代内涵，达到出神入化的意境。

文随心走，文风即人。语言是人的生活阅历、知识储备、个人能力与道德境界的综合反映。领导干部的学识、品质、风范，往往在其文风中得到充分体现。党的十八大以来，习近平同志的系列重要讲话、文章、访谈等，风格鲜明、内涵深刻，人们喜闻乐见，被国外媒体赞誉为“习式风格”。这种语言魅力背后的力量是什么呢？笔者不禁想起民国文人刘文典的一段话，他说：“要做好文章，只须注意‘观世音菩萨’就好了。‘观’是多观察，‘世’是懂世故，‘音’是讲韵，‘菩萨’是济世救民之心。”习近平的语言风格，正是他执政为民、勇于担当执政理念的真实写照，其语言的魅力，也正是他人格魅力的生动体现。

——学习积累。习近平语言风格的形成，主要得益于他从青年时代就养成了良好的读书习惯，真正把读书学习当成一种生活态度、政治责任、精神追求。“一物不知，深以为耻，便求知若渴”，是他青年时期就立下的志向。在熟读中外传统文化的经典中，他不仅开阔了时空视野，提升了哲学思考和思辨能力，也极大地丰盈了他的知识储备和语言积累。相比之下，一些领导干部习惯于讲套话，讲别人说过的话，其原因恰恰在于读书少、无底气。而当今时代，新事物、新知识、新问题不断涌现，没有“增量”，只吃“存货”，讲话难免无趣无味、让人生厌。

——爱民情怀。常言道，心无群众讲话则假，肩无重任讲话则飘。习近平的讲话之所以有力量、有分量，就在于他为民立言，唯真为美。

他经常用一些近乎唠嗑儿、拉家常似的聊天、谈心式话语叩击人们的心灵，让人感到亲切温暖。习近平在 2015 年的新年贺词中讲了这么一段话："这一年，我们也经历了一些令人悲伤的时刻。马航 MH370 航班失联，一百五十多名同胞下落不明，我们没有忘记他们，我们一定要继续努力、想方设法找到他们。这一年， 我国发生了一些重大自然灾害和安全事故，不少同胞不幸离开我们，云南鲁甸地震就造成了六百多人遇难，我们怀念他们，祝愿他们的亲人都安好。"一个国家元首在新年祝词中有这么一段亲切感人的话，让人感到无比温暖和充满力量。"我的执政理念，概括起来就是为人民服务，担当起该担当的责任。"正因为习近平始终把人民放在心中最高的位置，时刻牵挂人民群众的安危冷暖，所以，他的话语亲切感人，有一种泥土的芬芳，有一种浸润人心的美，体现了人民领袖与人民心心相印、与人民同甘共苦、与人民团结奋斗的责任担当和政治品格。

——坦诚务实。鲁迅先生曾经说过："只有真的声音，才能感动中国的人和世界的人；必须有了真的声音，才能和世界的人同在世界上生活。"实事求是是我们党的优良传统和作风，领导干部要做到用真理说服人、用真话赢得人，就得深入实际、深入群众，从群众中获得真知；就得有一说一，有二说二，襟怀坦荡地阐明自己的观点。习近平在福建工作期间，就大力倡导并身体力行"四下基层"；在浙江工作期间强调大兴调查之风，大力弘扬求真务实精神，还通过四副春联来表达求"四真"，务"四实"；去年又提出"三严三实"的要求。做人、做事、讲话讲究一个"实"字、一个"真"字，表现在语言的风格上，自然就真实朴实，打动人心。

国学大师章太炎先生认为，一个时代有一个时代的文风。一位外国哲学家也说过，人的语言方式就是他的生活方式。"笑语作春温。"习近平的语言风格与他的执政风格一样，让人如沐春风，如登春台，从中感受到真理力量和人格力量的高度一致和完美融合。学习习近平的语言风格，就应该学习他说真话、说实话、说老百姓爱听的真心话，远离假话空话和官话套话。这样，我们的文风就能逐步抵近"品位高雅、真知灼见、坦诚务实、清新活泼"的境界，以语言的感染力、亲和力增强人心的凝聚力，让党和政府的声音真正走进亿万人民的心里，拨动广大干部群众的心弦。

第六章 餐饮礼仪

第一节　中餐进餐礼仪

中国传统进餐方式和中国传统进餐礼仪，历经千百年的传承演变，已形成较为统一的规范和模式，虽然不同的地区、不同民族的饮食礼仪各有特色且略有差异，但相对西方饮食礼仪来讲，中国传统饮食礼仪具有其自身的特点和要求。

一、中式餐饮的特点

中式餐饮的特点主要从烹饪特色、饮食结构、进餐方式体现出来。

（一）中式菜点的特点

全世界饮食风味按特色划分，可分为三大类：一是以法国菜为代表的西式菜点；二是以土耳其菜为代表的阿拉伯菜点；三是以中国菜为代表的中式菜点。

中国菜在世界上享有较高的声誉，它之所以备受世人青睐，是因为中国烹饪具有一系列的特点，主要表现在：选料广泛，拼配巧妙；加工精细，造型优美；注重火候，控制得当；调味讲究，味型丰富；菜品多样，变化无常；主副食分明，小吃品种丰富；菜系流派众多，地方风味浓郁。正因如此，中国赢得了“烹饪王国”的美誉。

（二）饮食结构的特点

中国传统饮食结构受地域和地理环境的影响，具有一定的差异性。北方地区，以面为主食，辅以牛、羊、禽、蔬；南方地区，以米为主食，辅以鱼、猪、禽、蔬。新疆、内蒙古、西藏等地各因其地理环境的不同，略有差异。但总的来讲，以米面为主体，水产畜肉蔬果为辅，形成了我国饮食结构的主要特征。

（三）进餐方式的特点

中国传统进餐方式最主要的三大特点：一是使用筷子。西餐使用刀叉作进餐工具，阿拉伯以手抓方式进餐，而中国人则用筷子取食。筷子灵活、方便、多用的特点是其他取食方式不可比拟的。二是团聚共食。西餐讲究分餐分食，而中餐则主张众人围坐，共食一盘菜。民间以八仙桌（四方桌）为主，市肆餐饮以圆桌为主。团聚共食体现了中国传统“和合”的儒家文化特征。三是喜好劝菜劝酒。有朋相聚，必尽所能，以好酒好菜相待，这是中国人传统的饮食礼节。举杯推盏之间，人们喜欢把好菜夹给来宾吃，把美酒敬给来宾喝，不管你喜不喜欢吃，不管你能不能喝酒，似乎只要劝了、敬了，礼仪就到位了，否则就会认为主人不热情。

二、日常进餐礼仪

无论是家庭日常便饭，还是朋友小聚宴饮，抑或是一人独自出入饮食酒店，你的行为举止都有一定的礼仪要求。有时候，或许你在吃饭时不经意间的一个不文雅的小动作，就能让你的身份掉价，让人对你的印象蒙垢。

（一）保持良好的“吃相”

俗话说：“吃有吃相，坐有坐相。”所谓“吃相”，就是吃饭过程中的礼仪规范。

（1）主不请，客不尝。取食有先后，宾主相聚，主人先动筷，客人后动筷。家庭便饭，长辈先动筷，晚辈后动筷。

（2）就近拈，勿远夹。在有转盘的餐桌上进餐时，桌上的菜是可移动的，每个菜都可转到自己面前来，因此夹菜时不必迫不及待取远处的菜，而应只夹面前的菜。

（3）适量取，不贪食。对桌上自己喜欢吃的菜，也应适量取食，不能不管别人的需求，埋头多食。

（4）食轻言，嚼轻声。俗话说：“食不言，睡不语。”而众人相聚进餐不说话是不可能的，但吃饭时说话要注意两点：一是轻声说话，不可大声嚷叨；二是忌讳口中含着食物说话，这样既不卫生，又不文雅。吃东西时应尽可能不发出响声。

（5）吐骨刺，置骨碟。酒楼吃饭，都备有骨碟，因此，骨刺应吐在骨碟上。如在家庭没置骨碟，则可把骨刺吐在面前的桌面上，切忌吐在地上。

（6）用餐毕，擦唇边。用餐结束，应用毛巾或餐巾纸擦拭嘴唇，以免油腻或食物残留在嘴边，影响雅观。

（二）把握劝菜、劝酒的尺度

劝菜劝酒是中国民间传统饮食礼俗，“有朋自远方来，不亦乐乎”。为了表达对客人的尊敬和活跃餐桌上的气氛，有时少不了要劝菜夹菜，敬酒劝酒。劝菜也有劝菜的礼规：菜上桌，主人应先劝客人动筷，客人则应礼让，主人动筷后客人方可动筷。劝菜要适度，如客人婉言谢绝，就不能勉为其难。劝菜夹菜应用公筷，不可用自己的筷子为别人夹菜。劝菜要劝吃档次和质量较高的菜，或是特色菜，不要劝吃档次低的普通菜。劝菜最好要站起来劝，以示尊重。随着社会的发展进步，劝菜礼俗渐渐弱化了。相反，劝酒礼俗则日益强化，后面会专门谈及。

（三）正确使用筷子

筷子是全世界使用人数最多、最为普及的一种餐具。我国早在公元前殷商时期就已开始使用筷子，公元 4 ~ 6 世纪传到日本、朝鲜、东南亚等各国。它虽然构造简单，但巧妙地运用了杠杆原理，它不仅集刀叉功能于一身，而且有健身益智的功效，因为操作筷子要牵动人体 30 多个关节和 50 多条肌肉，所以有助于手指灵巧，大脑发达。

别看简单的两根筷子，在使用时却有许多礼仪要求和使用禁忌。

首先，要正确摆放。筷子的摆放是很有讲究的。筷子通常应纵放（横放表示进餐完毕）在餐盘旁边的筷架上，不能搁在盘缘或碗缘上。筷子是成双成对的，在摆放时应把它比齐，不要一横一竖交叉摆放，也不要大、小头颠倒摆放，且筷子的大头应离桌边 1~2 厘米。在用餐时，如需临时离开，应把筷子轻轻搁在筷架上，切不可插在饭碗里。

其次，轻拿轻放。在餐前放筷子时，应事先将手洗净，然后将筷子一双双理顺，轻轻放在每一个人的餐位前，切不可随便扔掷。在等待就餐时切忌用筷子击碗敲桌。

最后，文明用筷。筷子是就餐工具，一定要讲究用筷的礼节，注意“用筷十忌”：

一忌迷筷，犹豫不决，不知该如何下箸。

二忌搅筷，用筷子搅动碗中的菜肴，挑菜拣食。

三忌刺筷，以筷当叉戳食。

四忌碎筷，持筷撕拉口中的菜、肉。

五忌泪筷，一面滴着汤汁，一面把菜夹进嘴中。

六忌剔筷，用筷子当牙签挑剔牙缝里的菜肴。

七忌舔筷，用嘴舔筷子。

八忌架筷，把筷架在碗上或插在饭碗中。

九忌传筷，利用自己用过的筷子传递菜肴。

十忌指筷，持筷指人说话。

三、中式宴会礼仪

宴会集饮食、社交、娱乐于一体，是人们为了一定的社交目的而举行的高级宴饮聚会。

自古以来，中国人都有因事设宴的民俗，举凡婚嫁寿诞、节令庆典、乔迁新居、金榜题名等，无不大摆宴席，宴飨亲朋好友。当今社会，更是宴饮成风，尤其是一些白领阶层、上层社会人士，几乎是餐餐有应酬，天天有宴请，常常为一些宴会所累。

既然宴会已成为我们生活中不可缺少的一项内容，那么，经常参加那些具有社交意义宴会的人士，就必须了解和懂得一些宴会礼仪。

（一）宴会的种类及特点

1）宴会按饮食风格的不同，可分为中餐宴会和西餐宴会

（1）中餐宴会即中式传统宴会，它在进餐方式上使用中式餐具（最有代表性的是筷子），围圆桌而坐，采用中式服务，以中国菜肴和国产酒水为主。中餐宴会的摆台反映出中华民族的传统文化气息，环境布局、伴餐音乐突出浓郁的民族特色。

（2）西餐宴会：在进餐形式上使用刀、叉等西式餐具，桌面设计为长方形，并采用西式服务（主要表现为分餐制）。菜肴以欧美风格的菜式为主，饮西洋酒。整个宴会的厅堂风格、环境布局、台面设计，乃至音乐伴餐等，均强调和突出西洋格调。西餐宴会自20世纪初传入我国，目前在

一些旅游涉外宾馆较为流行。

2）根据主办目的的不同，可分为庆贺宴、迎宾宴和商务宴

（1）庆贺宴：泛指一切具有纪念、庆典、祝贺意义的宴会。如婚宴、寿宴、生日宴、乔迁之喜宴、开业庆典宴、庆功封赏宴、金榜题名宴、毕业庆典宴、庆贺节日宴等。此类宴会一般都具有较浓郁的喜庆气氛，主题意义突出。

（2）迎宾宴：为迎接远方来的客人而举行的宴会，这是社会上较为常见的一种宴会形式之一。迎宾宴有团体迎宾宴和私人迎宾宴之别。无论哪种类型的迎宾宴，一般都具有规模小、喜安静、重叙谈、讲面子的特点。迎宾宴较之庆贺宴少了一份喧闹，多了一份热情。

（3）商务宴：为了一定的商务目的而举办的宴会。商务宴自古已有，尤其是近几年来，随着我国改革开放和市场经济的建立，商务宴在社会经济交往中起着十分重要的作用，并成为现在一些酒店主要的经营项目。

宴会的情形十分复杂，从不同角度，根据不同的分类标准，还有多种分类方法，这里就不一一赘述了。

（二）赴宴礼仪

赴宴是一项大众性的社交活动，人们在宴饮过程中，通过谈话、吃饭、喝酒等一系列行为举止，将自己的个性与修养，能力与德行展现在公众面前。因此，掌握一定的宴饮礼仪知识，对树立良好的个人形象风范十分重要。

（1）应邀赴宴，按时到达。正规的宴请，一般都会下请柬，接到请柬后，一定要看清宴请的时间与地点，最好是将请柬随身带上，以备忘却之用。如果你是设宴的主人，则应尽量提前 15 ~ 30 分钟到，以便有客人提前到时有主人接待。作为一般的被邀请对象，应于宴会开始前一刻钟以上到场；而作为主宾，则不宜过早赴约，以准时为佳。主宾如果迟到，宴会则不能开席，导致众人等候为大忌。

接到宴会邀请，无论能否出席都应尽早给对方答复，以便主人作出安排。答复可以书面作答，也可用电话。一旦答复接受邀请，非不得已不要随意改动。如有特殊情况实在不能出席，尤其是主宾，应尽早向主人解释、道歉，必要时应亲自登门致歉。

（2）找准座位，准确落座。正式宴会十分讲究席位的安排，这也是社交礼仪的需要。特别是在我国这样一个礼仪之邦，讲究席位及座次更是有着悠久的历史传统。《史记·项羽本纪》中记载，西楚霸王项羽在鸿门军帐中大摆宴席招待刘邦。在宴会上，“项王、项伯东向坐，亚父南向坐。亚父者，范增也。沛公北向坐，张良西向侍”。在这里，项羽和他的叔父项伯坐的是主位，坐西面东是最尊贵的座位。其次是南向，坐着谋士范增。再次是北向，坐着项羽的客人刘邦，说明在项羽眼里刘邦的地位还不如自己的谋士。最后是西向东坐，因张良地位最低，所以这个位置就安排给了张良，叫作侍坐，即侍从陪客。鸿门宴上的座次安排是主客颠倒，反映了项羽的自尊自大和对刘邦、张良的轻侮。

宴会席位安排从来都没有一个统一不变的标准，它在不同的国家、不同的地区、不同的民族、不同的宴会对象等方面上都各有所异。现在饭店服务力求与国际标准接轨，因此，我们的席位安排也要遵循国际上流行的做法。

按照国际惯例，同一桌上，席位高低以离主人座位的远近而定。我国习惯按个人本身职务的高低排列以便于谈话，两桌以上的宴会，其他各桌第一主人的位置可以与主桌主人的位置同向，也可以以面对主桌的位置为主位（常见的几种席位安排见图 6-1）。

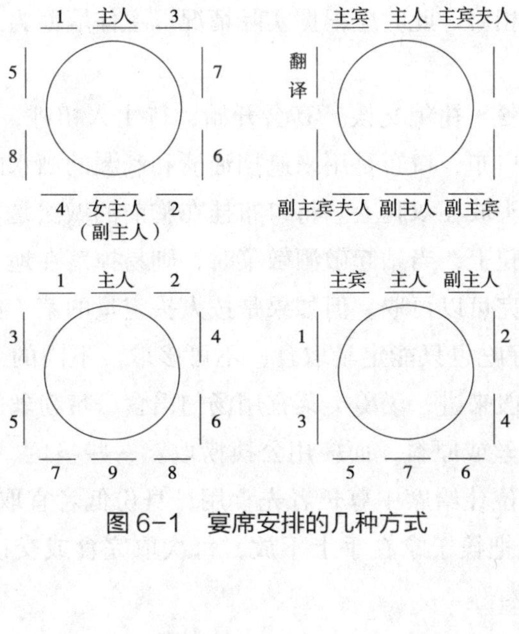

图 6-1　宴席安排的几种方式

在一些外交活动宴会中，礼宾次序是安排宴会席位的主要依据。在编排席位之前，首先要把经落实出席的主、客双方出席名单分别按礼宾次序开列出来（最好由主办单位提供）。除了礼宾顺序之外，在具体安排席位时，还要考虑其他一些因素。如宴请多个国家的客人时，还要注意客人之间的政治关系，政见分歧大、两国关系紧张者，尽量避免排到一起。此外，适当照顾各种实际情况，如身份大体相同，使用同一语言者，或属同一专业者，可以排在一起，翻译一般安排在主宾的右侧。

在国内一般宴请活动中，席位安排要根据不同的实际情况而定。若主宾身份高于主人，则为表示对他的尊重，可以把主宾安排在主人的位置上，而主人则坐在主宾位置上，第二主人坐在主宾的左侧。若赴宴人员不分宾主，如某学术会议宴会，席位安排时可以学术地位、职务职称高低为依据，确定一人为主人席，然后依次按离主人席远近排列。民间商务宴会，买单者坐主人席位置，其他人员根据买单者的意图安排。家庭宴会，由年长者或辈分高者坐主人席位，其他依年龄大小或辈分高低依次排列。

如何确定主位？一般情况下，主人席就是一席中正对大门、背靠有特殊装饰的主体墙面的一个席位。但有些餐厅的门不是正开，此时，主人席要以背靠主体墙面的位置为准。即使有的餐厅门是正门，但装饰特殊的主体墙面不与正门相对，此时应根据实际情况以主体墙面为主要参照物，确定主人席位。

（3）文雅进餐，礼貌交谈。宴会开始，待主人招呼，即可开始进餐。酒店宴会，设有口布，口布是用来遮挡油渍和滴漏的酒水的，一般是一头压在骨碟上，一头放在双腿上。将口布挂在胸前的做法是不雅观的。如将口布完全放在双腿上，当站起敬酒敬菜时，则易掉落在地上。夹菜不可一次夹得太多，吃完可以再取。但如果是按人头定量的菜（如清蒸扇贝、大闸蟹等菜），再好吃也只能定量取食，不可多取。不同的菜，应采用不同的取食方法，一般来讲，汤羹类菜宜用汤勺舀食，带粉丝的汤菜，切记不可用自用筷捞粉丝或原料，而应用公筷捞取。一些整鱼、整鸡等整型菜，宜将整菜最佳部位让给席中尊长者先食用，身份低者宜取一般部位食用。宴席上不要一直把筷子拿在手上不放，每次取完食或交谈时，宜将筷子暂置于筷架上。宴席上，有时会随菜（基围虾、龙虾、螃蟹）上一小水盂（铜盆、瓷碗或水晶玻璃碗），水中漂着玫瑰花瓣或柠檬片，这是供洗手用的，千万别当饮料喝，否则就闹笑话了。洗手时只需将手指浸在水中轻轻搓动几下，然后用餐巾或小毛巾擦干，并注意不要妨碍他人。有时拔丝菜也上一碗冷开水，这是供灼热的糖粘菜在冷水中过一下，以免烫伤嘴巴。宴会是以菜为主体，酒贯穿始终，酒没喝完，原则上不能吃饭（主食），否则就是反（饭）上。宴会菜较多，当桌上放不下时，宜将大盘换小盘，不可大盘叠大盘，这样既不雅观又不卫生，同时压下去的菜又不方便取食。吃菜、喝酒、交谈是宴会的三大内容，能坐在一个桌子上参加宴会，大家往往是比较熟悉和友好的，谈话自然比较多。席间谈话应有主调，众人倾听或应和，而不应一人在谈话，另几个人在一旁说笑，这样对人不礼貌。谈话时音量要控制好，不可影响邻桌。席间说话，应尽可能将身子往后倾斜，远离菜盘，以免唾液喷到菜盘上，必要时可用手掩挡。在有邻桌的餐厅，大声嚷叨或划拳都是不文明的行为。

（4）宴席上菜，讲究程序。宴席菜点品种丰富，而且什么菜先上，什么菜后上，颇有讲究。宴席上菜顺序的基本原则如下：

先上凉菜，后上热菜。凉菜是整个筵席菜肴的开路先锋，它具有干香脆嫩、爽口不腻、味入其骨、香透肌里的特点，为佐酒佳肴。当人们举杯起饮，慢斟细品之后，并已渐渐适应宴会环境，形成良好食欲，此时应上热菜，掀起宴会热烈气氛。

先上主菜，后上辅菜。主菜是筵席中最名贵、烹调最精美的一道菜，如燕窝席中的燕窝、鱼翅席中的鱼翅等。先将主菜端上席，是为了在宴会一开始就给宾客留下美好的第一印象。同时，主菜先上也是为了在筵席最后吃不完的一部分不会是重点菜。当然，所谓先上也是相对而言的，有的地方往往先上 1 ~ 2 道普通菜后再上主菜，这如同一台晚会大明星出场，先有人开路，然后明星再隆重登场，起到烘托气氛的作用。

先上酒菜，后上饭菜。宴会的一般规律是先饮酒，后吃饭，酒开头，饭结尾。先上酒菜，以供佐酒，后上饭菜，宜于下饭。

先风味菜，后一般菜。所谓风味菜，是指具有特殊风格的菜肴，或者是地方名菜、本店名菜、时令菜、近期特供菜等。一般来说，开席之初，人们对头几道菜往往比较关注，品尝也比较认真。随着饮酒的不断深入，人的口舌逐渐麻木，食欲也逐渐减退，或已满足。此时如果将名菜姗姗端来，定不如开宴之初那么引人关注和重视，于是名菜也就失去了“名菜的价值”。

先上荤菜，后上素菜。筵席菜肴有荤有素，荤菜多为高脂肪、高蛋白原料制成，吃多了，会令人感到油腻。素菜有多种，筵席素菜通常是指绿叶蔬菜。吃过了油腻味厚的荤菜，再吃清淡爽口的素菜，会起到解腻清口的效果。

先上造型工艺菜，后上普通风味菜。当筵席刚一开始，席面还比较空敞，人们的注意力还比较集中时，先将工艺菜端上，参宴者可以集中精力欣赏工艺菜的造型特色，谈论菜肴制作工艺，为此留下深刻的印象。如果把这么精美的工艺菜放在后面上，人们酒醉醺醺之时，已无心欣赏菜肴的造型，更谈不上留下什么深刻印象了。

先上量大的菜，后上量小的菜。筵席菜品中，有的菜量较大，有的菜量较小。先上量大的菜，是为了让胃口大开、空腹饿肚的人们能够吃到较多的菜，同时避免很快出现盘子见底的现象。

先上咸味菜，后上甜味菜。咸味和甜味对味觉的刺激性均很大，但比较之下，甜味在味觉器官中滞留的时间要相对长一些。宾客吃了甜味菜点之后，再食用咸味菜点，会出现减味或乏味的感觉，破坏了味觉器官的感应平衡。因此，除极个别情况外，大多数甜品都应放在筵席最后上。

先上浓味菜，后上淡味菜。滋味浓厚的菜先上，可给宾客的味觉器官以强烈的刺激，使味中枢神经处于兴奋状态，呈现出旺盛的食欲。如先上清淡的菜，宾客会有寡而无味的感觉，造成兴趣索然的心理。

先上菜肴，后上点心、水果。点心的上席顺序，各地不尽相同，大多数是在宴会进行过程中，随某些特定的菜肴跟上，也有的是在宴会接近尾声时端上。

以上只是中式宴会上菜顺序应遵循的一般规律，在实际操作中，不同地区、不同酒店、不同筵席的菜肴上菜顺序亦各有差异，因此，我们要灵活对待。

（5）何时散席，取决于主席。单桌宴席何时结束，由主席（即主人席）说了算，“主席”起身，其他人方可离席。多桌筵席，要以主席（即主桌）为主，“主席”未散，其他筵席不得先行离散。如与宴者因故必须先行离开，离开者应向同桌各位说明原因，并致歉。宴会结束，有人喜欢将未吃完的菜“打包”，这是勤俭节约的良好美德，但打包也有打包的礼仪要求。原则上打包以主人为主，客人不宜主动提出打包。宴席上，身份高的人不宜打包，而应由身份低的人（如随从人员）打包。宴席未结束不宜打包，宴席结束之后方可打包。与宴者不宜亲自动手打包，而应指挥服务生打包。打包选择的菜也要注意：带汤水的菜不宜打包，而应以干爽的菜为主；筷子戳过的菜不宜打包，而应以未动过的部分菜为主；低档菜不宜打包，而应以高档风味菜为主。

第二节　西餐进餐礼仪

西餐是欧美饮食体系的代名词，即以法、德、俄、意、美、澳等国为代表的饮食体系，分布在 70 余个国家和地区，近 20 亿人口。

一、西餐的特点

西餐与中餐相比，在进餐方式，饮食结构、饮食习惯、烹调方法等方面都有其特色之处。

在进餐方式上，西餐注重分食，无论是日常便餐还是高级宴会，西餐都实行分餐制。朋友聚会，各点各的菜，想吃什么点什么，充分体现了西方人对个性的尊重。分餐制既不会造成浪费（吃多少要多少），又符合现代卫生要求（不会相互吃口水），是社会进步的产物。

在餐具使用上，西方人习惯于用刀叉：用刀切割，用叉取食。不同刀叉用途各异，餐具种数较多。

在饮食结构上，西餐以肉、禽、鱼等动物原料为主，乳猪、肥犊、羊羔、火鸡、菜鸽、鹅肝、鸡蛋、奶皮、西米旦（发酵奶皮）、奶酪、黄油、鲈鱼、鳜鱼、黄鱼、沙丁鱼、马哈鱼、龙虾、大蟹、牡蛎、鱼翅、蜗牛、兔肉等是常用动物原料。西餐以素食为辅，主要有麦片、柠檬、槟榔、红豆、黑枣、面包、蛋糕、通心粉、胡萝卜、花椰菜、黄瓜、洋葱、生菜、苹果、香蕉、菠萝、土豆、芦笋、腰果、面酱、果酱等。西餐主副食不分，很早的时候西方人以畜牧业为主，肉与奶便是他们的全部食品。

在饮食习惯上，西方人喜欢冷食和生吃。啤酒要喝冰的，饮料要喝冰的，连酒也要加冰块。西餐多生食，蔬菜生吃，鱼生吃，连牛排也只煎七成熟，鸡蛋煎出汤蛋（即半熟蛋）。西方人认为，只有生吃才能完整吸收原料中的营养。

在烹调加工上，中餐注重随意与经验，西餐强调科学与规范。一份炸鸡翅，从纽约到旧金山毫无二致，全世界牛排的配料都是番茄、土豆加生菜，非常标准。西餐从某种程度上讲，只烹不调，注重进餐过程中的调味，而烹调的食物也大多是大块大片的，须食客自己用刀叉分割后食用。

二、西餐餐具的摆放与使用

西餐餐具种类繁多，摆放讲究，使用也讲规范，许多不了解西餐的人，坐在西餐桌前，面对琳琅满目的餐具，往往不知所措。

（一）西餐餐具的摆法

西餐餐具主要有刀、叉、匙、盘等。刀分食用刀，鱼刀、肉刀、奶油刀、水果刀；叉分鱼叉、肉叉、龙虾叉；匙有汤匙、甜食匙、茶匙等；盘则有大小不同的菜盘、汤盘、垫底盘、面包盘等。酒杯则分为葡萄酒杯、香槟酒杯、烈性酒杯、啤酒杯等。西餐餐具一般在开餐前都已在餐桌上摆好。正式宴会的摆法一般是：座位前正面放垫底盘，左叉，右刀、匙。左右侧最外边的刀叉是餐前食用刀叉，中间的刀叉是吃鱼用的刀叉，靠里边的刀叉是吃肉菜用的刀叉。它们都纵向放置在就餐者垫底盘的两侧，分别离桌约 1 ~ 2 厘米。这些刀叉的摆放顺序，从外向里取用，正与上菜的顺序一致。吃甜品用的刀叉，一般在最后使用，被横向摆放在垫底盘的正上方。垫底盘上方放甜食匙，再往前略靠右放酒杯，右起依次为葡萄酒杯、香槟酒杯、啤酒杯（水杯）。餐巾叠成花样插在水杯内或叠好放在餐盘上。面包盘置于叉子左侧约 1 ~ 2 厘米处，离桌缘 3 ~ 4 厘米。此外，在座位左上方有一玻璃或金属水盂，盛有清水，有时还撒有花瓣，是供洗手用

的，洗手时把手指轻涮一下即可。（常见摆法见图 6-2）

图 6-2　西餐餐具的常见摆法

（二）西餐餐具的用法

1. 餐巾

餐巾是为了在用餐时防止衣服弄脏而准备的。一般是点完菜后才将餐巾打开。将餐巾打开后对折，并将开口朝外置于膝上。餐巾除了用来擦拭嘴巴、手指以外，也可以在吐出鱼骨头或水果的种子时，拿来遮住嘴巴。擦拭嘴巴时，拿起餐巾的末端顺着嘴唇轻轻压一下，弄脏的部分为了不让人看见，可往内侧卷起。将鱼骨头或水果的种子吐出时，可利用餐巾遮住嘴后，用手指拿出来或吐在叉子上后再放在餐盘上。也可以直接吐在餐巾内，再将餐巾向内侧折起。通常服务生会注意到并换上一条新的餐巾。然而用餐巾来擦汗或是擦鼻涕，或是将口红整个印在餐巾上等都是不文明的。暂时要离开座位时，应轻轻地将餐巾折好，很自然地放在餐桌上或是椅子上。千万不要把餐巾挂在椅背上，或是揉成一团放在桌子上。

2. 刀、叉、匙的用法

刀、叉又分为肉类用、鱼类用、前菜用、甜点用，而汤匙除了前菜用、汤用、咖啡用、茶用之外，还有调味料用汤匙。调味料用汤匙即是添加调味料时所使用的汤匙，多用于甜点或是鱼类菜品。刀叉正式的用法为两只一组地使用，右手拿刀，左手拿叉。

叉子的拿法为将食指伸直按住叉子的背部。刀子除了与叉子同样拿法外，还可以用拇指与食指紧紧夹住刀柄与刀刃的接合处。可依料理选择较容易进餐的方法。如果以全部的手指握住的话，会破坏整体平衡，利用拇指与食指握住才是拿刀叉的要诀。

当以汤匙代替刀时，须以右手拿汤匙，左手拿叉。汤匙的握法则与握笔方法相同。

吃米饭之类的食物时，可以很自然地将叉子转到下面舀起食用，因为叉子下面的凹下部位正是为此用法而设计的。这时候，也可利用刀子在一旁辅助用餐动作。将餐盘上的食物舀起时，利用刀子挡着以免食物散落到盘子外面，如此一来就可以很利落地将盘内食物舀起。

刀与叉除了将菜肴切开送入口中之外，还有另外一项非常重要的功用，那就是刀叉的摆置方式能传达出“用餐中”或是“结束用餐”的信息。服务生们正是利用这种方式，判断客人的用餐情形以及是否收拾餐具准备接下来的服务等，因此，我们应记住正确的餐具摆置方式。用餐过程中暂时离开时，可将刀与叉呈“八”字形摆在盘中，而刀刃则必须面向自己，这表示正在进行中；用餐结束的信息是，将叉子的正面向上，刀子的刀刃则向内与叉子并拢，平行放置于餐盘上。而没用过的刀子，原样放在桌子上即可，服务生会自动将它收走。

三、西餐菜点食用礼仪

要了解西餐的吃法，首先必须了解西餐的上菜顺序。西餐正餐的上菜顺序是：第一道菜是开胃菜，这是主菜前的小菜，配以鸡尾酒。第二道菜是面包、黄油（或果酱、奶油）。第三道菜是汤，喝汤是为刺激胃分泌消化液，为进食热菜做准备。喝汤时上雪利酒。第四道菜是冷盘，又叫小吃，用中刀叉，上烈性酒，用立口杯。第五道菜是主菜，一份是鱼，用鱼刀叉，上白葡萄酒；一份是肉（添加海味），用肉刀叉，上红葡萄酒。第六道菜是点心（如：蛋糕、饼干、馅饼、三明治等）。第七道菜是甜品（如布丁、冰淇淋、冷冻食品等），用甜点勺和中叉，上香槟酒。第八道菜是果品（主要是时令水果或什锦果盘），用水果刀。第九道菜是热饮，为红茶或咖啡，这是西餐的“压轴戏”。此外，有时还供应利口酒等饭后酒。

在正式的宴会上，食物应该一道接一道地送上来，等客人吃完一道菜，再上第二道菜。作为参宴者每吃完一道菜，便把刀叉（匙）并排放在盘里，待侍者从你的右手边收走，接着从你的右手边送来下一道菜。

西餐便餐则主要由开胃菜、面包、汤、主菜（一份）、甜品、热饮构成。

西餐各道菜品，其具体的食法各不相同。按照西方礼仪，同桌多人就餐时，必须等每位都上完一道菜后才能同时用餐，而且要注意速度以配合大家。下面介绍几种主要食品的食用方法：

（一）前菜（又称开胃菜）

前菜即是在主菜之前的少量料理。为了使主菜更加美味，所以利用少量的前菜让肚子做一下暖身运动，以增加食欲。正统的前菜大都以鱼子酱、烟熏鲑鱼、生火腿、小龙虾等冷冻肉或沙拉类为主。

冷冻肉的料理又以鹅肝酱最具代表性。鹅肝酱的材料是以特殊饲养方式所养殖的鹅的肝脏为原料，其口感浓郁，与鱼子酱、块菰合称为世界三大珍味。冷冻肉用刀与叉食用，如果有附带切成薄片的吐司，则利用刀将冷冻肉涂抹于吐司上食用。

鱼子酱通常会附加在冷冻肉的料理旁，有时也会直接放置于餐具内端出来，这时候可利用汤匙舀起来吃。不过，有时也会做成开式三明治的样子。开式三明治，即是在切成薄片的吐司上摆上菜肴做成的三明治。如果是开式吐司的话，一般都是直接以手拿起来吃。不过，如果大小不是一口即可食用的话，以刀叉切开吃也可以。小龙虾，则是一边加酱料一边食用。

（二）面包

正宗的法国餐厅很少提供米饭，大多以面包为主。面包是无限量供应的，只要你喜欢，爱吃多少就吃多少。但是面包并不是你的主菜，充其量只是为了点缀食品而存在的。面包一般会由服务生放入篮子内送出来，你可以挑选自己喜欢的面包，并放在左侧的面包盘内。如果没有面包盘，可以直接放在左侧的桌巾上。如果一开始就已经摆上面包，那么左侧的面包就是你的了。为了不吃下太多的面包，最好在用过前菜，汤端上来后再开始吃面包。吃面包的时候应先以手撕下一口大小的量后再吃。用刀切面包，或是以叉子叉住面包后切成几小块都是违反用餐礼仪的。

（三）喝汤

法国人所谓的汤，指的就是浓汤。在中国，汤则分为较清淡的清汤以及浓度较高呈勾芡状的浓汤两种。依季节的不同也有冷汤，不过一般都是热汤。汤端到桌上时，首先用手轻轻地接触一下餐盘，确认一下汤的热度。喝的时候，将汤匙由内向外舀起，饮用时不要发出声音。千万不要用力吸汤，应让汤自然流入口中，慢慢地喝。如果是加料的浓汤类，则可以像吃东西那样喝下去。如果汤只剩下一点点，可以将盘子稍微倾斜，利用汤匙轻轻地舀起来喝。但注意不要让汤匙刮到盘底而发出声音。有时硬饼或起司棒会与汤一起送上来。硬饼指的就是浮在汤面上的料。有时一端上来就已经加在汤里面了，有时会另外放在类似放调味酱那样的小杯子内与汤一起端上来，这时候可以用附在一旁的小汤匙取一些放入自己的汤中。

起司棒也可以直接拿起来吃，不过最初人们是将其弄碎放入汤中与汤一起食用。喝完汤后，汤匙直接放在汤盘内或放在汤盘下的餐盘内都是可以的。不过千万不要放在桌巾上，这样会把桌巾弄脏。

（四）主菜

主菜主要有鱼、肉类食品和搭配的蔬菜。

（1）如是整条鱼，先是左手用叉压住鱼头，右手用刀自头后面沿着中间脊骨至尾部划开，起出上边一半鱼肉放在盘子靠自己的一边，淋上酱汁，用刀叉自左侧吃起；吃鱼不能翻转鱼身。吃完上边的鱼肉后，再用叉压住鱼头，用刀从骨头和下层鱼肉之间划过，把鱼骨剔出，将下层鱼肉移至面前的盘上食用。吐出鱼刺时，应将叉子靠近嘴边拦住，与鱼头、鱼骨等剩余物整齐地放在盘子的另一侧。如果是吃整块鱼片，则应从左边开始，每切一口大小蘸调料吃。这种鱼有时会以蒸烤用的玻璃纸或锡箔纸包裹端上桌，应用刀把玻璃纸或锡箔纸从中间划开，让鱼露出，再开始食用。吃龙虾要用刀叉先把虾肉取出后再吃。

（2）吃肉菜时，应从左侧切成一口大小，吃一块切一块，切勿一次全切好。如肉很大，可先切成两半，把其中一块移至盘中间，切而食之。如带骨的肉，可用叉子压住肉，刀沿着骨头划开，将骨取出，再切成一口大小食用。

（3）吃鸡肉时，同样用刀叉先去掉鸡骨之后，再用餐刀切成一小块，叉而食之。

（4）吃煎荷包蛋，欧美人习惯煎成两面白，先戳破半熟的蛋黄，然后用刀切成小块，用叉叉着吃，盘中流出的蛋黄可用小块面包蘸着吃。

（5）吃牛排，可根据自己的口味，选择全熟或半熟的，搭配的蔬菜要和主菜交互着吃，才显得出菜肴的美味。盘里剩的肉汁或调味汁，可以用面包蘸干，再用叉子送进嘴里。

（五）咖啡

咖啡是西餐中最常用的一种饮品，不论是小咖啡杯还是普通的咖啡杯，如果内侧有华丽的装饰，服务生一般会先让客人观赏后再把咖啡倒入。喝咖啡时，加入糖与牛奶之前先小饮一口，品尝一下纯咖啡的香气。随后，再将糖、牛奶等与咖啡混合，轻轻地捏住杯耳并注意不要让咖啡匙伤到杯子内侧，轻轻地搅拌液体即可。加方糖时，应用夹子将方糖先放在汤匙上，再轻轻倒入咖啡杯中，这样咖啡不会溅起来。

欧洲人习惯把糖放入浓缩咖啡后，不加以搅拌，而花 20 ~ 30 分钟慢慢饮用，享受糖在咖啡杯底慢慢溶化，咖啡逐渐变甜的乐趣。偶尔刻意地模仿一下法国人的习惯也是蛮有趣的事。

四、西餐宴会礼仪

（一）西餐宴会的形式

西餐宴会按进餐时间及内容的不同，分为晚宴、午宴、下午茶派对、鸡尾酒派对、花园派对、招待会等。

晚宴是一种最讲究形式的宴会，一般从晚上 7 点开始聚餐。晚宴台型讲究，菜品丰盛，形式热烈，是较正规的一种宴会。

午宴是中午 12 点开始举行的宴会，内容与晚宴相当，但在规模和形式上较晚宴简略些。

下午茶派对是多在下午 2 点举办的以红茶、非酒精类饮料和茶点为主来招待宾客的轻松派对。

鸡尾酒派对多在下午晚些时候举行，以酒类及简单饮食款待宾客。比起以用餐为主的宴会，这种以社交为主要目的的宴会，来宾可以依自己喜欢的时间入场或退场。

花园派对是以私人庭院为场地举办的站立式宴会，通常从上午 11 点开始至下午 3 点左右。日本皇室于每年春天所举办的园游会也属花园式派对的一种。

招待会虽然和鸡尾酒会同样都是以社交为主要目的的，但所谓的招待会大多带有公家的色彩，当然也有以外国大使或公使为主人而举办的招待会。

（二）西餐宴会台型及席位安排

正式宴会一般均排席位，也可只排几位主宾的席位，其他客人只排桌次或让其自由入座。

西式宴席一般采用长条桌或蹄形桌，在座位的排列上，亦以右为尊，并以离主人座位的远近来决定客人地位的高低。离主人越近者，地位越高。

此外，在安排席位时，还需要考虑一些其他因素。如多边活动需要考虑客人之间的政治关系，政见分歧大、两国关系紧张的，要尽量避免安排在一起；还要适当考虑照顾身份大体相当、使用同一语言或属同一个专业者，可以把他们安排在一起。翻译人员一般安排在主宾的右侧。在以长桌作主宾席时，翻译人员也可以考虑安排在对面，以便于交谈。

西式宴会宾主席位的安排大致与中式宴会相同，主人席位通常安排在席上方和正中，主宾席位安排在主人席位右边，副主宾安排在主人席位的左边，其他宾客则从上至下，从左至右依次排列。如宴会的正副主宾都偕夫人出席，在有副主人陪同的情况下，副主人的席位则应安排在主人席位的对面，即餐台下方的中间席位上，右边安排副主宾，左边安排副主宾的夫人，主人席位的左边安排主宾夫人的席位（常见西餐台型及席位安排见图 6-3）。

遇到特殊情况时，则可视具体情况灵活处理。如主宾身份高于主人，为表示对他的尊重，也可以让主宾坐主人位，而主人则坐在主宾的位置上，第二主人坐在主宾的左侧；如果本国出席人员中有身份高于主人者，可由身份高者坐主位，主人坐在身份高者左侧。（见图 6-3）

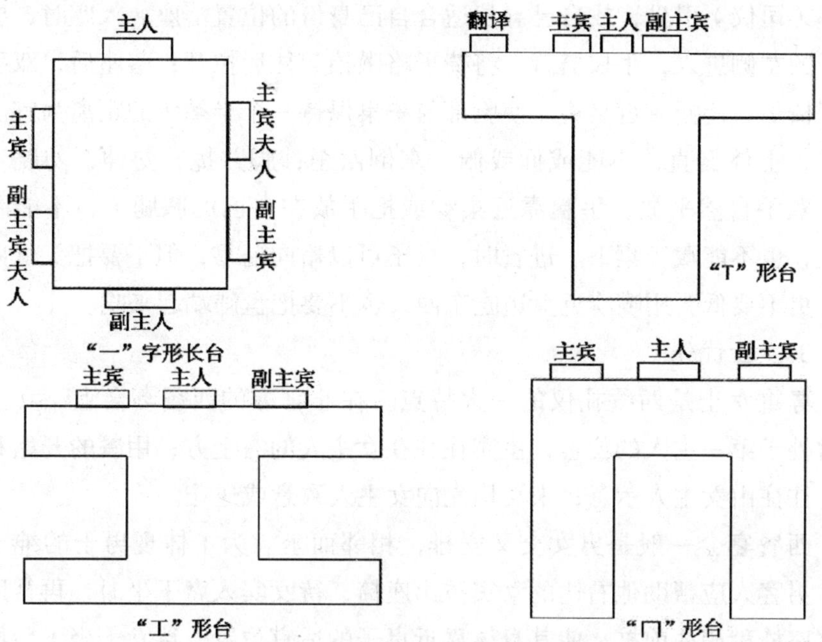

图 6-3　西餐台型及席位安排

（三）西餐宴会中的礼仪

有道是：“吃中餐，主要是看桌上的美味佳肴；吃西餐，主要是看就餐者的举止风度。”参加正规西餐宴会，吃已不重要了，社交礼仪反而成为宴会的主题，于是每个人的行为举止、谈吐风度，在这种特殊的社交场所就显得十分重要。

1. 着装讲究

针对不同的宴会形态、规模以及举办时间，适合出席的服装也各有不同。若是邀请函已经指定的话，就依照指定穿着。但一般来说，在正式的晚宴上，男性都是穿着无尾晚礼服（Tuxedo），女性则是穿着晚礼服或小礼服出席。要是宴会没那么正式的话，男性可以身着深色西装出席，女性则穿着优雅的连衣裙或套装出席即可。有一点女性必须留心，由于这是用餐场合，所以应以清洁感的发型和化妆为主，香水也易酌量使用。

2. 入座规范

根据请柬上注明的席位，或根据自己在众宾客中的身份位置，或由服务生（司仪）引坐，或自己寻找适合自己身份的位置落座。入座时，要从椅子的左侧进入，手扶椅背，将椅子略微抬起往后拉开；落座后，双手要抬起椅子，慢慢靠近桌边。使胸部与餐桌保持一个半拳头的距离为宜。坐定后，上体挺直，不能或仰或俯、东倒西歪；脚并拢，勿伸、勿跷、勿蹬；双手自然平放，手腕靠近桌缘或把手放在自己的膝腿上，不能趴在桌上，也不能藏于桌下。进餐时，身子可以略向前靠，但不要把头低向盘子，更不要低头用嘴凑近盘边吃东西，也不要把盘碟端起来吃。

3. 女士优先

尊重女士是西餐礼仪的一大特点。在非官方的西餐宴会上，女主人通常处于第一主人的位置，主宾往往在女主人的右上方；用餐的开始和结束，往往由女主人示意；来宾均先向女主人致意或送花。

西餐宴会一般是男女交叉安排，相邻而坐。为了体现男士的绅士风度，男客人应帮助他右边的女宾拉出座椅，待女宾入席下坐时，再帮助女士将座椅稍稍往前推，使其身体靠近桌子的适宜位置，待女士坐下后男士再就座。作为女士应对帮自己就座的男士微微一笑表示感谢后再坐下，同时请身边的男士就座，并转身和他寒暄，以便引出交谈的话题。

在正式的西餐宴会上，除安排个别的女领位员以外，概不使用女侍者，以体现对女士的尊重。

4. 友好交际

西餐宴会的主旨是交际，宴会交际已成为社会交往活动的重要组成部分。与宴者赴宴前应备好足够的名片，放在西装口袋（女士可放在小提包内）等易于取出的地方，以便交换名片之用。赴宴时的交际更多的是表现在餐桌上。有人说，没有交谈的餐桌上，仿佛少了一道菜。餐宴时的交谈当然以风雅为上，可谈一些大家感兴趣而又轻松愉快的话题，如赞美餐桌上的菜肴、酒水饮料和摆饰，或文艺、体育、旅游等话题，不宜谈及宗教、政治、疾病等可能触及别人忌讳的话题。

交谈对象一般与左右邻座为宜，最好不要隔着别人交谈，尤其不宜大声与餐桌对面的人交谈，但也不要耳语。满嘴食物和正在咀嚼食物时，不要与人交谈，如他人与自己交谈，也应等食物咽下后再应声。如果自己不擅长聊天又缺少话题，不妨当一个好听众；如果自己擅长聊天，也不要随意插话或打断别人的谈话。

为了广交朋友，餐桌上当然少不了交谈。但又不宜太多，也不要说俏皮话、讽刺话和笑话。

5. 礼貌告辞

除了结婚喜宴和正式宴会之外，通常普通的宴会并不会清楚确定结束的时间。例如，参加鸡尾酒宴会，并没有规定何时离开会比较好，只要没什么重要的事，应尽量避免比主宾早离场。这当然也不是说待越久越好的意思。在离席的时机上，以“中场”为标准。中场为散会的间接说法，当司仪宣布“宴会已经进行到中场了”，这即是在示意该陆陆续续离席了，因此借此为离席的时机是不错的。离席时，也请不要忘记向主办者打声招呼。

（四）自助餐进餐礼仪

自助餐本是西餐的一种进餐形式，由于它具有自由灵活、品种丰富、时间机动、卫生洁净等特点，近年来逐渐与中餐结合，成为饮食市场上的主力军。自助餐也有自助餐的礼仪规范，具体如下：

1. 先落座，再取食

有些人一进自助餐厅就拿盘取食，取完食后，拿着满盘食物到处找座位，这是不文雅的行为。正确的做法是：由服务生领坐，服务生安排在什么位置，就在什么位置落座，除非你向服务生提出特殊要求，但须得到服务生允许。落座后将口布取下，压在盘碟下面，这时服务生会给客人倒上茶水，稍坐片刻再行取食。

2. 少量取，多次拿

自助餐菜品种类繁多，一般由冷菜、热菜（包括汤品）、水果、小点心及各种饮料组成。取食程序应该是：先取饮品小饮两口，再取冷菜（或开胃菜），吃完冷菜再取热菜，吃完热菜再取小点心主食，吃完小点心主食，最后取水果。每次取食切忌贪多，自助餐以每次取食全部用完为佳，不许浪费。取食时不可将不同类别的食物混装于一盘，那种将冷菜、热菜、水果、点心等码在一个盘子内的做法，是不文明的进餐行为。

3. 菜取完，及时补

自助餐的菜品，有的菜会有较多人喜爱，于是会被迅速取完，进餐者不必慌抢，服务生会通知厨房及时添加。这时，可以先品尝其他菜，待菜添上后再取。

4. 现加工，提要求

自助餐厅有许多食品是现加工的，如煎蛋、煎牛扒、下汤粉面等，当你点要某道食品后，要向厨师说明烹调要求，常见有人因点要的食品不符合自己的要求而弃之不用，这是一种不文明的表现，更是一种浪费行为。

5. 只能吃，不能带

所有的自助餐，不管是以之待客的由主人亲自操办的自助餐，还是对外营业的正式餐馆里所经营的自助餐，都有一条不成文的规定，即自助餐只许可就餐者在用餐现场内自行享用，而绝对不许可对方在用餐完毕之后携带回家。商务人员在参加自助餐时，一定要牢牢记住这一点。在用餐时不论吃多少东西都不碍事，但是千万不要偷偷往自己的口袋、皮包里装一些自己的“心爱之物”，更不要要求侍者替自己“打包”。那样的表现，必定会使自己见笑于人。

第三节　饮酒礼仪

酒是一种奇特的食品，千百年来，没有哪一种食品像它这样令人惊奇、令人赞叹、令人陶醉。

酒，能够健身。我国最早创造的黄酒，素有“天乳”“天之美禄”之称。啤酒含有人体需要的多种维生素，被誉为“液体面包”。药酒具有奇特的滋补作用和医药功能。就是各种白酒，只要少饮、适量，也能舒筋活血、理气和神，对身体健康大有益处。

酒，可助兴、寄情、陶情怡志。因此，古人又称之为“欢伯”。在中国，人们的喜、怒、哀、乐，悲、欢、离、合等种种情感，往往都借酒来抒发和寄托。

酒，是友好的使者。大到官场外交，小到民间往来，大凡迎宾待客，往往都离不开酒。酒已成为公共关系活动中传送友谊的一种“载体”。

然而，酒同世间万物一样，也具有两重性：既能造福，也能惹祸；既能给人们带来乐趣，也能给人们造成危害。在古代，有多少无道昏君因沉湎酒色、狂饮无度而亡国害民，有多少文臣武将因贪杯暴饮而身败名裂，甚至送命。看今天，又有多少因酗酒、醉酒而伤身误事，更有甚者酒后无德，干出一桩桩危害他人、危害社会的违法乱纪之事。有鉴于此，要提倡新的酒德酒风，养成有益于身心健康的饮酒习惯。

一、酒的种类及特点

酒的种类颇多，常见的分类方法有如下三种。

（一）按生产方法的不同分为蒸馏酒、发酵酒、配制酒

1. 蒸馏酒

原料发酵后，用蒸馏法制成的酒叫蒸馏酒。这类酒的酒度较高，其他固形物含量极少，刺激性较强。白酒、白兰地等酒均属于蒸馏酒。

2. 发酵酒，又叫压榨酒

原料经过发酵后，直接提取或用压榨法制成的酒叫发酵酒。这类酒度数较低，而且固形物含量较多，刺激性小。啤酒、果酒等均属于压榨酒。

3. 配制酒

它是用成品酒或食用酒精，配合一定比例的糖分、芳香原料或中药材，混合储存后经过滤而成。用芳香原料配制的称为露酒；用中药材配制的称为药酒。常见的露酒有青梅酒、玫瑰酒；药酒有莲花白、竹叶青等。

（二）按酒精含量的高低分为高度酒、中度酒、低度酒

1. 高度酒

这种酒的酒精含量均在 40% 以上。所以酒精含量在 40° 以上的酒称为高度酒。

2. 中度酒

酒精含量在 20° ～ 40° 的酒，～属于中度酒。多数露酒和药酒都是中度酒。

3. 低度酒

酒精含量在 20° 以下的酒，属于低度酒。如啤酒、黄酒、葡萄酒。

（三）按商业经营分为白酒、啤酒、葡萄酒、黄酒、露酒、药酒

1. 白酒

白酒又称烧酒，或中国白酒。它与白兰地、威士忌、劳姆酒、伏特加、金酒齐名，被誉为世界六大蒸馏酒。我国白酒按香型分为酱香型白酒

（以茅台酒为代表）、浓香型白酒（以泸州老窖为代表）、清香型白酒（以汾酒为代表）、米香型白酒（以桂林三花酒为代表）和其他香型白酒。

2. 啤酒

啤酒为营养丰富型的清凉饮料，素有“液体面包”之称。啤酒根据杀菌与否分鲜啤和熟啤。

3. 葡萄酒

葡萄酒即以葡萄为原料酿造的酒。因酒液中含有人体所需的多种维生素和氨基酸，故成为高档宴会上不可缺少的饮料。葡萄酒根据葡萄颜色的不同分为白葡萄酒和红葡萄酒；根据含糖的多少分为干葡萄酒和甜葡萄酒。

4. 黄酒

黄酒是用粮食酿造的弱性酒，一般含酒精 10% ~ 15%，因色泽黄亮而取名“黄酒”，是我国特有的传统饮用酒。

5. 露酒

露酒是用葡萄酒或黄酒、食用酒精为酒基，加入一定的香料、糖料和食用色素等配制而成的一种酒。

6. 药酒

药酒是以黄酒或白酒为酒基，配以各种药材经浸泡等工艺制作的，具有一定医疗作用和滋补作用的一类酒。

二、饮酒礼仪与禁忌

传承数千年的中华酒文化，积淀了丰厚的饮酒礼仪风俗，无论是三朋四友小酌，还是盛大宴席豪饮，人们必须遵循约定俗成的饮酒礼仪规范。

《晏子》载：有一次，齐景公乘着酒兴在酒宴上说：“今天我想和诸位大夫们纵情酣饮，请大家不要拘于礼。”这时齐相晏婴马上进行规劝，但是齐景公不听。饮了一会儿酒，齐景公外出解手从晏婴身前走，晏婴不起身致礼；齐景公回来时从晏婴面前经过，他还是不起身致礼，对此，齐景公已有几分不快了。待到大家举杯饮酒时，晏婴不等齐景公先喝，便抢先喝了自己杯中的酒，对于晏婴一再违礼的做法，齐景公再也忍不住而大怒起来：“晏子，你一向主张无礼不可。今寡人出入你不起身，举杯时你又抢在寡人前喝酒。难道这就是礼吗！”晏婴连忙离席再拜，然后对齐景公说道：“晏婴怎敢违背君王在酒宴上所说的不需用礼的话呢。我刚才的举动是遵您的旨意而办的。君王如果真的想不拘礼的话，其后果必然这样，难道能说我无礼的做法不对吗？”齐景公于是恍然大悟，便请晏婴入席，然后按照君臣饮酒的礼仪，行三巡酒而结束了酒宴。

由此可知，传承已久的饮宴礼仪是不能随便被打破的，齐景公所说的不用拘于礼的话只不过是酒席上的醉语而已，一旦别人真的在酒桌上不讲君臣之礼，他就受不了了。

饮酒不讲礼不仅在官宴上不允许，就是在平民百姓的酒席上也会遭到人们的指责或被罚酒。

（一）古今通行饮酒礼仪

1. 无酒不成席

凡设席宴客必置酒，否则被视为对设宴的不重视或对被宴请的客人不尊重。即使主宾或主人不胜酒力，也应拿些红酒、啤酒甚至米酒充当，总之，酒席中少了酒就失去了灵魂。

2. 七分茶八分酒

这是流传很广的一句话，也就是说给客人沏茶只能沏七分，而斟酒只能斟八成。常说的“满上满上”就是指斟上八成酒而言。这也是暗示喝酒之人不可贪杯过量，就是有十成酒量的人，喝到八成就行了，这样既不伤身体，又不会出洋相，这可谓是斟酒的一礼。

3. 叩指礼

当主人给你斟酒的时候，把食指和中指捏在一块儿，轻轻地在桌边上点几下，以示感谢，就叫“叩指礼”。说起来还有一个民间传说呢！那是乾隆皇帝微服私访江南的时候，和太监一块饮酒，乾隆让太监坐在旁边。本来，朝廷里规矩多，奴才见了主子都得三跪九叩，太监和皇上坐在一块，他真的要喊几声“谢主隆恩”了。可这是微服私访，不能暴露身份，于是，聪明的太监就想出这么个办法，用三个指头在桌边轻轻地点了九下，象征着三跪九叩。后来，慢慢地流传到民间，一直延续至今，只不过没有点那么多下罢了。这个礼节在新加坡、马来西亚和我国广东、福建、香港等地尤为盛行。

4. 先干为敬

两人碰杯，先干者为表敬意。下级向上级敬酒碰杯时，下级先干；晚辈向长辈敬酒碰杯时，晚辈先干；男士向女士敬酒碰杯时，男士先干。总之，先干者表示对对方的敬意和尊重。

5. 低杯为敬

两人碰杯，身份低者或年轻者与身份高者或年长者敬酒碰杯时，前者应将杯身略低于后者的杯身为佳，否则为不礼貌。

6. 起身为敬

同桌敬酒，如身份、年龄相差较大，年轻、身份低者应站起来向长者或身份高者敬酒。个别为表敬意，也可下位走近长者或身份高者身旁敬酒。

7. 双手捧杯为敬

年轻、身份低者向长辈或身份高的人敬酒，以双手握杯为表尊敬。

8. 碰杯必喝干

通常所说干杯，都是象征性的，而酒杯与酒杯相碰之后，则必须喝干，并且还应将酒杯倒过来，以示干净。若杯中还有酒滴出来，滴一滴就要罚酒一杯。

9. 敬酒讲秩序

同桌敬酒，讲究一定的秩序。随从人员陪上司宴请来宾时，陪同人员不可抢在上司之前向来宾敬酒，而应让上司先敬后，随从再敬。敬酒讲究顺序，或从最尊贵的客人敬起，以席上人员地位或年龄的高低，依次往后敬；或从主宾开始，顺时针方向敬。只要敬酒，全桌皆要敬，不可遗漏。

10. 代酒讲规矩

酒宴上，对方给自己敬酒，而自己又不胜酒力，这时可请人代酒（代饮）。代酒讲究一定的规矩：只能上级找下级代、年长者找年轻者代、女士找男士代。反之，则为不礼貌。

（二）饮酒之礼忌

忌者，人之忌讳也。酒具有兴奋和麻醉神经的作用，人一旦饮酒过量，容易控制不住自己的情感，并失去理智，因而会导致一些失礼的行为发生。

1. 忌纵饮无度

孔子说：“饮酒以不醉为度。”然而有许多人却喜欢贪杯，贪杯则易醉，醉酒易失礼。醉酒之人往往话多，言多必失，酒后吐真言，如果吐出的是一些矛盾，则易引起纠纷；如果吐出的是机密，则是违法行为。因此，嗜酒者切忌贪杯、酗酒。

2. 忌闪约

朋友相邀，既已应约，须准时赴会。否则，酒菜已上，众宾客就座，唯独你一个人迟迟不来，不等你为不恭，等你又酒菜易凉，又似怠慢到席之人，徒使主人焦急为难。

3. 忌久饮不休

对于饮酒的时间应有所控制，喝了即止，切忌“打疲劳战”“持久战”，动则“为长夜饮”。即使有朋自远方来，边饮边叙，时间不免要长一些，但也不应忘乎所以，不顾休息，以免影响来日的生产、工作和学习。

4. 忌苦劝

要敬酒，可劝酒，但不能逼酒。应该能喝多少喝多少。善意的劝酒，目的是使人喝好尽兴，绝非将人灌醉，使其遭罪。愿饮者，不用劝；不善饮者，不宜强劝。此外，劝酒不应“轮番轰炸”，盯住一个人，你敬我劝，都来“亲近”，人欲推辞，则必以种种理由强迫其干杯，或云：“你喝了张三的，不喝我李四的？”或说：“你喝了领导的，不喝群众的？”总之，不达目的誓不罢休。须知，即使“酒场宿将”，也经不起“车轮战术”，如此下去，是非让人醉了不可。那么，你劝酒的善意又在哪里？

5. 忌不诚恳

不诚恳有种种表现：一是以水代酒，捉弄他人。酒席之上，觥筹交错，主客欢饮，必欲尽兴，不诚之人，乃趁机暗做手脚，以水代酒，邀人干杯，与人争胜。一旦“把戏”被人揭穿，则必当场丢丑，留下话柄。二是入口不咽，暗地吐出。邀人同饮或被邀同饮，故作豪爽，二话不说，引颈举杯，倾酒入口，引得旁人喝彩叫好，然而就在这喝彩叫好声中，此君或若不经意而回身，或极自然而低首，则酒已吐之于地，旁人却浑然不觉；或酒刚入口，随即掏出手帕拭唇，趁势将酒吐之于手帕上。三是初饮推托，将散不休。常见一些“要心眼”“留后手”者，参加宴饮，唯恐喝醉，初饮时小心翼翼，略略沾唇而已，一巡过后，别人已酒尽杯空，他的杯中犹然半满。别人见此情形，必然出面劝酒，此君则连称己不善饮，谦恭有加。别人信以为实，也就准其随意自饮，不再强劝，酒宴自始至终，在一片和谐欢乐的气氛中进行。不想酒宴将阑，众人微醉之际，此君却突然酒瘾大发，酒兴大盛，呼甲唤乙，发动攻势，弄得众人瞠目结舌，不知所措，欲罢不甘，欲饮不能，不欢而散。四是能饮不饮，表面敷衍。众人干杯，能饮而不饮尽。更有一等人，“看人下菜碟”，如果有地位、有身份的人邀他干杯，他会情绪昂扬，一饮而尽；而一般人邀他干杯，则或推辞，或饮而不尽，淡然冷漠，这样往往会伤害对方的自尊心。

6. 忌争执骂座

众人饮酒，本来图个愉快欢乐，如果酒后骂座，挑起争斗，就无异于聚众闹事了。即使在席双方平素有些疙疙瘩瘩，但既然坐在一起，又当着其他宾客，双方就应克制，最好是趁此机会，彼此解释前嫌，言归于好，这样将给酒宴添辉，主客皆为之祝贺、高兴，切忌“酒后借端，发泄宿怨”，出言无忌，指桑骂槐，弄得主人不安，客人不快。

7. 忌当场呕吐

一旦饮酒过量，觉得反胃时，应赶快离开酒桌，切不可当场呕吐，那样既不卫生，又大煞风景。

8. 忌不遵令

众人饮酒，人人都要遵守酒席上的规矩。特别是飞觞行令时，酒令大于军令，一定要听令而行。第一，是要听清楚酒令的内容、要求，不可违令。第二，违令时要认罚，不得推托抵赖。

9. 忌酒后饭上

按照我国多数地方的民间礼俗，吃完饭以后就不能喝酒，而在喝酒之前却可以吃面。因为“饭”和“犯”，“酒”“久”是谐音字，若是吃饭后喝酒，就会被忌喻为：“久后犯上”对长辈不敬，要触犯上人；若是先吃面后喝酒，则被忌喻为：“久后面上”，会孝顺老人。

第四节　饮茶礼仪

茶是世界三大饮品（酒、茶、咖啡）之一，也是中国的“国饮”。我国历来有“客来敬茶”的礼俗，早在三千多年前，茶已被奉为礼品与贡品，到两晋、南北朝时，客来敬茶已经普遍成为人际交往的社交礼仪。

当今社会，饮茶更是人们日常社交活动不可缺少的一项内容，并形成了一系列与日常生活相适应的礼仪。

一、茶的种类及其特点

茶树的鲜叶采摘后经过加工即可制成各种茶叶。所有的茶叶可分为两大类：基本茶类和再加工茶类。基本茶类包括绿茶、红茶、乌龙茶、白茶、黄茶、黑茶。再加工茶类包括花茶、紧压茶、萃取茶、果叶茶、保健茶。

1. 绿茶

绿茶是我国产量最多的茶叶，占世界绿茶贸易总量的 70%。绿茶的基本特征是：叶绿汤清，加工工艺是鲜叶采摘后经过高温杀青，然后经揉捻、干燥后制成（揉捻后用热锅炒干称为炒青，揉捻后进行烘干的称为烘青，烘青的绿茶主要用来窨制花茶）。著名的绿茶品种有杭州的龙井、苏州的碧螺春、江西婺源的婺绿和庐山云雾、安徽屯溪的屯绿和六安瓜片以及河南的信阳毛尖等。绿茶中有所谓“明前茶”和“雨前茶”，是在每年清明和谷雨前采摘嫩芽幼叶制成，特别珍贵。

2. 红茶

红茶的基本特征是叶红汤红。红茶的加工工艺是鲜叶采摘后不用高温杀青，而是经过萎凋、揉捻、发酵（绿茶是不发酵的），叶子变红后再进行干燥。红茶又分为小种红茶（经过松柴烟熏具有特殊松烟香味）、工夫红茶、红碎茶（将叶片切碎后再发酵、干燥）。著名的品种有安徽的祁门红茶（祁红）、云南的滇红、江西的宁红等。

3. 乌龙茶

乌龙茶也称青茶，外形色泽青褐，属于半发酵茶。其加工工艺是鲜叶采摘后经过晒青萎凋、反复数次摇青，叶子进行部分发酵红变，然后经高温锅炒、揉捻、干燥而成。冲泡后叶片上有红有绿，汤色黄红，有天然花香，滋味浓醇。著名的品种有福建的武夷山岩茶、安溪铁观音等。

4. 白茶

白茶属于轻微发酵茶，基本工艺是萎凋、晒干或烘干。成茶芽叶自然舒展，满披白色茸毛，汤色清淡，主产于福建福鼎一带。

5. 黄茶

黄茶由鲜叶杀青、揉捻后经过堆积闷黄，再炒，再堆积闷黄，然后烘焙干燥而成。著名的品种有湖南岳阳的君山银叶、安徽的霍山黄芽、四川的蒙顶黄芽等。

6. 黑茶

黑茶一般是原料较粗老，制作过程中堆积发酵时间较长，叶色油黑，故称为黑茶。可以直接饮用，也可制成紧压茶销往边区供少数民族消费。

7. 花茶

一般是用烘青绿茶和香花拼和窨制，使茶叶吸收花香制成花茶。有茉莉花茶、白兰花茶、珠兰花茶、桂花茶等品种，以茉莉花茶最常见。北方群众饮花茶者较多。

8. 紧压茶、萃取茶、果味茶和保健茶

紧压茶是用各类茶叶经过加工蒸压成一定形状，如销往边区的砖茶、云南的普洱茶（沱茶）。萃取茶是用热水萃取茶叶中的可溶物，过滤后获得茶汤，再经过浓缩干燥成固态的“速溶茶”或不经干燥的液态的“茶饮料”。果味茶是在茶中加入果汁制成茶饮料，如柠檬茶、橘汁茶等。保健茶则是在茶中加入中草药，加强防病治病的功效。严格来说，后二者茶的比重较小，如保健茶中更多的是靠中草药发挥作用，不能算是真正的茶。

二、喝咖啡礼仪

喝咖啡时，咖啡杯要用右手拇指食指捏着，另一只手端着盘子，托着杯子。

喝咖啡的时候要小口，加入糖与牛奶之前先小饮一口，品尝一下纯咖啡的香气。随后，再将糖、牛奶等与咖啡混合。如果加了奶或者糖需要搅拌，把杯子放桌子上用勺子搅拌，搅拌完的咖啡勺要放回到碟子里。

加砂糖用勺子往里加就可以，加方糖的话就要用专用的夹子一块一块地放，一定不要往里倒或者是一次加很多块糖，方糖一定不能用咖啡勺捣碎。

【礼仪故事】

1956年夏，英国首相艾德礼访华，由北京来到上海。印度驻沪总领事在官邸花园举行酒会款待艾德礼，上海市市长陈毅应邀出席。他和艾德礼在官邸草坪边踱步边交谈，长达20多分钟。他们踱回酒会中心地带时，服务员托盘送上酒水，艾德礼拿的是一杯威士忌苏打，陈毅则拿一杯红葡萄酒。当两人碰杯时，陈毅风趣而又意味深长地说："我们两人拿的酒不同，但这不妨碍我们碰杯。"[①]

【拓展阅读】

鱼缸理论

"鱼缸理论"是由全球全面质量管理（TQM）的先驱者和推广活动家、日本TQM专家司马正次首先提出的。鱼缸象征着企业所面对的经营环境，而鱼就是目标客户。经营者要做的就是先跳进鱼缸，实际深入到用户所处的环境，接触那些用户，学着和鱼儿一起游泳，了解他们所处的环境，和他们一起真正体验作为一个客户对产品的需求。然后，跳出鱼缸，站到一个相对更高更广的环境中，重新审视分析客户状况，以发现他们最本质的需求。"鱼缸理论"对于我们如何行之有效地了解目标客户的所需所想，进而对完成由"消费者请注意我们的商品"到"注意消费者"的换位经营具有较好的借鉴意义。"鱼缸理论"的意义，在于告诉我们如何创造一个新观念，而不是固守一个旧观念。

近些年来，家电行业的竞争异常激烈，众多厂家为了在日趋成熟与饱和的市场上争得一杯羹，在以价格大战为标志的恶性竞争中打得一塌糊涂，如彩电已落得个全行业亏损的悲惨境地。在这场混战中，海尔坚持不参与"价格战"，而是棋高一着地打一场着眼于为顾客利益考虑的"价值战"。顾客点什么"菜"就做什么"菜"正是这一经营理念的根本体现。

2002年5月,"海尔"电脑接受了大鹏证券和广发证券送来的"菜单"。

---

① 资料来源：黄金祺．外交外事知识和技能．北京：世界知识出版社，1999：188

由于大鹏证券各地区分支机构对电脑产品的具体需求有很大差异，因此，虽然订购的总量很大，但有些机型的需求量却有限，故大鹏证券提出了“按需定制”的要求。而这对于规模生产的品牌电脑厂商来说，通常是很困难的。海尔针对这一情况，凭借自身雄厚的技术研发实力，专门开发了适合大鹏证券信息化建设的“佳龙”系列电脑，并根据各地区的具体需求定制、生产不同配置的产品，使合作中最大的障碍得以顺利解决。而广发证券的情况与大鹏证券基本相同，为此，海尔将广发证券订购的电脑分为标准机型和特定机型两种，各分支机构可以根据自己的具体情况进行选择。为确保网络系统的正常运行，海尔专门为广发证券提供了特殊服务，并对广发证券配备的所有海尔电脑实施全程监控。

遵循这一理念，海尔电冰箱为北京市场提供了最高技术水平的高档新品；为上海家庭生产了瘦长型、占地面积小、外观漂亮的“小小王子”；为广西顾客开发了有单列装水果用的保鲜室“果蔬王”。从顾客不断变化的个性化需求中，海尔创造出了一块又一块可以独自享用的新“蛋糕”。

海尔的做法与采取直销模式的国际电脑业巨头戴尔的做法有相同之处。戴尔直接与客户接触，按照客户的需求组装电脑，然后出货。戴尔对顾客群进行了细分，向不同顾客提供不同的增值服务。戴尔对个人电脑进行配置，对大型用户提供支持，它也可以按顾客要求装载标准软件，在机器上贴上资产条形码。对于一些用户，戴尔有现场小组，协助采购个人电脑并提供服务。其采用的“虚拟一体化”模式可以让自己比其他模式更快、更有效地满足顾客需求。而且同时，它使戴尔可以快速、有效地对变化作出反应。戴尔通过花时间与用户交流，跟踪技术趋势，而尽量超前于变化，甚至创造变化，改变变化。

国外一位著名的管理专家说过一句精彩的话：“优秀的公司满足需求，伟大的公司创造市场。”要在市场竞争中取胜，企业和经营者就不要被市场上所谓的“热点”迷惑住双眼，而应善于倾听顾客的声音，从流行的现象下面发现潜在的机会，在更高层次上拓展生存和发展空间。

定理启示：“要知道鱼想要什么，最好的方法就是跳进鱼缸，和鱼一起游泳，要想钓到鱼，一定要知道鱼喜欢吃什么。服务也是如此，要想服务好客户，首先要知道客户需要什么。”

参考文献

1. 李荣建：《社交礼仪》，武汉大学出版社 2020 年版。

2. 李荣建：《现代礼仪通识》，人民邮电出版社 2021 年版。

3. 黄文静：《服务礼仪》，中国财富出版社 2014 年版。

4.〔美〕桑德拉·黑贝尔斯，理查德·威沃尔二世著，李业昆译：《有效沟通》(第七版)，华夏出版社 2005 年版，第 6 页。

5. 郝滨：《催眠与心理压力释放》，安徽人民出版社 2009 年版。

6. 凯特·姬南著，刘一夫译：《沟通》，三联书店 1997 年版，第 3 页。

7. 尹均生主编：《中国写作学大辞典》(第四卷)，中国检察出版社，1998 年版，第 1849—1850 页。

8. 企业跨部门沟通的障碍与对策《现代管理科学》吴能全，陈丽明 .2008，6。

9.Silverman J, Kurtz S，Draper J. 杨雪松等译：《医患沟通技巧》，化学工业出版社 2009 年版。

10. 桑德拉·黑贝尔斯、理查德·威沃尔著，李业坤译：《有效沟通 .7 版》，华夏出版社 2005 年版。

11. 赫尔雷格尔 D. 伍德曼、RW. 俞文钊译：《组织行为学》，华东师范大学出版社 2001 年版。

12. 郭德俊，刘惠军同：《心理学》，中央广播电视大学出版社 2011 年版。

13. 达契尔、克特纳，王著定译：《生而向善——有意义的人生智慧与科学》，中国人民大学出版社 2009 年版。

14. 人民网 – 中国共产党新闻网。

15.《服务礼仪》赵家路，音像制品。

16. 刘惠军主编：《医学人文素质与医患沟通技能》，北京大学医学出版社 2013 年版。

17. 黄婧、丁黎明、胡方萍主编：《实用沟通与礼仪》，电子科技大学出版社 2020 年版。

图书在版编目（CIP）数据

新时代中华文明礼仪 / 李荣建主编 . --北京：中共中央党校出版社，2021.8

ISBN 978-7-5035-7051-3

Ⅰ. ①新… Ⅱ. ①李… Ⅲ. ①礼仪—中国 Ⅳ. ①K892.26

中国版本图书馆CIP数据核字(2021)第152068号

新时代中华文明礼仪

责任编辑 周汉飞 王思琪
装帧设计 琥珀视觉
责任印制 陈梦楠
责任校对 王明明
出版发行 中共中央党校出版社
地　　址 北京市海淀区长春桥路 6 号
电　　话 （010）68922815（总编室）　（010）68922233（发行部）
传　　真 （010）68922814
经　　销 全国新华书店
印　　刷 北京米乐印刷有限公司
开　　本 710 毫米 ×1000 毫米 1/16
字　　数 276千字
印　　张 18
版　　次 2021年8月第1版　　2021年8月第1次印刷
定　　价 45.00元

微 信 ID：中共中央党校出版社　　邮　　箱：zydxcbs2018@163.com